新世纪普通高等教育经济类课程规划教材

# 投资银行学
## Investment Banking

李延喜 张积勇 刘彦文 编

大连理工大学出版社

图书在版编目(CIP)数据

投资银行学 / 李延喜，张积勇，刘彦文编． -- 大连：大连理工大学出版社，2024.1(2024.1重印)
新世纪普通高等教育经济类课程规划教材
ISBN 978-7-5685-3188-7

Ⅰ．①投… Ⅱ．①李… ②张… ③刘… Ⅲ．①投资银行－银行理论－高等学校－教材 Ⅳ．①F830.33

中国版本图书馆CIP数据核字(2021)第194438号

### 大连理工大学出版社出版

地址：大连市软件园路80号　邮政编码：116023
发行：0411-84708842　邮购：0411-84708943　传真：0411-84701466
E-mail:dutp@dutp.cn　URL:https://www.dutp.cn
辽宁新华印务有限公司印刷　大连理工大学出版社发行

幅面尺寸：185mm×260mm　　印张：15　　字数：360千字
2024年1月第1版　　　　　　　　　　　2024年1月第2次印刷

责任编辑：郭晨星　　　　　　　　　　责任校对：康　宁
　　　　　　　　　封面设计：张　莹

ISBN 978-7-5685-3188-7　　　　　　　　定　价：42.00元

本书如有印装质量问题，请与我社发行部联系更换。

随着我国社会主义市场经济的迅速发展,资本市场在现代经济社会中发挥的作用越来越大,投资银行作为资本市场最重要的媒介与组织者,是市场机制的有机组成部分,是现代金融系统的一大要素,是资本市场上最有效、最具影响力的高级形态的中介机构之一,在整个金融体系与金融市场中的重要地位日益显现。《投资银行学》已被纳入会计学、财务管理、工商管理等学科的专业必修课程,是其学科体系中的重要组成部分。

为响应教育部全面推进高等学校课程思政建设工作的要求,本教材编写团队深入推进党的二十大精神融入教材,不仅围绕专业育人目标,结合课程特点,注重知识传授能力的培养与价值塑造统一,还体现了专业素养、科研学术道德等教育,立志培养有理想、敢担当、能吃苦、肯奋斗的新时代好青年,让青春在全面建设社会主义现代化国家的火热实践中谱写绚丽华章。

本教材内容简明扼要,力求深入浅出、易于理解,可读性强。本教材共分十一章,即导论、债券发行与承销、股份公司与股票、企业上市、证券经纪与交易、投资基金、兼并收购、资产证券化、风险投资、投资银行风险管控和投资银行内部组织管理等,深入浅出地介绍了投资银行相关理论知识及部分重要的投资银行技术。通过本教材的学习,学生能够了解投资银行在市场经济中的意义,掌握市场经济体制下投资银行运作的原理和规律,并能运用所学理论和知识,分析有关投资银行领域的相关问题。

本教材主要是为普通高等教育经管类本科学生编写的,可作为金融学、会计学、财务管理、工商管理等专业相应课程的教材或参考书,同时可供高职高专及各类成人高等教育学生在学习中使用。

本教材由大连理工大学经济管理学院李延喜、张积勇、刘彦文编,李延喜负责设计篇章结构,确定各章的主要内容和重点,并总纂定稿;张积勇负责前5章的撰写,刘彦文负责后6章的撰写。在教材

编写过程中,周亚洲、杨旋帆、杨茜、田晓、熊燕等同志协助做了大量资料收集、整理和校对工作。

在编写本教材的过程中,编者参考、引用和改编了国内外出版物中的相关资料以及网络资源,在此表示深深的谢意!相关著作权人看到本教材后,请与出版社联系,出版社将按照相关法律的规定支付稿酬。

尽管我们在教材建设的特色方面做出了许多努力,但由于编者水平有限,书中不足之处在所难免,恳请各教学单位、教师及广大读者批评指正。

编　者<br>2024 年 1 月

所有意见和建议请发往:dutpbk@163.com
欢迎访问高教数字化服务平台:https://www.dutp.cn/hep/
联系电话:0411-84708462　84708445

# 目 录

**第1章 导 论** ··········································································· 1
  1.1 什么是投资银行和投资银行学 ············································ 1
  1.2 投资银行的组织形式 ························································ 2
  1.3 投资银行的主要业务 ························································ 4
  1.4 投资银行发展的历史和趋势 ·············································· 7
  1.5 投资银行在我国的发展 ···················································· 9
  思考题 ················································································ 10

**第2章 债券发行与承销** ······················································· 11
  2.1 债券概述 ······································································ 11
    2.1.1 债券的概念和特征 ··················································· 11
    2.1.2 债券的分类 ···························································· 13
    2.1.3 债券的发行 ···························································· 16
    2.1.4 债券的收益 ···························································· 18
    2.1.5 债券融资和信贷融资的区别 ······································· 19
  2.2 国 债 ············································································ 20
    2.2.1 国债的概念及特点 ··················································· 20
    2.2.2 国债的种类 ···························································· 21
    2.2.3 国债的发行 ···························································· 23
  2.3 企业债券 ······································································ 23
    2.3.1 企业债券的概念及特点 ············································ 23
    2.3.2 企业债券的分类 ······················································ 24
    2.3.3 企业债券的发行 ······················································ 25
    2.3.4 垃圾债券 ······························································· 27
  2.4 可转换债券 ··································································· 28
    2.4.1 可转换债券的概念和特点 ·········································· 28
    2.4.2 可转换债券的基本要素 ············································ 29

## 2.5 国际债券 ······ 32
### 2.5.1 国际债券的定义 ····· 32
### 2.5.2 国际债券的特点 ····· 33
### 2.5.3 国际债券的种类 ····· 33

## 2.6 债券的信用等级 ······ 35
### 2.6.1 债券信用评级的概念 ····· 35
### 2.6.2 债券信用评级的程序 ····· 36
### 2.6.3 债券信用级别的划分及等级定义 ····· 37
### 2.6.4 债券信用级别的分析指标 ····· 39

## 2.7 债券市场 ······ 40
### 2.7.1 债券市场的概念和分类 ····· 40
### 2.7.2 债券市场的主要功能 ····· 41
### 2.7.3 债券市场的发展 ····· 42
### 2.7.4 我国债券市场的发展 ····· 42

思考题 ······ 44

# 第3章 股份公司与股票 ······ 45

## 3.1 企业改制与改制重组中的难题 ······ 45
### 3.1.1 企业与公司 ····· 46
### 3.1.2 现代社会中的企业特征 ····· 46
### 3.1.3 企业的分类 ····· 47
### 3.1.4 企业的改制 ····· 48
### 3.1.5 产权界定 ····· 49

## 3.2 股份有限公司 ······ 51
### 3.2.1 股份有限公司的概念 ····· 51
### 3.2.2 股份有限公司的特征和设立条件 ····· 51
### 3.2.3 股份有限公司的设立方式和筹集资金的方式 ····· 53
### 3.2.4 股份有限公司的组织机构 ····· 55
### 3.2.5 合并、分立、破产、解散和清算 ····· 56
### 3.2.6 股份有限公司和有限责任公司的区别 ····· 58

## 3.3 股票的特征与类型 ······ 60
### 3.3.1 股票的定义 ····· 60
### 3.3.2 股票的性质 ····· 60
### 3.3.3 股票的特征 ····· 60
### 3.3.4 股票的类型 ····· 62

## 3.4 普通股与优先股 ······ 66

  3.4.1 普通股股票的特征 ················································ 66
  3.4.2 普通股股票的种类 ················································ 66
  3.4.3 优先股股票的特征 ················································ 68
  3.4.4 优先股股票的种类 ················································ 68
 思考题 ················································································ 70

## 第4章 企业上市 ········································································ 71
 4.1 发行上市 ········································································ 71
  4.1.1 首次公开发行 ······················································ 71
  4.1.2 发行上市的利与弊 ················································ 71
  4.1.3 上市标准 ··························································· 73
  4.1.4 发行上市的程序 ···················································· 75
 4.2 买壳上市 ········································································ 81
  4.2.1 买壳上市的优点 ···················································· 81
  4.2.2 壳公司的类型及选择标准 ········································· 82
  4.2.3 买壳的模式 ························································· 84
  4.2.4 反向收购 ··························································· 86
  4.2.5 业务重组 ··························································· 87
 4.3 两地上市 ········································································ 88
  4.3.1 两地上市的概念和形式 ············································ 88
  4.3.2 双重上市 ··························································· 89
  4.3.3 第二上市 ··························································· 90
  4.3.4 存托凭证 ··························································· 91
  4.3.5 中国企业境外上市 ················································ 94
 思考题 ················································································ 97

## 第5章 证券经纪与交易 ······························································· 98
 5.1 证券交易概述 ·································································· 98
  5.1.1 证券交易市场 ······················································ 98
  5.1.2 证券交易的方式 ···················································· 99
  5.1.3 投资银行在证券交易中的作用 ································· 101
 5.2 投资银行的经纪商业务 ···················································· 103
  5.2.1 证券经纪业务的特点 ············································ 103
  5.2.2 经纪人的行为准则 ·············································· 104
  5.2.3 证券经纪业务的基本流程 ······································ 105
 5.3 投资银行的自营商业务 ···················································· 106
  5.3.1 自营业务的特点和原则 ········································· 106

		5.3.2 自营商的投机交易 ································· 108
		5.3.3 自营商的套利交易 ································· 109
		5.3.4 自营商的风险套利 ································· 110
	5.4 投资银行的做市商业务 ··································· 113
		5.4.1 做市商制度 ········································· 113
		5.4.2 做市商策略的影响因素 ·························· 115
	思考题 ······························································ 116

## 第6章 投资基金 ················································· 117
	6.1 投资基金概述 ··············································· 117
		6.1.1 投资基金的概念 ···································· 117
		6.1.2 投资基金的特点 ···································· 117
		6.1.3 投资基金的起源与发展 ·························· 118
		6.1.4 投资基金的分类 ···································· 118
	6.2 投资基金运作 ··············································· 122
		6.2.1 投资基金的当事人 ································· 122
		6.2.2 基金交易与发行 ···································· 123
		6.2.3 基金投资管理 ······································· 124
	6.3 对冲基金 ····················································· 125
		6.3.1 对冲基金的概念 ···································· 125
		6.3.2 对冲基金的结构 ···································· 126
		6.3.3 中国基金行业情况 ································· 128
	思考题 ······························································ 130

## 第7章 兼并收购 ················································· 131
	7.1 兼并收购概述 ··············································· 131
		7.1.1 兼并收购的本质 ···································· 131
		7.1.2 兼并收购的类型 ···································· 131
		7.1.3 企业并购史 ·········································· 133
	7.2 企业并购动因及效应 ······································ 136
		7.2.1 并购的经济学解释 ································· 136
		7.2.2 并购的效应分析 ···································· 137
		7.2.3 并购的风险 ·········································· 139
	7.3 兼并收购的基本流程 ······································ 142
		7.3.1 并购方的自我评估 ································· 142
		7.3.2 确定并购目标 ······································· 143
		7.3.3 组织合作伙伴 ······································· 143

7.3.4　尽职调查 144
　　　7.3.5　确定并购方案 144
　　　7.3.6　执行并购 145
　　　7.3.7　并购后的整合 145
　7.4　投资银行在并购中的作用 146
　　　7.4.1　并购活动的策划与实施 146
　　　7.4.2　帮助并购方筹集并购资金 147
　　　7.4.3　为目标企业实施反收购服务 147
　思考题 148

## 第8章　资产证券化 149
　8.1　资产证券化概述 149
　　　8.1.1　什么是资产证券化 149
　　　8.1.2　资产证券化的特征和意义 151
　8.2　资产证券化流程 153
　8.3　典型的资产证券化产品 160
　　　8.3.1　住房抵押贷款证券化 160
　　　8.3.2　资产支持证券化 163
　思考题 167

## 第9章　风险投资 168
　9.1　风险投资的概念、起源和特征 168
　　　9.1.1　风险投资的概念和起源 168
　　　9.1.2　风险投资的特征 172
　9.2　风险投资业务流程 173
　9.3　风险投资激励机制 174
　9.4　风险投资获取方法 178
　思考题 186

## 第10章　投资银行风险管控 187
　10.1　投资银行风险管理概述 187
　　　10.1.1　投资银行面临的风险 187
　　　10.1.2　投资银行风险管理的概念和原则 190
　　　10.1.3　投资银行风险管理的基本流程 191
　　　10.1.4　投资银行风险管理评价 193
　10.2　投资银行的风险管理结构 194
　　　10.2.1　风险管理的组织架构 194

10.2.2　投资银行的风险管理结构…………………………………………………………195
　　10.2.3　投资银行风险监控信息系统的功能……………………………………………196
10.3　投资银行业的监管……………………………………………………………………………199
　　10.3.1　投资银行业监管概述………………………………………………………………199
　　10.3.2　投资银行业监管的目标和原则……………………………………………………200
　　10.3.3　投资银行业的监管体制类型………………………………………………………202
　　10.3.4　投资银行监管制度…………………………………………………………………203
　　10.3.5　投资银行具体业务的监管…………………………………………………………205
思考题……………………………………………………………………………………………………207

## 第11章　投资银行内部组织管理……………………………………………………………………208
11.1　投资银行的组织结构…………………………………………………………………………208
　　11.1.1　投资银行的组织形态………………………………………………………………208
　　11.1.2　投资银行的机构设置………………………………………………………………210
11.2　投资银行人力资源管理………………………………………………………………………215
　　11.2.1　投资银行人力资源政策的类别……………………………………………………215
　　11.2.2　投资银行人才的分类………………………………………………………………215
　　11.2.3　投资银行的职业路径………………………………………………………………216
　　11.2.4　投资银行的招聘……………………………………………………………………218
　　11.2.5　员工管理中的激励机制……………………………………………………………221
11.3　投资银行家……………………………………………………………………………………226
　　11.3.1　投资银行家及其作用………………………………………………………………226
　　11.3.2　投资银行家的道德操守……………………………………………………………227
　　11.3.3　优秀投资银行家的素质……………………………………………………………227
思考题……………………………………………………………………………………………………229

**参考文献**………………………………………………………………………………………………230

# 第 1 章 导 论

思政园地

## 1.1 什么是投资银行和投资银行学

金融是以货币本身为经营标的,通过货币融通使货币增值的经济活动,包括以银行为中心的间接投融资和以投资银行为中心的直接投融资两种形式。

"投资银行"一词英文为"investment bank",包含四层含义:其一,机构层次,指资本市场上作为金融中介的非银行金融企业,主要从事证券发行、承销、交易,企业重组、兼并与收购,投资分析,风险投资,项目融资等业务;其二,行业层次,指投资银行的整个行业;其三,业务层次,指投资银行所经营的业务;其四,学科层次,指关于投资银行的理论和实务的学科(包括证券学、证券投资学等)。这个英文词组的四层含义可以分别用投资银行、投资银行业、投资银行业务和投资银行学来表示。

(1)投资银行

投资银行是证券和股份公司制度发展到特定阶段的产物,是发达的证券市场和成熟的金融体系的重要参与主体,在现代社会经济发展中发挥着沟通资金供求、构造证券市场、推动企业并购、促进产业集中和规模经济形成、优化资源配置等重要作用。

由于投资银行业的发展日新月异,对投资银行的界定也很难清晰、准确。投资银行是美国和欧洲大陆的称谓,英国称之为商人银行,在日本则指证券公司。国际上对投资银行的定义主要有四种:

第一种:任何经营华尔街金融业务的金融机构都可以称为投资银行。

第二种:只有经营一部分或全部资本市场业务的金融机构才是投资银行。

第三种:把从事证券承销和企业并购业务的金融机构称为投资银行。

第四种:仅把在一级市场上承销证券、在二级市场上交易证券的金融机构称为投资银行。

本书中,我们采纳如下定义,即投资银行是与商业银行相对应的一类金融机构,主要从事证券发行、承销、交易,企业重组、兼并与收购,投资分析,风险投资,项目融资等业务,是资本市场上的主要金融中介。

投资银行的组织形态主要有四种:一是独立型的专业性投资银行,这种类型的机构比较多,遍布世界各地,他们有各自擅长的业务方向,比如中国的中信证券股份有限公司(简称中信证券)、中国国际金融股份有限公司(简称中金公司),美国的高盛集团(Goldman Sachs)、摩根士丹利(Morgan Stanley);二是商业银行拥有的投资银行,主要是商业银行通过兼并收购其他投资银行,参股或建立附属公司从事投资银行业务,这种形式在英国、瑞士等国非常普遍,比如汇丰集团、瑞银集团;三是全能型银行直接经营投资银行业务,这种形式主要出现在欧洲,银行在从事投资银行业务的同时也从事商业银行业务,比如德意志银行；四是跨国财务公司，如美国通用财务公司、华兴资本等。

（2）投资银行业（投资银行业务）

①狭义含义

投资银行业的狭义含义只限于某些资本市场活动，主要指一级市场上的承销业务、并购和融资业务的财务顾问等。

②广义含义

投资银行业的广义含义涵盖众多的资本市场活动，包括公司融资、并购顾问、股票和债券等金融产品的销售和交易、资产管理和风险投资业务等。

（3）投资银行学

投资银行学是一门研究资本市场业务和发展规律的学科，它是为适应我国资本市场发展而设置的一门实务性极强的应用类课程，是高等院校金融学、工商管理等专业的主要课程之一。投资银行学的主要内容有投资银行历史及发展、证券发行与承销业务、证券交易业务、兼并与收购业务、基金与基金管理、资产证券化业务、风险投资与股权投资、资产管理业务、投资银行的风险防范等。通过投资银行学课程的教学，使学生能够掌握投资银行学的基本概念、基本功能和常用术语，理解投资银行的核心业务，掌握各种核心业务的主要特点、运行规律及相互间的联系与区别，熟悉各项工作的基本步骤及方法，培养并提高学生对投资银行业务的掌握和应用能力，并为学生日后从事相关研究以及管理工作奠定基础。

## 1.2 投资银行的组织形式

投资银行作为典型的金融机构，其组织结构作为制度安排的一种具体形式，受到证券市场容量的制约，同时也随着证券市场规模的变化而不断创新，更和其经营思想密切相关。现代投资银行的组织结构形式主要有以下两种。

（1）合伙制企业

合伙制企业是一种法律意义上的企业形态，最早出现的是"普通合伙企业"。这种企业的特点是只有"身股"，没有"银股"。合伙制企业往往都身处轻资产、重人力资本的行业——企业的成功只靠员工的智慧和经验，其他都不十分重要。合伙人必须是企业的管理层，并经过严格筛选才能担当，他们既是企业的雇员，又是企业的所有者。合伙人离开时股份一般被强制回购，出现意外死亡时继承人不能继承股份，除非继承人在企业担任管理职务。

合伙制企业由两个或两个以上合伙人拥有企业并分享企业利润，合伙人即为企业主人或股东。其主要特点是：合伙人共享企业经营所得，并对经营亏损共同承担无限责任；合伙制企业可以由所有合伙人共同参与经营，也可以由部分合伙人经营，其他合伙人仅仅出资。

合伙可以分为两类：一般合伙和有限责任合伙。一般合伙完全由一般合伙人组成，合伙人均对合伙企业的债务承担无限连带责任；有限责任合伙中的合伙人则由一般合伙人（General Partner，GP）和有限合伙人（Limited Partner，LP）组成，一般合伙人对合伙企业债务承担无限连带责任，而有限合伙人依据《中华人民共和国合伙企业法》第二条以其认缴的出资额为限对合伙企业债务承担责任。在例外情况下对合伙企业债务承担无限连带责任。例如，有限责任合伙企业约定GP出资1%，LP出资99%，企业的运作交由GP管理，LP不能参与具体运营事务。同时，在利益分配时，在所有人都收回投资成本后，在GP和LP之间一般按照20%∶80%的比例来分配投资收益。有限责任合伙企业的主要特点是让GP用很少的资金撬动上百倍资金的同时，可以牢牢掌握企业控制权，还能获得远超自己出资比例的超额收益，这些特权都体现了对GP人力资本价值的认可。

在投资银行业，合伙人制度的优点主要表现在以下几个方面：

①所有者和经营者的物质利益得到了合理配置，有了制度保障。在有限合伙制投资银行中，一般来说，有限合伙人提供几近99%的资金，分享大约80%的收益；而一般合伙人则享有管理费、利润分配等经济利益。管理费一般以一般合伙人所管理资产总额的一定比例收取，大约为3%。而利润分配中，一般合伙人以1%的资本最多可获得20%的投资收益分配。

②除了经济利益提供的物质激励外，有限合伙制对一般合伙人还有很强的精神激励，即权力与地位激励。

③在合伙制企业中，由于经营者同时也是企业所有者，并且承担无限责任，因此在经营活动中能够自我约束，控制风险，并容易获得客户的信任；同时，由于出色的业务骨干拥有被吸收为新合伙人的机会，合伙制可以激励员工进取和对公司保持忠诚，并推动企业进入良性发展的轨道。

④有限合伙的制度安排也充分体现了激励与约束对等的原则。

像美国高盛集团这样的投资银行在很长时间里都是采用合伙制的组织形式。正如高盛高级合伙人费里德曼所说："没有人去清洗一辆租来的车。成为合伙人的梦想是一种无与伦比的激励力量，也是吸引最优秀人才的巨大诱惑。"

(2) 现代公司制

现代公司制度赋予公司独立的人格，以企业法人财产权为核心和重要标志。法人财产权是企业法人对包括投资和投资增值在内的全部企业财产所享有的权利。法人财产权的存在显示了法人团体的权利不再表现为个人的权利。现代公司制度使投资银行在资金筹集、财务风险控制、经营管理的现代化等方面都获得传统合伙人制度所不具备的优势。

高盛集团创立于1869年，家族式经营、合伙人制度和轻资本运作是其主要的经营特征，在以合伙人制度经营和运作逾百年后，于1999年在纽约证券交易所上市。包括高盛在内的美国投资银行从合伙制企业转为上市公司，主要有以下原因：

①扩充资本金的压力。在利率变动充满不确定性的时代，加上大型企业的发债和股票规模越来越大，预测上微小的误算，都可能会绷紧投资银行的资金链条，甚至导致破产。因此，高盛迫于扩充资本金的压力，不得不选择股份制的形式，通过发行股票并上市来迅速增大资本实力。

②承担无限责任的风险和压力。随着华尔街金融创新尤其是金融衍生工具的发展，证券市场的规模和风险也同时被杠杆效应放大了。投资银行因为一次失败的业务而破产的可能性大为增加，这使得合伙人不得不忧虑风险的底线。因此在经济增长放缓时，合伙人有可能离开公司并带走大量资金。如1994年就有大批合伙人离开高盛并带走他们的资金，使交易损失带来的压力加剧。

③激励机制的掣肘与人才竞争的压力。合伙制投资银行对优秀业务人员的最高奖励就是接纳其成为合伙人。这种奖励能建立的基础是：员工希望成为合伙人，因而不在乎短期收入。股份公开上市的公司，在分配制度上没有成为合伙人的诱惑，它们实施按盈利提成的分配制度。由于金融工具的创新，一线的业务人员虽然很多人并非是合伙人，但常常能为公司创造惊人的利润。然而，他们成为合伙人的可能性却极小。对于这些优秀的一线业务人员来说，经过漫长等待成为一名合伙人与短期获得暴利相比，后者的诱惑更实在。这使得上市公司在与合伙制投资银行进行人才竞争时处于优势地位。

高盛上市之后仍保留着合伙制的一些特点，例如合伙人仍然持有公司大量股份，并依据自己积累的客户资源继续为公司服务，等等。上市后高盛的合伙人数量一直保持在300人左右，每两年更新四分之一到三分之一。高盛每两年会进行一次"合伙人才库"的选拔，选拔以员工的商业贡献与文化适应性来作为主要评选标准。成为合伙人才库的会员不但享有优越的红利，还能把获得的报酬投资于公司的私营交易，并以低于市价的折扣买进高盛股票。

## 1.3 投资银行的主要业务

投资银行是与商业银行相对应的一个概念，是现代金融业为适应现代经济发展形成的一个新兴行业。它区别于其他相关行业的显著特点是，其一，它属于金融服务业，这是区别于一般性咨询、中介服务业的标志；其二，它主要服务于资本市场，这是区别于商业银行的标志。

(1) 证券承销业务

证券承销是投资银行最本源、最基础的业务活动。投资银行证券承销的业务范围很广，包括中央政府、地方政府、政府机构发行的债券，企业发行的股票和债券，外国政府和公司在该国和世界发行的证券，国际金融机构发行的证券等。投资银行在承销过程中一般要按照承销金额及风险大小来权衡是否要组织承销和选择承销方式。通常的承销方式有三种：

第一种：包销。这意味着主承销商和分销商同意按照商定的价格购买发行的全部证券，然后再把这些证券卖给它们的客户。这时发行人不承担风险，风险转嫁到了投资银行身上。包销发行适用于那些资金需求量大、社会知名度低而且缺乏证券发行经验的企业。

第二种：代销。投资银行只接受发行人的委托，代理其销售证券。如果在规定的期限内发行的证券没有全部销售出去，则将剩余部分返回证券发行者，发行风险由发行者自己承担。在代销过程中，承销机构与发行人之间是代理委托关系，承销机构不承担销售风险，因此代销佣金很低。代销发行比较适合于那些信誉好、知名度高的大中型企业，它们的证券容易被社会公众接受。

第三种：投标承购。这种承销方式通常是在投资银行处于被动竞争较强的情况下选用的。采用这种发行方式的证券通常都是信用较高、颇受投资者欢迎的债券。

(2) 证券私募发行

证券的发行方式分为公募发行和私募发行两种，前面的证券承销实际上是公募发行。私募发行又称私下发行，就是发行者不把证券售给社会公众，而是仅售给数量有限的机构投资者,如保险公司、共同基金等。私募发行不受公开发行的规章限制,除能节约发行时间和发行成本外,相比于在公开市场上交易相同结构的证券,私募发行能给投资银行和投资者带来更高的收益。但同时,私募发行也有流动性差、发行面窄、难以公开上市扩大企业知名度等缺点。

(3) 证券经纪交易

证券经纪交易这部分业务主要是在证券市场上进行交易买卖,包括大众比较熟悉的股票、债券以及各种大众不太熟悉的金融衍生品等。

投资银行在二级市场中扮演着做市商、经纪商和交易商三重角色。作为做市商,在证券承销结束之后,投资银行有义务为该证券创造一个流动性较强的二级市场,并维持市场价格的相对稳定。作为经纪商,投资银行代表买方或卖方,按照客户提出的价格进行交易。作为交易商,投资银行有自营买卖证券的需要,这是因为投资银行接受客户的委托,管理着大量的资产,必须要保证这些资产的保值与增值。此外,投资银行还在二级市场上进行无风险套利和风险套利等活动。

(4) 基金管理业务

基金是一种重要的投资工具,它由基金发起人组织,吸收大量投资者的零散资金,聘请有专门知识和投资经验的专家进行投资并取得收益。投资银行与基金有着密切的联系。首先,投资银行可以作为基金的发起人,发起和建立基金;其次,投资银行可以作为基金管理者管理基金;再次,投资银行可以作为基金的承销人,帮助基金发行人向投资者发行基金份额。

(5) 资产证券化

资产证券化是指以基础资产未来所产生的现金流为偿付支持,通过结构化设计进行信用增级,在此基础上发行资产支持证券(Asset-backed Security,ABS)的过程。发起人将持有的各种流动性较差的金融资产,如住房抵押贷款、信用卡应收款等,分类整理为一批资产组合,出售给特定的交易组织,即金融资产的买方(主要是投资银行),再由特定的交易组织以买下的金融资产为担保发行资产支持证券,用于收回购买资金,这一系列过程就称为资产证券化。

资产证券化的证券即资产证券,主要表现为各类债务性债券,有商业票据、中期债券、信托凭证、优先股股票等形式。资产证券的购买者与持有人在证券到期时可获得本金和利息的偿付。证券偿付资金来源于担保资产所创造的现金流量,即资产债务人偿还的到期本金和利息。如果担保资产违约拒付,资产证券的清偿也仅限于被证券化资产的数额,而金融资产的发起人或购买人没有超过该资产限额的清偿义务。

(6) 资产管理业务

资产管理业务指投资银行依法与客户签订资产管理合同,根据资产管理合同约定的方式、条件、要求及限制,对客户资产进行经营运作,为客户提供证券及其他金融产品的投资管理服务。

国外较为成熟的证券市场中,投资者大都愿意委托专业人士管理自己的财产,以取得稳定的收益。证券经营机构通过建立附属机构来管理投资者委托的资产。投资者将自己的资金交给训练有素的专业人员进行管理,避免了因专业知识和投资经验不足而可能引起的不必要风险,对整个证券市场的发展也有一定的稳定作用。

### (7) 风险投资

风险投资又称创业投资,指对新兴公司在创业期和拓展期进行的资金融通,这种投资风险大、收益高。

新兴公司一般是指运用新技术或新发明、生产新产品、具有很大的市场潜力、可以获得远高于平均利润的利润、但又具有较大风险的公司。由于高风险,普通投资者往往都不愿涉足,但这类公司又最需要资金的支持,这就为投资银行提供了广阔的市场空间。

投资银行涉足风险投资有不同的层次:第一,采用私募的方式为这些公司筹集资本;第二,对于某些潜力巨大的公司有时也进行直接投资,成为其股东;第三,更多的投资银行设立"风险基金"或"创业基金",向这些公司提供资金。

### (8) 企业并购

企业并购(Mergers and Acquisitions,M&A)已经成为现代投资银行除证券承销与经纪业务外最重要的业务组成部分。

投资银行可以以多种方式参与企业的并购活动,例如寻找兼并与收购的对象、向猎手公司和猎物公司提供有关买卖价格或非价格条款的咨询、帮助猎手公司制订并购计划或帮助猎物公司针对恶意收购制订反收购计划、帮助安排资金融通和过桥贷款等。此外,并购中往往还包括"垃圾债券"的发行、公司改组和资产结构重组等活动。企业并购主要包括公司合并、资产收购和股权收购三种形式。

### (9) 项目融资

项目融资是近些年兴起的一种融资手段,是以项目的名义筹措一年期以上的资金,以项目营运收入承担债务偿还责任的融资形式。

投资银行作为中介机构在项目融资中起着非常关键的作用,它将与项目有关的政府机关、金融机构、投资者和项目发起人等紧密联系在一起,协调律师、会计师、工程师等一起进行项目可行性研究,进而通过发行债券、基金、股票或以拆借、拍卖、抵押贷款等形式组织项目投资所需的资金融通。投资银行在项目融资中的主要工作是:项目评估、融资方案设计、有关法律文件的起草、有关的信用评级、证券价格确定和承销等。投资银行相关收益主要来源于服务费用(包括分成),而不是投资收益。投资银行对投资机构提供真实、准确、客观、完整的参考意见,但不作为投资建议,不形成投资决策,不对投资机构的投资结果负责。

### (10) 公司理财

公司理财业务是投资银行作为客户的金融顾问或经营管理顾问向其提供咨询、策划或操作,分为两类。第一类是根据公司、个人或政府的要求,对某个行业、某种市场、某种产品或证券进行深入的研究与分析,运用资金风险控制技术,提供较为全面的、长期的决策分析资料,为客户提供国内外多种投资渠道和与增值产品相结合的公司理财服务方案,通过建立有效的投资组合,帮助客户在控制风险的同时,提高投资收益,创造资本升值;第二类是在企业经营遇到困难时,帮助企业出谋划策,提出应变措施,诸如制订发展战略、重建财务制度、出售转让子公司等。

### (11) 金融创新业务

金融创新工具即衍生工具,一般分为三类:期货类、期权类和调期类。使用衍生工具的策略有三种,即套利保值、增加回报和改进有价证券的投资管理。

通过金融创新工具的设立与交易,投资银行进一步拓展了业务空间和资本收益。首先,投资银行作为经纪商代理客户买卖这类金融工具并收取佣金;其次,投资银行也可以获得一定的价差收入,因为投资银行往往首先作为客户与对方进行衍生工具的买卖,然后寻找另一客户做相反的抵补交易;再次,这些金融创新工具还可以帮助投资银行进行风险控制,免受损失。金融创新也打破了原有机构中银行和非银行、商业银行和投资银行之间的界限和传统的市场划分,加剧了金融市场的竞争。

作为依法成立的经营货币信贷业务的金融机构,商业银行是商品货币经济发展到一定阶段的产物。传统商业银行在吸收存款、发放贷款的过程中,同时行使了信息监控和风险管理等多种金融功能,也就是说,传统银行是一种"融资中介",它直接参与到信用关系中。但是在资本市场日益发达的今天,传统的商业银行单轮驱动的模式逐步让位于"商业银行+投资银行"双轮驱动的模式。投资银行与传统商业银行尽管在名称上都冠有"银行"字样,但实质上投资银行与传统商业银行之间存在着明显差异:

从市场定位上看,商业银行是货币市场的核心,而投资银行是资本市场的核心;

从服务功能上看,商业银行服务于间接融资,而投资银行服务于直接融资;

从业务内容上看,商业银行的业务重心是吸收存款和发放贷款,而投资银行既不吸收各种存款,也不向企业发放贷款,业务重心是证券承销、公司并购与资产重组;

从收益来源上看,商业银行的收益主要来源于存贷款利差,而投资银行的收益主要来源于证券承销、公司并购与资产重组业务中的手续费或佣金。

从这些投资银行的职能就可以看出,投资银行做的事情和普通的商业银行完全不同。商业银行的主营业务即收取存款、放出贷款,基本和投资银行的主营业务不搭边。那么为什么投资银行被称为"银行"呢?这主要是因为,很多投资银行,其前身确实是商业银行。比如摩根士丹利,其前身就是美国最大的商业银行集团摩根银行。但是由于美国历史上对于银行行业的立法变化,导致商业银行和投资银行之间分分合合。从表1-1可以看出两者明显的业务差异。

表 1-1　　　　　　　　　投资银行与商业银行的对比

| 项目 | 投资银行 | 商业银行 |
| --- | --- | --- |
| 本源业务 | 证券承销 | 存贷款 |
| 功能 | 直接融资,并侧重长期融资 | 间接融资,并侧重短期融资 |
| 业务概貌 | 无法用资产负债反映 | 表内与表外业务 |
| 主要利润来源 | 佣金 | 存贷款利差 |
| 经营方针与原则 | 在控制风险前提下开拓业务 | 追求收益性、安全性、流动性三者结合,坚持稳健原则 |
| 监管部门 | 证券监督管理机构 | 中央银行及银行业监督管理机构 |
| 风险特征 | 一般情况下,投资人面临的风险较大,投资银行面临的风险较小 | 一般情况下,存款人面临的风险较小,商业银行面临的风险较大 |

## 1.4　投资银行发展的历史和趋势

现代意义上的投资银行产生于欧美,主要由18、19世纪众多销售政府债券和贴现企业票据的金融机构演变而来。投资银行的早期发展主要得益于以下四方面因素。

(1) 伴随着贸易范围和金额的扩大,客观上要求融资信用,于是一些信誉卓著的大商人便利用其积累的大量财富成为商人银行家,专门从事融资和票据承兑贴现业务,这是投资银行产生的根本原因。

(2) 证券业与证券交易的飞速发展是投资银行业迅速发展的催化剂,为其提供了广阔的发展天地。投资银行则作为证券承销商和证券经纪人逐步奠定了其在证券市场中的核心地位。

(3) 资本主义经济的飞速发展给交通、能源等基础设施造成了巨大的压力,为了缓解这一矛盾,18、19世纪欧美掀起了基础设施建设的高潮,这一过程中巨大的资金需求使得投资银行在筹资和融资过程中得到了迅猛的发展。

(4) 股份制的出现和发展,不仅带来了西方经济体制中一场深刻的革命,也使投资银行作为企业和社会公众之间资金中介的作用得以确立。

20世纪前期,西方经济的持续繁荣带来了证券业的高涨,把证券市场的繁华交易变成了一种狂热的货币投机活动。商业银行凭借其雄厚的资金实力频频涉足于证券市场,甚至参与证券投机;同时,各国政府对证券业缺少有效的法律和管理机构来规范其发展,这些都为1929—1933年的经济危机埋下了祸根。

经济危机导致大批投资银行倒闭,证券业极度萎靡。这使得各国政府清醒地认识到:银行信用的盲目扩张和商业银行直接或间接地卷入风险很大的股票市场对经济安全是重大的隐患。1933年后,美英等国将投资银行和商业银行的业务分开,并进行分业管理,从此,一个崭新的、独立的投资银行业在经济危机的萧条中崛起。

经过经济危机后近三十年的调整,投资银行业再次迎来了飞速的发展。20世纪七十年代以来,抵押债券、一揽子金融管理服务、杠杆收购(LBO)、期货、期权、互换、资产证券化等金融衍生工具的不断创新,使得金融行业,尤其是证券行业成为变化最快、最富革命性和挑战性的行业之一。这种创新也反映了投资银行、商业银行、保险公司、信托投资公司等正在绕过分业管理体制的约束,互相侵蚀对方的业务,投资银行和商业银行混业及全球化发展的趋势已经变得十分明显。

近几十年来,投资银行跻身于金融业务的国际化、多样化、专业化和集中化之中,努力开拓各种市场空间。这些变化不断改变着投资银行和投资银行业,对世界经济和金融体系产生了深远的影响,并已形成鲜明而强大的发展趋势。

(1) 多样化

20世纪六七十年代以来,西方发达国家逐渐放松了金融管制,允许不同的金融机构在业务上适当交叉,为投资银行业务的多样化发展创造了条件。到了20世纪80年代,随着市场竞争的日益激烈以及金融创新工具的不断发展完善,更进一步强化了这一趋势的形成。如今,投资银行已经完全跳出了传统证券承销与证券经纪狭窄的业务框架,形成了证券承销与经纪、私募发行、兼并收购、项目融资、公司理财、基金管理、投资咨询、资产证券化、风险投资等多元化的业务结构。

(2) 国际化

投资银行业务全球化有深刻的原因,其一,全球经济和证券市场的发展速度快慢不一,使得投资银行纷纷以此作为新的竞争领域和利润增长点,这是投资银行向外扩张的内在要求。其二,国际金融环境和金融条件的改善,客观上为投资银行实现全球经营准备了条件。早在20世纪60年代以前,投资银行就采用与国外代理行合作的方式帮助该国公司在海外推销证券或作为投资者中介进入国外市场。到了20世纪70年代,为了更加有效地参与国际市场竞争,各大投资银行纷纷在海外建立自己的分支机构。20世纪80年代后,随着世界经济、资本市场的一体化和信息通信产业的飞速发展,距离的限制再也不能成为金融机构的障碍,业务全球化已经成为投资银行能否在激烈的市场竞争中占领制高点的重要问题。

(3)专业化

专业化分工协作是社会化大生产的必然要求,在整个金融体系多样化的发展过程中,投资银行业务的专业化也成为必然,各大投资银行在业务拓展多样化的同时也各有所长。例如,美林证券(Merrill Lynch)在基础设施融资和证券管理方面享有盛誉,高盛以研究能力及承销而闻名,所罗门兄弟(Salomon Brothers)(20世纪90年代末被旅行者集团并购,现属花旗集团)以商业票据发行和公司并购见长,瑞士信贷第一波士顿(Credit Suisse First Boston)则在组织辛迪加和安排私募方面居于领先。

(4)集中化

20世纪五六十年代,随着第二次世界大战后经济和金融的复苏与成长,各大财团的竞争与合作使得金融资本越来越集中,投资银行也不例外。商业银行、保险公司及其他金融机构的业务竞争,更加剧了投资银行业的集中。在这种状况下,各大投资银行纷纷通过并购、重组、上市等手段扩大规模。例如美林与怀特威尔德公司的合并、瑞士银行收购英国的华宝银行等。美国四大投行(高盛、摩根士丹利、花旗、美林)总收入占行业总收入之比呈波动上升趋势。1995年,四大投行总收入合计占比约50%,截至2019年底,四大投行总收入合计占比超过80%,行业集中度不断提升。

在美国,投资银行往往有两个来源:一是由综合性银行分拆而来,典型的例子如摩根士丹利;二是由证券经纪人发展而来,典型的例子如美林证券。

美国投资银行与商业银行的分拆发生在1933年,该时期联邦政府认同混业经营导致高风险的观点(1929年股市大崩盘是支持该观点的重要论据)。1933年,《格拉斯-斯蒂格尔法案》(也称作1933年银行法)获得通过,一大批综合性银行按照法案进行了分拆,其中最典型的例子就是摩根银行分拆为从事投资银行业务的摩根士丹利以及从事商业银行业务的摩根大通。随着美国经济、金融形势的变化以及信息技术的进步,1999年新出台的《格雷姆-里奇-比利雷法案》撤销了《格拉斯-斯蒂格尔法案》中商业银行和投资银行分业经营的条款。经过一百年的发展,现代投资银行已经突破了证券发行与承销、证券交易经纪、证券私募发行等传统业务框架,企业并购、项目融资、风险投资、公司理财、投资咨询、资产及基金管理、资产证券化、金融创新等都已成为投资银行的核心业务。

## 1.5 投资银行在我国的发展

中国的投资银行业务是为了满足证券发行与交易的需要发展起来的。从中国的实践看,投资银行业务最初是由商业银行来完成的,商业银行不仅是金融工具的主要发行者,也是掌管金融资产数量最大的金融机构。20世纪80年代中后期,随着中国开放证券市场,商业银行的证券业务逐渐被分离出来,各地区先后成立了一大批证券公司,形成了以证券公司为主的证券市场中介机构体系。在随后的十余年里,券商逐渐成为中国投资银行业务的主体。但是,除了专业的证券公司以外,还有一大批业务范围较为宽泛的信托投资公司、金融投资公司、产权交易与经纪机构、资产管理公司、财务咨询公司等在从事投资银行的其他业务。

中国的投资银行可以分为三种类型:第一种是全国性的,第二种是地区性的,第三种是民营性的(例如华兴资本、易凯资本等)。全国性的投资银行又分为两类:其一是以银行系统为背景的证券公司;其二是国务院直属或以国务院各部委为背景的信托投资公司。地区性的投资银行主要是省市两级的专业证券公司和信托公司。全国性的投资银行依托国家在证券业务方面的特许经营权在中国投资银行业中占据了主体地位。民营性的投资银行主要是一些投资管理公司、财务顾问公司和资产管理公司等,他们绝大多数是从为客户提供管理咨询和投资顾问业务发展起来的,并具有一定的资本实力,在企业并购、项目融资和金融创新方面具有很强的灵活性,正逐渐成为中国投资银行领域的又一支中坚力量。

中国的投资银行业务发展到现在,还存在着诸如规模过小、业务范围狭窄、缺少高素质专业人才、过度竞争等问题。但是,中国的投资银行业正面临着有史以来最大的市场需求,随着中国经济体制改革的迅速发展和不断深化,社会经济生活中对投融资的需求会日益旺盛,国有大中型企业在转换经营机制和民营企业谋求未来发展等方面也将越来越依靠资本市场的作用,这些都将为中国投资银行业的长远发展奠定坚实的基础。

近年来,在经济全球化和市场竞争日益激烈的趋势下,投资银行业完全跳出了传统证券承销和证券经纪狭窄的业务框架,并已形成多样化、国际化、专业化、集中化和合业经营的趋势。中国投资银行业的市场潜力是巨大的,这对处于发展初期的中国投资银行业是巨大的机遇,同时也是巨大的挑战。为了承担起历史赋予的重任,中国投资银行业必将向着规模化、全面化、专业化、国际化、混业型发展。

## 思考题

1. 什么是投资银行?
2. 投资银行的业务主要有哪些?
3. 投资银行未来的发展方向是什么?

# 第 2 章　债券发行与承销

思政园地

## 2.1 债券概述

### 2.1.1 债券的概念和特征

**1. 债券的概念**

债券是一种有价证券,是政府、金融机构、工商企业等机构为筹措资金而向债券投资者出具的、承诺按一定利率定期支付利息和到期偿还本金的债权债务凭证。债券的本质是债的证明书,具有法律效力。债券购买者与发行者之间是一种债权债务关系,债券发行人即债务人,投资者(或债券持有人)即债权人。债券包括的主要要素如下:

(1)债券的票面价值

①债券票面价值的币种,即债券以何种货币作为其计量单位。币种的选择要依据债券的发行对象和实际需要来确定。若发行对象是国内有关经济实体,可选择本币作为债券价值的计量单位;若发行对象是国外有关经济实体,可选择债券发行地国家的货币或国际通用货币作为债券价值的计量单位。

②债券的票面金额。债券面值大小不等,但一般都是整数,如百元、千元、万元等。不同的票面金额,会对债券的发行成本、发行数额和持有者的分布产生不同的影响。票面金额较小,会促进小额投资者的购买,但可能会增加发行费用,加大发行的工作量;票面金额较大,债券则会更多地被大额投资者持有,降低发行费用,减轻发行工作量,但是可能会减少债券的发行量。

(2)债券的价格

①债券的发行价格,即债券发行时确定的价格。债券的发行价格可能不同于债券的票面金额。当债券的发行价格高于票面金额时,称为溢价发行;当债券发行价格低于票面金额时,称为折价发行;当债券的发行价格等于票面金额时,称为平价发行。债券的发行价格通常取决于二级市场的交易价格以及市场的利率水平。

②债券的交易价格。债券离开发行市场进入流通市场进行交易时,便取得交易价格。债券的交易价格随市场利率和供求关系的变化而波动,同样可能偏离其票面价值。

(3)债券的偿还期限

债券的特点是要按债券发行时的具体规定,期满归还本金。债券的偿还期限指从债券发行之日起至清偿本息之日止的时间。到期不还,就是违约。债券的偿还期限一般分为三类:偿还期限在 1 年以内的,称为短期债券;偿还期限在 1 年以上、10 年以下(包括 10 年)的,称为中期债券;偿还期限在 10 年以上的,称为长期债券。债券偿还期限的长短,主要取决于以下几个因素。

①债务人对资金需求的时限。足够的偿还期限有助于保证债务人在规定的时间内，有相应的资金作为偿还的来源，这既维护了发行者的信誉，也便于发行者从容调配使用资金。

②未来市场利率的变化趋势。一般来说，如果市场利率趋于下降，则多发行短期债券；如果市场利率趋于上升，则多发行长期债券，这样可以减少因市场利率上升而引起的筹资成本增加的风险。

③证券交易市场的发达程度。如果交易市场发达，债券变现能力强，购买长期债券的投资者就多，发行长期债券就会有销路；反之，如果交易市场不发达，债券不能自由变现，投资者便会倾向于购买短期债券，长期债券就很难有销路。

(4) 债券的偿还方式

①到期偿还，指债券的本金在偿还期满时进行偿还。这是绝大多数债券所采取的本金偿还方式。

②期中偿还，指在偿还期满之前由债务人采取在交易市场上购回债券或者直接向债券持有人支付本金的方式进行本金的偿还。

③展期偿还，指发债人在发行债券时规定，投资者有权决定在债券到期后继续按原定利率持有债券到某一个指定偿还日期或几个指定日期中的一个日期要求偿还的做法。这种偿还方法往往在市场利率看跌时，投资者才予以接受。

(5) 债券的利率

债券的利率即债券的利息与债券票面价值的比率。例如，某种债券利率为10%，即表示每认购100元的债券，每年可获得10元的利息。影响债券利率的因素主要有：

①银行利率水平。银行利率水平提高时，债券利率水平也要相应提高，以保证投资者会去购买债券而不是把钱存入银行。

②发行者的资信状况。发行者的资信状况好，债券的信用等级高，表明投资者承担的违约风险较低，作为债券投资风险补偿的债券利率也可以定得低些；反之，信用等级低的债券，要通过提高债券利率来增加吸引力。

③债券的偿还期限。偿还期限长的债券，流动性差，变现能力弱，其利率水平可高一些；偿还期限短的债券，流动性好，变现能力强，其利率水平便可低一些。

④资本市场资金的供求状况。资本市场上的资金充裕时，发行债券利率便可低一些；当资本市场上的资金短缺时，发行债券利率则要高一些。

(6) 赎回条款

大多数公司的债券都具有"赎回"的特性，或者说债券契约中一般包含赎回条款。"赎回"的意思是，发行公司有权在债券未到期以前赎回(Redeem)一部分或全部在外流通的债券。发行公司是否使用这种权利，可由发行公司根据具体情况来决定。赎回时机和赎回数额，都要在契约上写明。一般情况下，规定债券在发行后的前若干年不能赎回。赎回的价格要比面值高一些，叫作赎回溢价(Call Premium)，大约为面值的3%～10%。赎回条款在市场利率较低的时候是最有用的。这时，发行公司行使其赎回权利可以收回原来利息成本较高的时候发行的旧债，用较低利率另行发行新债，这样发行公司就可以减轻债息负担。若市场利率比原来发行时升高了，则发行公司可以不行使赎回特权，并不产生什么损失。

**2. 债券的特征**

债券作为一种债权债务凭证,与其他有价证券一样,也是一种虚拟资本,而非真实资本,它是经济运行中实际运用的真实资本的证书。债券作为一种重要的融资手段和金融工具,具有如下特征。

(1)偿还性

债券的偿还性是指债券必须规定到期期限,由债务人按期向债权人支付利息并偿还本金。当然,也有例外,如无期国债或永久性国债。这种国债不规定到期时间,债权人也不能要求清偿,只能按期支取利息。

(2)流动性

投资者购买债券后,并不一定一直持有到期,当投资者需用现金时,既可以到证券交易市场上将债券卖出,也可以到银行等金融机构将债券作为抵押品而取得一笔抵押贷款。流动性是指债券能够迅速转变为货币而又不会在价值上蒙受损失的一种能力。一般来说,如果一种债券在持有期内不能任意转换为货币,或者在转换成货币时需要付出较高成本,如较高的交易成本或较大的资本损失,这种债券的流动性就较低。

(3)安全性

与股票相比,债券通常规定了固定的利率,与企业绩效没有直接联系,收益比较稳定,风险较小。在企业破产时,债券持有者享有优先于股票持有者对企业剩余资产的索取权。

债券除违约不能偿还外,价格下跌的风险也是存在的。一般来说,具有高流动性的债券其安全性也较高。导致债券价格下跌的风险有两类:

①信用风险,指债务人不能按时支付利息和偿还本金的风险,这主要与发行者的资信情况和经营状况有关。信用等级高,信用风险就小。

②市场风险,指债券的市场价格因市场利率上升而跌落的风险。债券的市场价格与利率呈反方向变化。市场利率上升,债券价格下降;市场利率下降,债券价格上升。债券的有效期(指到期之前的时期)越长,债券价格受市场利率波动的影响越大,随着债券到期日的临近,债券价格便趋近于票面价值。

(4)收益性

债券的收益性主要表现在两个方面:一是投资债券可以给投资者定期或不定期地带来利息收入;二是投资者可以利用债券价格的变动,买卖债券赚取差额。理论上,债券的交易价格是随着市场利率的升降波动而变化的,当市场利率下降时,债券价格就会上涨;当市场利率上升时,债券价格就会下跌。投资者只要根据债券市场的行情,于价格较高时卖出债券,于价格较低时买进债券,就会得到比一直持有到期更高的收益。

债券的偿还性、流动性、安全性与收益性之间存在着一定矛盾,或者叫相逆性关系。一种债券,很难同时具备以上四个特征。如果某种债券流动性强,安全性高,人们便会争相购买,于是该种债券价格上涨,收益率降低;反之,如果某种债券的风险大,流动性差,购买者少,债券价格低,其收益率则相对提高。

## 2.1.2 债券的分类

可以从各种不同的角度对债券进行分类,并且随着人们融通资金需要的多元化,会有各种新的债券形式产生。目前,债券的类型主要有以下几种。

(1) 按发行主体分类

①政府债券,又可分为中央政府债券、地方政府债券和政府保证债券。政府债券是中央政府和地方政府发行国债时发给债券购买人的一种标准化的债权债务凭证。

②金融债券,这是由银行或非银行金融机构发行的债券。发行金融债券的金融机构一般资金实力雄厚,资信状况好,债券的利率要高于同期存款的利率水平。金融债券的期限一般为1～5年,发行目的是筹集长期资金。

③公司债券,这是由公司发行并承诺在一定时期内还本付息的债权债务凭证。发行公司债券多是为了筹集中长期资金,期限多为3～10年。

④国际债券。这是由外国政府、外国法人或国际组织和机构发行的债券。

(2) 按偿还期限分类

根据偿还期限的不同,债券可分为短期债券、中期债券、长期债券和永久债券。一般说来,偿还期限在1年或1年以下的为短期债券;期限在1年以上、10年以下(包括10年)的为中期债券;期限在10年以上的为长期债券。永久债券也叫无期债券,它不规定到期期限,持有人也不能要求清偿本金,但可以按期取得利息。永久债券一般仅限于政府债券,而且多半是在不得已的情况下才采用。

我国国债的期限划分与上述标准相同。但我国企业债券的期限划分与上述标准有所不同。我国短期企业债券的偿还期限在1年以内,偿还期限在1年或1年以上、5年以下(包括5年)的为中期企业债券,偿还期限在5年以上的为长期企业债券。短期债券的发行者主要是工商企业和政府,发行短期债券大多是为了筹集临时性周转资金。在我国,这种短期债券的期限分别为3个月、6个月和9个月。政府发行短期债券多是为了平衡预算开支。

(3) 按计息的方式分类

①附息债券,这是指债券券面上附有各种息票的债券。息票上标明利息额、支付利息的期限和债券号码等内容。息票一般以6个月为一期。息票到期时,持有人从债券上剪下息票并据此领取利息。由于息票到期时可获得利息收入,因此附息债券被看作是一种可以流通、转让的金融工具。

②贴现债券,亦称贴水债券,这是指券面上不附有息票,发行时按规定的折扣率,以低于票面价值的价格出售,到期按票面价值偿还本金的一种债券。贴现债券的发行价格与票面价值的差价即为贴现债券的利息。实质上,这是一种以利息预付方式发行的债券,因此,这种债券也叫贴息债券。国债的发行通常采用这种方式。

③单利债券,这是指债券利息的计算采用单利计算方法,即按本金只计算一次利息,利不能生利。计息的公式是:利息=债券面额×年利率×期限。

④累进利率债券,这是指债券的利率按照债券的期限分为不同的等级,每一个时间段按相应利率计付利息,然后将几个分段的利息相加,便可得出该债券总的利息收入。

(4) 按债券的利率浮动与否分类

根据债券利率在偿还期内是否变化,可将债券分为固定利率债券和浮动利率债券。

①固定利率债券,指在发行时规定利率在整个偿还期内不变的债券。固定利率债券不考虑市场变化因素,因而其筹资成本和投资收益可以事先预计,不确定性较小,但债券

发行人和投资者仍然必须承担市场利率波动的风险。如果未来市场利率下降,发行人能以更低的利率发行新债券,则原来发行的债券成本就显得相对高昂,而投资者则获得了相对现行市场利率更高的报酬,原来发行的债券价格将上升;反之,如果未来市场利率上升,新发行债券的成本增大,则原来发行的债券成本就显得相对较低,而投资者的报酬则低于购买新债券的收益,原来发行的债券价格将下降。

②浮动利率债券,指在发行时规定债券利率随市场利率定期浮动的债券,也就是说,债券利率在偿还期内可以进行变动和调整。浮动利率债券往往是中长期债券。浮动利率债券的利率通常根据市场基准利率加上一定的利差来确定。美国浮动利率债券的利率水平主要参照3个月期限的国债利率,欧洲则主要参照伦敦同业拆借利率(指设在伦敦的银行相互之间短期贷款的利率,该利率被认为是伦敦金融市场利率的基准)。

浮动利率债券的种类较多,如规定了利率浮动上、下限的浮动利率债券,规定利率到达指定水平时可以自动转换成固定利率债券的浮动利率债券,附有选择权的浮动利率债券,以及在偿还期的一段时间内实行固定利率,另一段时间内实行浮动利率的混合利率债券等。由于债券利率随市场利率浮动,采取浮动利率债券形式可以避免债券的实际收益率与市场收益率之间出现任何重大差异,使发行人的成本和投资者的收益与市场变动趋势相一致。但债券利率的这种浮动性,也使发行人的实际成本和投资者的实际收益事前带有很大的不确定性,从而导致较高的风险。

(5)按是否记名分类

①记名债券,指在券面上注明债权人姓名,同时在发行公司的名册上做同样的登记。转让记名债券时,要在债券上背书并在公司名册上更换债权人姓名。债券投资者必须凭印鉴领取本息。记名债券的优点是比较安全,但是转让时手续复杂、流动性差。但现在记名债券大都采用电子债券形式,托管在相关机构,给登记、过户带来了极大便利。

②不记名债券,指在券面上不须注明债权人姓名,也不在公司名册上登记。不记名债券在转让时无须背书和在发行公司的名册上更换债权人姓名,因此流动性强;但缺点是遗失或被损毁时,不能挂失和补发,安全性较差。由于信息化带来了极大的便利,这种债券现在几乎绝迹了。

(6)按有无抵押担保分类

①信用债券,亦称无担保债券,是指仅凭债务人的信用发行的、没有抵押品做担保的债券。一般包括政府债券和金融债券,少数信用良好的公司也可发行信用债券。有的国家还规定,发行信用公司债券的公司还须签订信托契约,在该契约中约定一些对筹资人的限制措施,如公司不得随意增加其债务;在信用债券未清偿前,公司股东分红须有限制等。

②担保债券,是指以抵押财产为担保而发行的债券。它包括:

抵押公司债券,指以土地、房屋、机器设备等不动产为抵押担保品而发行的债券。当债务人在债务到期不能按时偿还本息时,债券持有者有权变卖抵押品来收回本息。抵押公司债券是现代公司债券中最重要的一种。在实践中,可以以同一不动产为抵押品而多次发行债券。可按发行顺序分为第一抵押债券和第二抵押债券。第一抵押债券对抵押品有第一留置权;第二抵押债券对抵押品有第二留置权,即在第一抵押债券清偿后,用其余额偿付第二抵押债券本息。所以,第一抵押又称优先抵押;第二抵押又称一般抵押。

抵押信托债券,指以公司拥有的其他有价证券,如股票和其他债券作为担保品而发行的债券。一般来说,发行这种债券的公司都是一些合资附属机构,以母公司的证券作为担保。作为担保的有价证券通常委托信托人保管,当该公司不能按期清偿债务时,即由受托人处理其抵押的证券并代为偿债,以保护债权人的合法利益。

承保债券,指由第三者担保偿还本息的债券。这种债券的担保人一般为银行或非银行金融机构或公司的主管部门,个别的是由政府担保。

(7) 按债券形态分类

① 实物债券。实物债券是一种具有标准格式实物券面的债券,指债券的发行与购买是通过债券的实体来实现的,是看得见、摸得着的,且一般不记名。

② 凭证式债券。凭证式债券主要通过银行承销,各金融机构向企事业单位和个人推销债券,同时向买方开出收款凭证。这种凭证式债券可记名、可挂失,但不可上市流通,持有人可以到原购买网点办理提前兑付手续。

③ 记账式债券。记账式债券没有实物形态,在债券认购者的电脑账户中做一记录,主要通过证券交易所来发行。投资者利用已有的"债券账户",通过交易所网络,按其欲购价格和数量购买。买入之后,债券数量由交易所记入客户的账户。

(8) 按是否可以转换为股票分类

按是否能转换为公司股票,债券可以分为可转换债券和不可转换债券。

① 可转换债券,指在特定时期内可以按某一固定的比例转换成普通股的债券,它具有债务与权益双重属性,属于一种混合性筹资方式。由于可转换债券赋予债券持有人将来成为公司股东的权利,因此其利率通常低于不可转换债券。若将来转换成功,在转换前发行企业达到了低成本筹资的目的,转换后又可节省股票的发行成本。根据《中华人民共和国公司法》(以下简称《公司法》)的规定,发行可转换债券应由国务院证券监督管理机构核准,发行公司应同时具备发行公司债券和发行股票的条件。

② 不可转换债券,指不能转换为普通股的债券,又称为普通债券。由于其没有赋予债券持有人将来成为公司股东的权利,所以其利率一般高于可转换债券。

## 2.1.3 债券的发行

债券发行(Bond Issuance)是发行人以借贷资金为目的,依照法律规定的程序向投资人要约发行代表一定债权和兑付条件的债券的法律行为。债券发行是证券发行的重要形式之一,是以债券形式筹措资金的行为过程。通过这一过程,发行者以最终债务人的身份将债券转移到它的最初投资者手中。

债券的发行者在发行前必须按照规定向债券发行的审核机构提交申报书;政府债券的发行则须经过国家预算审查批准机关的批准。发行者在申报书中所申明的各项条款和规定,就是债券的发行条件,其主要内容有:拟发行债券数量、发行价格、偿还期限、票面利率、利息支付方式、有无担保等。债券的发行条件决定着债券的收益性、流动性和安全性,直接影响着发行者筹资成本的高低和投资者投资收益的多寡。对投资者来说,最为重要的发行条件是债券的票面利率、偿还期限和发行价格,因为它们决定着债券的投资价值,所以被称为债券发行的三大基本条件。而对发行者来说,除上述条件外,债券的发行数量也是比较重要的,因为它直接影响筹资规模。如果发行数量过多,就会造成销售困难,甚至影响发行者的信誉以及日后债券的转让价格。

按照债券的实际发行价格和票面金额的异同,债券的发行可分为平价发行、溢价发行和折价发行。其一,平价发行,指债券的发行价格和债券面额相等,因而发行收入的数额和将来的还本数额也相等。前提是债券发行利率和市场利率相同,这在西方国家比较少见。其二,溢价发行,指债券的发行价格高于债券面额,以后偿还本金时仍按债券面额偿还。只有在债券票面利率高于市场利率的条件下才能采用这种方式发行。其三,折价发行,指债券发行价格低于债券面额,而偿还时却要按债券面额偿还本金。折价发行是因为规定的票面利率低于市场利率。

按照债券的发行对象,可分为私募发行和公募发行两种方式。

私募发行是指面向少数特定的投资者发行债券,一般以少数关系密切的单位和个人为发行对象,不对所有的投资者公开出售。具体发行对象有两类:一类是机构投资者,如大的金融机构或是与发行者有密切业务往来的企业等;另一类是个人投资者,如发行单位自己的职工,或是使用发行单位产品的用户等。私募发行一般采取直接销售的方式,不经过证券发行中介机构,不必向债券发行审核机构办理发行注册手续,可以节省承销费用和注册费用,手续比较简便。但是私募债券不能公开上市,流动性差,利率比公募债券高,发行数额一般不大。

公募发行是指公开向广泛不特定的投资者发行债券。公募债券发行者必须向债券发行审核机构办理发行注册手续。由于发行数额一般较大,通常要委托投资银行等中介机构承销。公募债券信用度高,可以上市转让,因而发行利率一般比私募债券低。公募债券采取间接销售的方式,具体又可分为三种:其一,代销。发行者和承销者签订协议,由承销者代为向社会销售债券。承销者按规定的发行条件尽力推销,如果在约定期限内未能按照原定发行数额全部销售出去,债券剩余部分可退还给发行者,承销者不承担发行风险。采用代销方式发行债券,手续费一般较低。其二,余额包销。承销者按照规定的发行数额和发行条件,代为向社会推销债券,在约定期限内债券如果有剩余,须由承销者负责认购。采用这种方式销售债券,承销者承担部分发行风险,能够保证发行者筹资计划的实现,但承销费用高于代销费用。其三,全额包销。首先由承销者按照约定条件将债券全部承购下来,并且立即向发行者支付全部债券价款,然后再由承销者向投资者分次推销。采用全额包销方式销售债券,承销者承担了全部发行风险,可以保证发行者及时筹集到所需要的资金,因而包销费用也较余额包销为高。

西方国家以公募方式发行国家债券一般采取招投标的办法,投标又分为竞争性投标和非竞争性投标。竞争性投标,先由投资者(大多是投资银行或大证券商)主动投标,然后由政府按照投资者自报的价格和利率,或是从高价开始,或是从低利率开始,依次确定中标者名单和配额,直到完成预定发行额为止。非竞争性投标,政府预先规定债券的发行利率和价格,由投资者申请购买数量,政府按照投资者认购的时间顺序,确定他们各自的认购数额,直到完成预定发行额为止。

改革开放以来,我国国债发行方式经历了从20世纪80年代的行政分配,20世纪

90年代初的承购包销,到目前的定向发售、承购包销和招标发行并存的发展过程,总的变化趋势是不断趋向低成本、高效率的发行方式,逐步走向规范化与市场化。

(1) 定向发售。定向发售方式是指向养老保险基金、失业保险基金、金融机构等特定机构发行国债的方式,主要用于国家重点建设债券、财政债券、特种国债等品种。

(2) 承购包销。承购包销方式始于1991年,主要用于不可流通的凭证式国债。承购包销是由各地的国债承销机构组成承销团,通过与财政部签订承销协议来决定发行条件、承销费用和承销商的义务,因而是带有一定市场因素的国债发行方式。

(3) 招标发行。招标发行是指通过招标的方式来确定国债的承销商和发行条件。招标发行将市场竞争机制引入国债发行过程,从而能反映出承销商对利率走势的预期和社会资金的供求状况,推动了国债发行利率及整个利率体系的市场化进程。此外,招标发行还有利于缩短发行时间,促进国债一、二级市场之间的衔接,基于这些优点,招标发行已成为我国国债发行体制改革的主要方向。

### 2.1.4 债券的收益

为了精确衡量债券收益,一般使用债券收益率这个指标。债券收益率是债券收益与投入本金的比率,通常用年率表示。债券收益不同于债券利息,债券利息仅指债券票面利率与债券面值的乘积。但由于人们在债券持有期内,还可以在债券市场进行买卖,赚取价差,因此,债券收益除利息收入外,还包括买卖盈亏差价。决定债券收益率的主要因素有债券的票面利率、期限、面值和购买价格。最基本的债券收益率计算公式为

$$债券收益率 = \frac{到期本息和 - 发行价格}{发行价格 \times 偿还期限} \times 100\%$$

由于债券持有人可能在债券偿还期内转让债券,因此,债券的收益率还可以分为债券出售者的收益率、债券购买者的收益率和债券持有期间的收益率。各自的计算公式如下:

$$债券出售者的收益率 = \frac{卖出价格 - 发行价格 + 持有期间的利息}{发行价格 \times 持有年限} \times 100\%$$

$$债券购买者的收益率 = \frac{到期本息和 - 买入价格}{买入价格 \times 剩余期限} \times 100\%$$

$$债券持有期间的收益率 = \frac{卖出价格 - 买入价格 + 持有期间的利息}{买入价格 \times 持有年限} \times 100\%$$

如某人于2020年1月1日以102元的价格购买了一张面值为100元、利率为10%、每年1月1日支付一次利息的2016年发行的5年期国库券,并持有到2021年1月1日到期,则

$$债券购买者的收益率 = \frac{100 + 100 \times 10\% - 102}{102 \times 1} \times 100\% = 7.8\%$$

$$债券出售者的收益率 = \frac{102 - 100 + 100 \times 10\% \times 4}{100 \times 4} \times 100\% = 10.5\%$$

再如某人于2015年1月1日以120元的价格购买了面值为100元、利率为10%、每年1月1日支付一次利息的2014年发行的10年期国库券,并持有到2020年1月1日以

140元的价格卖出,则

$$债券持有期间的收益率=\frac{140-120+100\times10\%\times5}{120\times5}\times100\%=11.7\%$$

以上计算公式没有考虑把获得的利息进行再投资的因素。把所获利息的再投资收益计入债券收益,据此计算出来的收益率,即为复利收益率。它的计算方法比较复杂,这里从略。

国债是中央政府发行的债券,国家可以在国债市场上筹资以弥补财政赤字,或者为国家重点项目融通资金,还可以利用国债市场调节货币流通量。为了鼓励投资者购买国债,促进国债市场的发展,各国一般都规定投资者购买国债所获得的利息收入不缴纳所得税。投资者投资企业债券所获取的利息收入,属于投资者的证券投资收入,在没有特殊的减免税规定时,均须依法纳税。此外,企业发行债券的利息支出是纳入企业成本的,在税前支付。对企业而言,在其发放债券利息前的利润中,用于支付债券利息的那部分实际上是免税的,这也是投资者获取的债券利息应纳税的原因之一。

国债利息收入的免税待遇对投资者,尤其是收入较高的投资者,有很大的吸引力。因为大多数国家的税率都是逐级累进的,投资者购买国债,可以不用担心自己的收入增加而使税率再上一个等级。相反,企业债券的利率虽然高,却有可能使投资者按更高的税率纳税,税后收益反而可能下降。

## 2.1.5 债券融资和信贷融资的区别

在直接融资中,需要资金的部门直接到市场上融资,借贷双方存在直接的对应关系;而在间接融资中,借贷活动必须通过银行等金融中介机构进行,由银行向社会吸收存款,再放贷给需要资金的部门。债券融资和信贷融资的不同之处有以下几个方面。

(1)资金的需求者不同

在我国,债券融资中政府债券占有很大的比重,信贷融资中企业则是最主要的需求者。

(2)资金的供给者不同

政府和企业通过发行债券吸收资金的渠道较多,如个人、企业与金融机构、机关团体、事业单位等,而信贷融资的提供者主要是商业银行。

(3)融资成本不同

在各类债券中,政府债券的资信度通常最高,大企业、大金融机构也具有较高的资信度,而中小企业的资信度一般较低。因而,政府债券的利率在各类债券中往往最低,筹资成本最小,大企业和大金融机构次之,中小企业的债券利率最高,筹资成本最大。与商业银行存款利率相比,债券发行者为吸引社会闲散资金,其债券利率通常要高于同期的银行存款利率;与商业银行贷款利率相比,资信度较高的政府债券和大企业、大金融机构债券的利率一般要低于同期贷款利率,而资信度较低的中小企业债券的利率则可能要高于同期贷款利率。此外,有些企业还发行可转换债券,该种债券可根据一定的条件转换成企业股票,灵活性较大,所以企业能以较低的利率售出,而且,可转换债券一旦转换成股票,即变成企业的资本金,企业无须偿还。

(4) 信贷融资比债券融资更加迅速方便

例如,我国企业发行债券通常需要向有关管理机构申请报批,同时还要做一些宣传等准备工作,而申请信贷可由借贷双方直接协商而定,手续相对简便。通过银行信贷融资要比通过发行债券融资所需的时间更短,可以较迅速地获得所需的资金。

(5) 在融资的期限、结构和融资数量上有差别

一般来说,银行不愿意提供巨额的长期贷款,银行融资以中短期资金为主,当企业财务状况不佳、负债比率过高时,贷款利率较高,甚至根本得不到贷款,而债券融资多以中长期资金为主。因此,企业通过债券融资通常要比通过银行融资更加稳定,融资期限更长。

(6) 对资金使用的限制不同

企业通过发行债券筹集的资金,一般可以自由使用,不受债权人的具体限制,而信贷融资通常有许多限制性条款,如限制资金的使用范围、限制借入其他债务、要求保持一定的流动比率和资产负债率等。

(7) 在抵押担保条件上也有一些差别

一般来说,政府债券、金融债券以及信用良好的企业的债券大多没有担保,而信贷融资大多需要财产担保,或者由第三方担保。

## 2.2 国 债

### 2.2.1 国债的概念及特点

国债是中央政府为筹集财政资金而发行的一种政府债券,是中央政府向投资者出具的、承诺在一定时期支付利息和到期偿还本金的债权债务凭证。国债是国家信用的主要形式,中央政府发行国债的目的往往是弥补国家财政赤字,或者为一些耗资巨大的建设项目以及某些特殊经济政策乃至为战争筹措资金。由于国债以中央政府的税收作为还本付息的保证,因此风险小,流动性强,利率也较其他债券低。

国债作为债的一种特殊形式,同一般债权债务关系相比具有以下特点:

(1) 从法律关系的主体来看,国债的债权人既可以是国内外的公民、法人或其他组织,也可以是某一国家或地区的政府以及国际金融组织,而债务人一般只能是国家。

(2) 从法律关系的性质来看,国债法律关系的发生、变更较多地体现了国家单方面的意志,尽管与其他财政法律关系相比,国债法律关系属于平等型法律关系,但与一般债权债务关系相比,则其体现出一定的隶属性,特别是发行对象是国内的公司、法人或其他组织的情形下,表现得更加明显。

(3) 从法律关系的实现来看,国债属于信用等级最高、安全性最好的债权债务关系。

从债券形式来看,我国发行的国债可分为凭证式国债、记账式国债和不记名(实物)国债三种。

凭证式国债是一种国家储蓄债,可记名,可挂失,以凭证式国债收款凭证记录债权,不

能上市流通,从购买之日起计息。在持有期内,持券人如遇特殊情况需要提取现金,可以到购买网点提前兑取。提前兑取时,除偿还本金外,利息按实际持有天数及相应的利率档次计算,经办机构按兑付本金的一定比例收取手续费,一般是 2‰。实际手续费的比例要按发行机构的具体规定收取。

记账式国债,又名无纸化国债,以记账形式记录债权,通过证券交易所的交易系统发行和交易,可以记名、挂失。投资者进行记账式国债买卖,必须在证券交易所设立账户。由于记账式国债的发行和交易均无纸化,所以效率高、成本低,交易安全。

不记名(实物)国债是一种实物债券,以实物券的形式记录债权,面值不等,不记名,不可挂失,可上市流通。发行期内,投资者可直接在销售机构的柜台购买。这种形式的国债曾经是我国发行历史最长的一种国债,但由于信息化技术的进步,现在发行的国债主要是凭证式国债和记账式国债。

## 2.2.2 国债的种类

国债按不同的标准,可以分为不同的种类。

(1) 按偿还期限划分

可以将国债分为短期国债、中期国债和长期国债。各个国家确定短、中、长期国债的年限略有不同,如美国把 1 年以内的国债称为短期国债;10 年期以上的称为长期国债。日本称 5~10 年期的国债为长期国债;2~5 年期的为中期国债。我国则一般将 1 年以内的国债称为短期国债;1~5 年期的称为中期国债;5 年期以上的称为长期国债。

(2) 按用途划分

①战争国债,是政府为筹集军费而发行的债券。战争时期,政府开支骤增,战争国债是较理想的筹资方式。

②赤字国债,在政府财政收支不平衡、出现财政赤字的情况下,可通过发行赤字国债来平衡财政收支。

③建设国债,是政府为了投资于公路、铁路、桥梁等基础设施建设而发行的债券。

④特种国债,是政府为了实施某种特殊政策而发行的国债。

(3) 按资金的来源划分

①国内债,即一国政府以本国货币为单位,在国内金融市场上发行的债券。其投资者一般为国内的机构、企业和个人。

②国外债,即一国政府以外国货币为单位,在国际金融市场上发行的债券。政府在国外发行的外币债券与国外一般借款一起,共同构成一个国家的外债。

(4) 按是否可以流通交易划分

①可流通国债,指可以在二级市场上交易的国债。这种债券在一些国家的国债中占主要部分,如美国的可流通国债约占其国债总额的 2/3。根据财政部发布的信息,截至 2022 年末,我国国债余额为 25.9 万亿,全国地方政府法定债务余额 35.1 万亿,大部分流通于银行间市场,少量流通于证券市场。

②不可流通国债,指在购买条款中规定不能在二级市场上进行交易的国债。不可流通国债又可以分为投资者为私人的不可流通国债和投资者为机构的不可流通国债。当不

可流通国债的发行对象以私人为主时,筹集的资金主要来自个人的储蓄,故此类债券可称为政府储蓄债券。

(5)按付息方式划分

①贴现国债,指国债面上不附息票,发行时按规定的折扣率,以低于债券面值的价格发行,到期按面值支付本息的国债。贴现国债的发行价格与其面值的差额即为债券的利息。如投资者以 70 元的发行价格认购了面值为 100 元的 5 年期国债,那么,在 5 年到期后,投资者可兑付到 100 元的现金,其中 30 元的差价即为国债的利息,年息平均为 8.57%(即$(100-70)\div 70\div 5\times 100\%$)。美国的短期国库券和日本的贴现国债,都是较为典型的贴现国债。

②附息国债,指国债券面上附有息票,按照国债券面载明的利率及支付方式支付利息的国债。息票上标有利息额、支付利息的期限和债券号码等内容。持有人可从债券上剪下息票,并据此领取利息。附息国债的利息支付方式一般是在偿还期内按期付息,如每半年或一年付息一次。

我国发行的国债多数为到期一次还本付息。1993 年第三期国债实行按年付息,成为我国第一期附息国债,附息国债从此成为我国国债的一个重要品种。

(6)按发行对象划分

中央政府是国家的权力象征,它以该国的征税能力作为国债还本付息的保证,投资者一般不用担心国债的偿还能力。为了鼓励投资者购买国债,大多数国家都规定国债投资者可以享受国债利息收入方面的税收优惠,甚至免税。因此,国债为投资者所热衷,流动性很强,并被广泛地用于抵押和担保。不过,由于国债的风险低,安全性和流动性好,它的利率一般也低于其他类型债券。

政府发行国债,一般有两种情况:一是为国家经济建设筹集资金,称为"建设国债",比如在中华人民共和国成立初期发行的人民胜利折实国债等;二是为弥补预算收支差额,称为"赤字国债",如我国 1981 年以来发行的国库券就属于这种性质。在有些情况下,利用举借国债的办法加大经济建设投入,不失为一种积极的发展战略;利用国债来弥补预算收支差额,也是平衡财政收支的一种有效手段。但国债的规模必须控制在适度的范围内,否则将出现债务危机。

除中央政府发行国债之外,不少国家中有财政收入的地方政府及地方公共机构也发行债券,它们发行的债券称为地方政府债券。地方政府债券一般用于交通、通信、住宅、教育、医院和污水处理系统等地方性公共设施的建设。同中央政府发行的国债一样,地方政府债券一般也是以当地政府的税收能力作为还本付息的担保。

但是,有些地方政府债券的发行是为了给某个特定项目或企业融资,因而不是以地方政府税收作为担保,而是以债券发行人经营该项目所获得的收益作为担保。比如地方政府为解决当地中低收入居民的住房困难问题,利用发行债券所得收入修建一批大众化的商品房,由此获得的租售收入用于偿还债券的本金和利息。地方政府债券的安全性较高,被认为是安全性仅次于国债的一种债券。而且,投资者购买地方政府债券所获得的利息收入一般都免交所得税,这对投资者有很大的吸引力。

### 2.2.3 国债的发行

国债发行是指国债售出或被个人和企业认购的过程,它是国债运行的起点和基础环节,核心是确定国债售出的方式,即国债发行方式。一般而言,国债发行主要有四种方式:

(1)固定收益出售法,指在金融市场上按预定的发行条件发行国债的方式,具有认购期限短、发行条件固定、发行机构不限和主要适用于可转让的中长期债券等四个特点。

(2)公募拍卖方式,也称竞价投标方式,指在金融市场上公开招标发行国债的方式,特点是发行条件通过投标决定,以财政部门或中央银行为发行机构,主要适用于中短期政府债券,特别是国库券。

(3)连续经销方式,亦称出卖发行法,指发行机构受托在金融市场上设专门柜台经销国债的一种较为灵活的发行方式,特点是经销期限不定、发行条件不定,主要通过金融机构、中央银行或证券经纪人经销,适用于不可转让债券,特别是储蓄债券。

(4)承受发行法,又叫直接推销法,指由财政部门直接与认购者举行一对一谈判出售国债的发行方式,特点是发行机构只限于财政部门,认购者主要限于机构投资者,发行条件通过直接谈判确定,主要应用于某些特殊类型的政府债券的推销。

## 2.3 企业债券

### 2.3.1 企业债券的概念及特点

企业债券通常又称为公司债券,是企业依照法定程序发行,约定在一定期限内还本付息的债券。企业债券代表着发债企业和投资者之间的一种债权债务关系。债券持有人是企业的债权人,不是所有者,无权参与或干涉企业经营管理,但债券持有人有权按期收回本息。企业债券与股票一样,同属有价证券,可以自由转让。

由于企业主要以自身的经营利润作为还本付息的保证,因此企业债券的风险与企业本身的经营状况直接相关。如果企业发行债券后,经营状况不佳,连续出现亏损,可能无力支付投资者本息,投资者就面临遭受损失的风险。从这个意义上说,企业债券是一种风险较大的债券。所以,在企业发行债券时,一般要对发债企业进行严格的资格审查或要求发行企业有财产抵押,以保护投资者的利益。同时,在一定限度内,证券市场上的风险与收益呈正相关关系,高风险伴随着高收益。企业债券由于具有较大风险,它们的利率通常也高于国债和地方政府债券。

企业债券除了具有债券的一般性质外,与其他债券相比还具有以下特征:

(1)风险性较大。企业债券的还款来源是企业的经营利润。如果企业经营不善,就会使投资者面临利息甚至是本金损失的风险。

(2)收益率较高。投资于企业债券要承担较高的风险,其收益率也较高。正是这一因素吸引了许多风险投资者。

(3)债券持有者比股票持有者有优先索取利息和优先要求补偿的权利。企业债券的持有人只是企业的债权人,不是股东,因而无权参与企业的经营管理。但是企业债券持有人比股东有优先的收益分配权,并且在企业破产清理资产时,有比股东优先收回本金的权利。

(4)对于部分企业债券来说,发行者与持有者之间可以相互给予一定的选择权。如在可转换债券中,发行者给予持有者将债券兑换成本企业股票的选择权;在可提前赎回的企业债券中,持有者给予发行者在到期日前提前偿还本金的选择权。当然,获得该种选择权的当事人必须向对方支付一定的费用。

### 2.3.2　企业债券的分类

企业债券按不同标准可以分为很多种类,最常见的分类有以下几种:

(1)按照期限划分

企业债券有短期企业债券、中期企业债券和长期企业债券。根据我国企业债券的期限划分,短期企业债券期限在1年以内,中期企业债券期限在1年以上、5年以内,长期企业债券期限在5年以上。

(2)按是否记名划分

企业债券可分为记名企业债券和不记名企业债券。如果企业债券上登记有债券持有人的姓名,投资者领取利息时要凭印章或其他有效的身份证明,转让时要在债券上签名,同时还要到发行公司登记,那么,它就称为记名企业债券,反之称为不记名企业债券。

(3)按有无担保划分

企业债券可分为信用债券和担保债券。信用债券指仅凭筹资人的信用发行的、没有担保的债券,信用债券只适用于信用等级高的债券发行人。担保债券是指以抵押、质押、保证等方式发行的债券,其中,抵押债券是指以不动产作为担保品所发行的债券,质押债券是指以有价证券作为担保品所发行的债券,保证债券是指由第三者担保偿还本息的债券。

(4)按可否提前赎回划分

企业债券可分为可提前赎回债券和不可提前赎回债券。如果企业在债券到期前有权定期或随时购回全部或部分债券,这种债券就称为可提前赎回企业债券,反之则是不可提前赎回企业债券。

(5)按票面利率是否变动划分

企业债券可分为固定利率债券、浮动利率债券和累进利率债券。固定利率债券指在偿还期内利率固定不变的债券;浮动利率债券指票面利率随市场利率定期变动的债券;累进利率债券指随着债券期限的增加,利率累进的债券。

(6)按发行人是否给予投资者选择权划分

企业债券可分为附有选择权的企业债券和不附有选择权的企业债券。附有选择权的企业债券,指债券发行人给予债券持有人一定的选择权,如可转换企业债券、有认股权证的企业债券、可退还企业债券等。可转换企业债券的持有者,能够在一定时间内按照规定的价格将债券转换成企业发行的股票;有认股权证的债券持有者,可凭认股权证购买所约定的企业的股票;可退还的企业债券,在规定的期限内可以退还。反之,债券持有人没有上述选择权的债券,即是不附有选择权的企业债券。

(7) 按发行方式划分

企业债券可分为公募债券和私募债券。公募债券指按法定程序经证券发行审核机构批准公开向社会投资者发行的债券;私募债券指以特定的少数投资者为对象发行的债券,私募债券发行手续简单,一般不能公开上市交易。

(8) 按持有人是否参加企业利润分配划分

企业债券可分为参加企业债券和非参加企业债券。参加企业债券指除了可按预先约定获得利息收入外,还可在一定限度上参加企业利润分配的企业债券,非参加企业债券指持有人只能按照事先约定的利率获得利息的企业债券。

## 2.3.3 企业债券的发行

企业在生产经营过程中,可能会由于种种原因需要大量资金,如扩大业务规模,筹建新项目,兼并收购其他企业,弥补亏损等。在企业自有资金不能完全满足其资金需求时,便需要向外部筹资。通常,企业对外筹资的渠道有三个:发行股票、发行债券和向银行等金融机构借款。

由于股票经常是溢价发行,故股票筹资的实际成本较低,而且筹集的资金不用偿还,没有债务负担。但股票发行手续复杂,前期准备时间长,还要公布企业财务状况,受到的制约较多。此外,增发股票还会导致股权稀释,影响到现有股东的利益和其对企业的控制权。

向银行等金融机构借款通常较为方便,能较快满足企业的资金需求,但信贷的期限一般较短,资金的使用范围往往受到严格的限制,有时信贷还附有一定的条件。而且,在企业经营状况不佳时,银行往往不愿意提供贷款。相对而言,发行债券所筹集的资金期限较长,资金使用自由,而且购买债券的投资者无权干涉企业的经营决策,现有股东对企业的所有权不变,从这一角度看,发行债券在一定程度上弥补了股票筹资和向银行借款的不足。因此,发行债券是许多企业非常愿意选择的一种筹资方式。但是,债券筹资也有其不足之处,主要是由于投资企业债券的风险较大,债券的发行成本一般高于银行贷款,还本付息对企业构成较重的财务负担。企业通常权衡这三种方式的利弊得失后,再选择最恰当的方式筹集所需资金。

企业决定通过债券筹集资金后,接着就要考虑发行何种类型的债券以及发行债券的条件。债券发行的条件指债券发行者发行债券筹集资金时所必须考虑的有关因素,具体包括发行额、面值、期限、偿还方式、票面利率、付息方式、发行价格、发行费用、有无担保等。由于企业债券通常是以发行条件进行分类的,所以,确定发行条件的同时也就确定了所发行债券的种类。

适宜的发行条件可使筹资者顺利地筹集到资金,使承销机构顺利地销售出债券,也使投资者易于做出投资决策。在选择债券发行条件时,企业应根据债券发行条件的具体内容综合考虑下列因素。

(1) 发行额

债券发行额指债券发行人发行债券时预计筹集的资金总量。企业应根据自身的资信状况、资金需求程度、市场资金供给情况、债券自身的吸引力等因素进行综合判断后再确定一个合适的发行额。发行额定得过高,会造成发售困难;发行额太低,又不易满足筹资的需求。

(2) 债券面值

债券面值即债券票面上标出的金额,企业可根据不同认购者的需要,使债券面值多样化,既有大额面值,也有小额面值。

(3) 债券的期限

从债券发行日起到偿还本息日止的这段时间称为债券的期限。企业通常根据资金需求的期限、未来市场利率走势、流通市场的发达程度、债券市场上其他债券的期限情况、投资者的偏好等来确定债券的期限结构。一般而言,当资金需求量较大,债券流通市场较发达,利率有上升趋势时,可发行中、长期债券,否则,应发行短期债券。

(4) 债券的偿还方式

按照债券偿还日期的不同,债券的偿还方式可分为期满偿还、期中偿还和延期偿还三种或可提前赎回和不可提前赎回两种;按照债券偿还形式的不同,可分为以货币偿还、以债券偿还和以股票偿还三种。企业可根据自身实际情况和投资者的需求灵活做出决定。

(5) 票面利率

票面利率可分为固定利率和浮动利率两种。一般地,企业应根据自身资信情况、企业承受能力、利率变化趋势、债券期限的长短等决定选择何种利率形式与利率的高低。

(6) 付息方式

付息方式一般可分为一次性付息和分期付息两种。企业可根据债券期限情况、筹资成本要求、对投资者的吸引力等确定不同的付息方式,如对中长期债券可采取分期付息方式,按年、半年或按季度付息,对短期债券可以采取一次性付息方式。

(7) 发行价格

债券的发行价格即债券投资者认购新发行的债券时实际支付的价格。债券的发行价格可分为平价发行(按债券面值发行)、折价发行(以低于债券面值的价格发行)和溢价发行(以高于债券面值的价格发行)三种。选择不同发行价格的主要考虑因素是使投资者的实际收益率与市场收益率相近。因此,企业可根据市场收益率和市场供求情况相机抉择。

(8) 发行方式

企业可根据市场情况、自身信誉和销售能力等因素,选择向特定投资者发行的私募方式或向社会公众发行的公募方式、自己直接向投资者发行的直接发行方式或让证券中介机构参与的间接发行方式、公开招标发行方式或与中介机构协商议价的非招标发行方式等。

(9) 是否记名

记名企业债券转让时必须在债券上背书,同时还必须到发行企业登记,而不记名企业债券则无须如此。因此,不记名企业债券的流动性要优于记名企业债券。企业可根据市场需求等情况决定是否发行记名债券。

(10) 担保情况

发行的债券有无担保,是债券发行的重要条件之一。一般而言,由信誉卓著的第三者担保或以企业自己的财产做抵押担保,可以增加债券投资的安全性,减少投资风险,提高债券的吸引力。企业可以根据自身的资信状况决定是否以担保形式发行债券。通常,大金融机构、大企业发行的债券多为无担保债券,而信誉等级较低的中小企业大多发行有担保债券。

(11) 债券选择权情况

附有选择权的企业债券指在债券发行中,发行者给予持有者一定的选择权,如可转换企业债券、有认股权证的企业债券、可退还的企业债券等。一般说来,有选择权的债券利率较低,也易于销售。

(12) 发行费用

债券发行费用指发行者支付给有关债券发行中介机构和服务机构的费用。债券发行者应尽量减少发行费用,在保证发行成功和有关服务质量的前提下,选择发行费用较低的中介机构和服务机构。

### 2.3.4 垃圾债券

垃圾债券亦称高息债券(High-yield Bonds),是美国公司发行的一种非投资级的债券。美国的债券通常分为政府债券、投资级公司债券和非投资级的"垃圾债券"三种。美国 95% 的公司发行的债券都是"垃圾债券",通常由一些规模较小的新行业或者信用较差的公司发行。但也有一些大公司发行这种债券,它们的债券原本属于投资级,但由于公司出现财政困难或整个行业衰退等原因,其债券被贬为"垃圾债券"。若经营情况好转,"垃圾债券"也可反弹为投资级债券。通常,"垃圾债券"的利率比美国政府债券的利率高几个百分点。

垃圾债券一词译自英文"Junk Bond"。"junk"意为旧货、假货、废品、哄骗等,之所以将其作为债券的一项形容词,是因为债券投资利息高、风险大,对投资人本金的保障较弱。

垃圾债券在 20 世纪二三十年代就已存在。20 世纪 70 年代以前,垃圾债券主要是一些小型公司为开拓业务筹集资金而发行,由于这种债券的信用受到怀疑,问津者较少,70 年代初其流通量还不到 20 亿美元。20 世纪 70 年代末期以后,垃圾债券逐渐成为投资者狂热追捧的投资工具,到 80 年代中期,垃圾债券市场急剧膨胀,迅速达到鼎盛。在整个 20 世纪 80 年代,美国各公司发行垃圾债券 1 700 多亿美元,当时华尔街著名的"垃圾债券之王"迈克·米尔根所在的德崇证券公司(Drexel Burnham Lambert)就发行了 800 亿美元,占 47%。21 世纪以来,美国垃圾债券更加膨胀,截至 2020 年底,垃圾债券市场存量总规模已经超过 2 万亿美元。

垃圾债券之所以在美国能风行一时,主要有以下几个原因:

一是美国产业大规模调整与重组,由此引发的更新、并购所需资金单靠股市是远远不够的,加上在产业调整时期这些企业风险较大,以营利为目的的商业银行不能完全满足其资金需求,这是垃圾债券应时而兴的重要背景。

二是美国金融管制的放松,反映在证券市场上,就是放松对有价证券发行人的审查和管理,造成素质低下的垃圾债券纷纷出笼。

三是杠杆收购的广泛运用,即小公司通过高负债方式收购较大的公司。高负债的渠道主要是向商业银行贷款和发行债券,筹到足够资金后,便将不被看好而股价较低的大公司股票大量收购而取得控制权,再进行分割整理,使公司形象改善、财务报告中反映的经营状况好转,待股价上升至一定程度后全部抛售大捞一把,还清债务后,拂袖而去。其中最著名的例子是 1988 年底,亨利·克莱斯收购雷诺烟草公司,收购价高达 250 亿美元,但克莱斯本身动用的资金仅 1 500 万美元,其余 99.94% 的资金都是靠米尔根发行垃圾债券筹得的。

四是美国经济步入复苏,经济景气使证券市场过度繁荣。在经济持续旺盛时期,人们对前景抱有美好憧憬,更多地注意到其高收益而忽略了风险,商业银行、证券承销商及众多投机者都趋之若鹜,收购者、被收购者、债券持有者和发行人、包销商都有利可图。

垃圾债券在给投资人较高回报预期的同时,也可能给投资人带来切实的风险,特别是在经济放缓的冲击下,垃圾债券发行人受影响最大,其信贷质量可能出现实质性恶化,违约率可能大幅攀升。从行业角度来看,能源、零售、休闲娱乐行业是美国垃圾债券违约率最容易上升的行业。另外,随着美国经济滑入衰退,还将有相当数量的投资级公司债券被降级为垃圾债券,这必将加剧垃圾债券违约规模的上升。

## 2.4 可转换债券

### 2.4.1 可转换债券的概念和特点

可转换公司债券(简称可转换债券)是一种可以在特定时间、按特定条件转换为普通股股票的特殊公司债券。可转换债券兼具债券和股票的特性,具有以下三个主要特点:

(1)债权性

与其他债券一样,可转换债券也有规定的利率和期限。投资者可以选择持有债券到期,收取本金和利息。

(2)股权性

可转换债券在转换成股票之前是纯粹的债券,但在转换成股票之后,原债券持有者就由债权人变成了公司的股东,可参与公司的经营决策和红利分配。

(3)可转换性

可转换性是可转换债券的重要标志,债券持有者可以按约定的条件将债券转换成股票。转股权是投资者享有的、一般债券持有者所没有的选择权。可转换债券在发行时就明确约定,债券持有者可按照发行时约定的价格将债券转换成公司的普通股股票。如果债券持有者不想转换,则可继续持有债券,直到偿还期满时收取本金和利息,或者在流通市场出售变现。

可转换债券的投资者还享有将债券回售给发行人的权利。一些可转换债券附有回售条款,规定当公司股票的市场价格持续低于转股价(即按约定可转换债券转换成股票的价格)达到一定幅度时,债券持有人可以把债券按约定条件回售给债券发行人。

另外,可转换债券的发行人拥有强制赎回债券的权利。一些可转换债券在发行时附有强制赎回条款,规定在一定时期内,若公司股票的市场价格高于转股价达到一定幅度并持续一段时间时,按《可转换公司债券管理办法》第十一条,发行人可按事先约定的条件和价格赎回尚未转股的可转债。

由于可转换债券附有一般债券所没有的选择权,因此,可转换债券利率一般低于普通公司债券利率,企业发行可转换债券有助于降低筹资成本。但可转换债券在一定条件下可转换成公司股票,因而会稀释公司的股份。

可转换债券兼具债券和股票的双重特点,较受投资者欢迎。我国证券市场早期进行过可转换债券的试点,如深宝安(中国宝安集团股份有限公司)、中纺机(中国纺织机械(集团)有限公司)、深南玻(中国南方玻璃股份有限公司)等企业先后在境内外发行了可转换债券。1996年,我国政府决定要选择有条件的公司进行可转换债券的试点,并于1997年颁布了《可转换公司债券管理暂行办法》,2001年颁布了《上市公司发行可转换公司债券实施办法》。2006年又颁布了《上市公司证券发行管理办法》(2020年2月14日第二次修订),对上市公司发行股票、可转债以及证监会认可的其他债券品种进行了全面规定。《可转换公司债券管理暂行办法》和《上市公司发行可转换公司债券实施办法》随之废止。2020年单独颁布了《可转换公司债券管理办法》,2023年颁布了《上市公司证券发行注册管理办法》。

## 2.4.2 可转换债券的基本要素

可转换债券的基本要素是指构成可转换债券基本特征的必要因素,它们代表了可转换债券与一般债券的区别。

(1)票面利率

与普通债券一样,可转换公司债券也设有票面利率。在其他条件相同的情况下,较高的票面利率对投资者的吸引力较大,因而有利于发行;但较高的票面利率会对可转换公司债券的转股形成压力,发行公司也将为此支付更高的利息。可见,票面利率的大小对发行者和投资者的收益和风险都有重要的影响。

可转换公司债券的票面利率通常要比普通债券的低,有时甚至还低于同期银行存款利率。可转换公司债券的票面利率之所以这样低,是因为可转换公司债券的价值除了利息之外还有股票购买权这一部分,一般情况下,该部分的价值可以弥补债券利息的损失,这也正是吸引投资者的主要原因。

(2)标的股票

可转换债券的标的股票一般是发行公司本身的股票,也可以是其他公司的股票。

(3)面值

我国可转换债券面值是每张100元,最小交易单位是1 000元,即10张,称为1手。

(4)发行规模

可转换公司债券的发行规模不仅影响公司的偿债能力,而且要影响未来公司的股本结构,因此发行规模是可转换公司债券很重要的因素。

(5)期限

①债券期限

可转换公司债券发行公司通常根据自己的偿债计划、偿债能力以及股权扩张的步伐来制定可转换公司债券的期限。国际市场上可转换公司债券期限通常较长,一般在5~10年,但我国可转换公司债券的期限规定是1~6年,一般为6年,发行公司调整余地不大。

②转换期限

转换期限是指可转换债券转换为普通股票的起始日至结束日的时间。大多数情况下,发行人都规定一个特定的转换期限,在该期限内,允许可转换债券的持有人按转换比例和转换价格转换成发行人的股票。我国证监会2023年2月颁发的《上市公司证券发行注册管理办法》规定,可转换公司债券的期限最短为1年,最长为6年,自发行结束之日起6个月后方可转换为公司股票。

(6)转股价格

转股价格是指可转换公司债券转换为每股股票所支付的价格。与转股价格紧密相连的两个概念是转换比率与转换溢价率。转换比率是指1个单位的债券转换成股票的数量,即

$$转换比率 = 单位可转换公司债券的面值/转股价格$$
$$转股价值 = (转债面值/转股价) \times 股价$$

转换溢价是指可转债价格超过可转债的转股价值(可转换公司债券按标的股票时价转换的价值)的部分;转换溢价率则指转换溢价与转股价值的比率,即

$$转换溢价率 = (可转债价格 - 转股价值)/转股价值 = 可转债价格/转股价值 - 1$$

可转债到了转股期,是可以转换为上市公司股票的。一般来说,可转债的转股溢价率越低,说明我们把可转债转换成公司的股票就越划算。反过来,可转债的转股溢价率越高,把可转债转换为公司的股票就越不划算。

(7)转股价格调整条款

①除权调整

一般来说,现金红利不纳入转股价格调整范围。但是,许多企业为了吸引投资者,也将股票红利作为调整转股价格的一个因素。

②特别向下调整

可转换公司债券的特别向下调整条款有时也称为向下修正条款。当股票价格表现不佳时,一般是股票价格连续低于转股价一定水平,该条款允许发行公司在约定的时间内将转股价格向下修正为原转股价格的70%~80%。转换调整条件是可转换公司债券设计中一个非常重要的保护投资者利益的条款。

(8)赎回条款

赎回是指在一定条件下公司按事先约定的价格买回未转股的可转换公司债券。发行公司设立赎回条款的主要目的是降低发行公司的发行成本,避免因市场利率下降而给自己造成利率损失,同时也是出于加速转股过程、减轻财务压力的考虑。通常该条款可以起到保护发行公司和原有股东的权益的作用。赎回条款一般包括赎回保护期、赎回时间、赎回条件和赎回价格等几个要素。

(9)回售条款

回售条款是为投资者提供的一项安全性保障,当可转换公司债券的转股价值远低于债券面值时,持有人必定不会执行转换权利,此时投资人依据一定的条件可以要求发行公司以面值加利息补偿金的价格收回可转换公司债券。为了降低投资风险,吸引更多的投资者,发行公司通常设置该条款。它在一定程度上保护了投资者的利益,是投资者向发行公司转移风险的一种方式。回售实质上是一种卖权,是赋予投资者的一种权利,投资者可以根据市场的变化而选择是否行使这种权利。回售条款一般包括回售条件、回售时间和回售价格等几个要素。

(10) 重设条款

当可转债转换的股票价格低于一定价格后,发行公司有权调低转股价格,从而采用新的转股比例来计算转股股数,这项条款叫作重设条款。重设条款的设置可以保障投资人的转股收益不会因为股票价格的降低而缩水,而发行可转债的企业也不会面临投资人要求回售的难题,因为在股票价格下降的过程中,发行可转债的企业会先设定一道门槛,就是重设价格,当股票价格低于这个价格时,企业就调低转股的价格,从而提高转换比例,因此投资人获得的转股收益不会缩水太多,同时也不会触发回售条款,让企业面临提前偿清债务的问题。

## 浦发银行公开发行可转换公司债券

2019年10月,上海浦东发展银行股份有限公司公开发行500亿元可转换公司债券。本次公开发行的可转债将向发行人在股权登记日(2019年10月25日,T-1日)收市后登记在册的原普通股股东优先配售,原普通股股东优先配售后余额部分(含原普通股股东放弃优先配售部分)采用网下对机构投资者配售和网上通过上海证券交易所交易系统向社会公众投资者发售的方式进行。网下和网上预设的发行数量比例为90%∶10%。本次可转债发行方案要点如下:

(1) 本次发行证券的种类。本次发行证券的种类为可转换为公司普通股(A股)股票的公司债券,该可转债及未来转换的公司普通股股票将在上海证券交易所上市。

(2) 发行规模。本次发行可转债总额为人民币500亿元。

(3) 票面金额和发行价格。本次发行的可转债每张面值人民币100元,按面值发行。

(4) 债券期限。本次发行的可转债期限为发行之日起六年。

(5) 债券利率。本次发行可转债票面利率为第一年0.20%,第二年0.80%,第三年1.50%,第四年2.10%,第五年3.20%,第六年4.00%。

(6) 付息的期限和方式。本次发行的可转债采用每年付息一次的付息方式,到期归还本金和最后一年的利息。

(7) 转股期限。本次可转债转股期自可转债发行结束之日满六个月后的第一个交易日起至可转债到期日止,即2020年5月4日至2025年10月27日。

(8) 转股价格的确定及其调整。初始转股价格的确定依据,本次发行可转债的初始转股价格为15.05元/股,不低于募集说明书公告之日前二十个交易日公司普通股股票交易均价和前一个交易日公司普通股股票交易均价,以及最近一期经审计的每股净资产和股票面值。在本次发行之后,当公司出现因派送股票股利、转增股本、增发新股或配股等情况(不包括因本次发行的可转债转股而增加的股本)使公司股份发生变化或派送现金股利时,公司将按除权公式进行转股价格的调整。

(9) 转股价格向下修正条款。在本次发行的可转债存续期间,当公司普通股股票在任意连续三十个交易日中有十五个交易日的收盘价低于当期转股价格的80%时,公司董事会有权提出转股价格向下修正方案并提交公司股东大会审议表决。

(10) 赎回条款。到期赎回条款,在本次发行的可转债期满后五个交易日内,公司将以本次发行的可转债面值的110%(含最后一年利息)的价格赎回全部未转股的可转债。有条件赎回条款,在本次发行可转债的转股期内,如果公司普通股股票连续三十个交易日中至少有十五个交易日的收盘价格不低于当期转股价格的130%(含130%),经相关监管机构批准(如需),公司有权按照债券面值加当期应计利息的价格赎回全部或部分未转股的可转债。

(11) 回售条款。若本次发行可转债募集资金的运用实施情况与公司在募集说明书中的承诺相比出现变化,且该变化被中国证监会认定为改变募集资金用途的,可转债持有人享有一次以面值加上当期应计利息的价格向公司回售本次发行的可转债的权利。

(12) 募集资金用途。本次发行的可转债募集的资金,扣除发行费用后将全部用于支持公司未来业务发展,在可转债持有人转股后按照相关监管要求用于补充公司核心一级资本。

(13) 担保事项。本次发行的可转债不提供担保。

(14) 本次可转债的信用评级情况。本公司聘请上海新世纪资信评估投资服务有限公司为本次发行的可转债进行了信用评级,根据新世纪出具的《上海浦东发展银行股份有限公司公开发行A股可转换公司债券信用评级报告》,本公司的主体信用等级为AAA级,评级展望稳定,本次可转债的信用等级为AAA级。

(15) 本次发行可转债的上市流通。本次发行的可转债不设持有期限制。发行结束后,本公司将尽快向上海证券交易所申请上市交易。

(16) 联席保荐机构/联席主承销商:中信证券股份有限公司、国泰君安证券股份有限公司。

(资料来源:上海证券交易所网站;浦发银行公开发行可转换公司债券募集说明书摘要,2019年10月24日)

## 2.5 国际债券

### 2.5.1 国际债券的定义

国际债券是一国政府、金融机构、工商企业或国际性组织为筹措中长期资金而在国外金融市场上发行的、以外国货币为面值的债券。国际债券的发行者与发行地点不属于同一国家,因此它的发行者与投资者分属于不同的国家。国际债券是一种在国际上直接融通资金的金融工具。

一般来说,各国运用国际债券来筹集资金的主要目的有以下四个方面。

(1) 用以弥补发行国政府财政赤字

对于一国政府来说,除了可以用发行国内债券的方式来弥补财政赤字,还可以通过发行国际债券筹集资金,作为国内债券的补充。

(2) 用以弥补发行国政府国际收支的逆差

发行国际债券所筹集的资金在国际收支平衡表上表现为资本的流入,属于资本收入,因而有利于减少国际收支逆差。在1967年至1968年的石油危机中,许多西方工业国家都采用发行国际债券的方式来弥补由于石油价格上涨而造成的国际收支逆差。

(3)用以为大型或特大型工程筹集建设资金

这样的债券主要由一些国际金融机构或公司集团组成的投资机构来发行。

(4)用以为一些主要的国际金融组织筹措活动资金

例如,世界银行就曾多次发行国际债券,以筹措巨额资金,实施其开发计划。

### 2.5.2 国际债券的特点

国际债券与国内债券相比,有以下三方面特点。

(1)资金来源比较广泛

国际债券是在国外金融市场上发行的,面对众多的国外投资者,市场潜力很大。

(2)期限长、数额大

通过发行国际债券的方式筹措资金与通过国际贷款的方式筹措资金相比,其期限更长,数额更大,而且债券所筹资金的使用不受投资者的干涉,也没有附加条件,并且通过国际债券筹资,有利于促进债券发行人负债结构的多样化。

(3)资金的安全性较高

在国际债券市场上筹集资金,有时可以得到一个主权国家政府最终付款的承诺保证,若得到这样的承诺保证,各个国际债券市场都愿意向该主权国家开放,这就使得国际债券市场具有较高的安全性。

### 2.5.3 国际债券的种类

(1)外国债券

外国债券是一种传统的国际债券。即由一国政府、工商企业、银行或非银行金融机构及国际性组织为借款人在另一国的债券市场上发行的债券。此种债券的票面金额和利息都以债券发行市场所在国家的货币表示。有的债券发行者属于一个国家,债券面值的货币和债券的发行地同属另一个国家。比如说,美国的扬基债券、日本的武士债券都是外国债券。目前世界上主要的外国债券市场在美国、日本、瑞士和德国。一般来说,外国债券偿还期限长,所筹资金可以自由运用,但是由于其发行会引起两国之间的资金流通,发行时一方面要受到本国外汇管理条例的制约,另一方面还要得到发行地所在国货币管理机构的批准,遵守当地有关债券的管理规定,因此手续比较烦琐,限制也比较多。外国债券的发行方式主要有两种:公募发行与私募发行。公募债券发行后可以上市流通;私募债券被特定有限的投资者购买后,不能上市,或在一定时限内不能转让。目前,大多数的外国债券都是公募债券。

(2)欧洲债券

欧洲债券是由一国政府、金融机构、工商企业及国际性金融组织在另一国金融市场发行的,不以发行地所在国货币,而以另一种可以自由兑换的货币为面值的债券。它的发行者属于一个国家,发行地则属于另一个国家,而面值货币又属于第三个国家。欧洲债券的面值货币,除了用单独的货币发行外,还可以用综合性的货币单位发行,如用 SDRs(Special Drawing Right,特别提款权)等。

欧洲债券产生于20世纪60年代,是随着欧洲货币市场的形成而兴起的一种国际债券。20世纪60年代以后,由于美国资金不断外流,美国政府被迫采取一系列限制性措施。1963年7月,美国政府开始征收"利息平衡税",规定美国居民购买外国在美发行的证券,所得利息一律要付税。1965年,美国政府又颁布条例,要求银行和其他金融机构限制对国外借款人的贷款数额。一方面,这两项措施使外国借款者很难在美国发行美元债券或获得美元贷款。另一方面,在20世纪60年代,许多国家有大量美元盈余,需要投入借贷市场获取利息。于是,一些欧洲国家开始在美国境外发行美元债券,这就是欧洲债券的由来。

在国际债券市场上,欧洲债券所占比重远远超过了外国债券。欧洲债券之所以对投资者和发行者有如此巨大的魅力,主要有以下几方面原因:

第一,欧洲债券市场是一个完全自由的市场,债券发行较为自由灵活,既不需要向任何监督机关登记注册,又无利率管制和发行数额限制,还可以选择多种计值货币。

第二,发行欧洲债券筹集的资金数额大、期限长,而且对财务公开的要求不高,方便筹资者筹集资金。

第三,欧洲债券通常由几家大的跨国金融机构办理发行,有时也可能组织一个庞大的认购集团,发行面广,手续简便,发行费用较低。

第四,欧洲债券的利息收入通常免缴所得税或不预先扣除借款国的税款。另外,欧洲债券以不记名的形式发行,并可以保存在国外,可以使投资者合理规避国内所得税。

第五,欧洲债券市场是一个极富活力的二级市场。债券种类繁多,货币选择性强,可以使债券持有人比较容易地转让债券以取得现金,或者在不同种类的债券之间进行选择,规避汇率和利率风险,因此其流动性较强。

第六,欧洲债券安全性和收益率高。欧洲债券发行人多为大公司、各国政府和国际组织,它们一般都有很高的信誉,对投资者来说是比较可靠的。同时,欧洲债券的收益率也较高。

欧洲债券的发行人设计出种种票据以适应自己的需要,比如固定利率债券、浮动利率债券、附有认股权证的债券、可转换债券、再投入债券等。其中浮动利率债券的利息每隔3个月或6个月调整一次,其息票利率是伦敦银行同业拆借利率加一个拟定差额。附利率上限条款的浮动利率债券,附最小最大利率水平的浮动利率债券,或者附利率下限的浮动利率债券和在利率到达指定水平时自动转换为固定利率债券的浮动利率债券,这些都是浮动利率债券的变种。再投入债券,允许把利息投入到债券之中,并且与原始债券的条件和条款相同,因此可以定期生成更多的债券,有利于发行人进一步筹集资金。

欧洲债券市场并不是一个地理范围上的概念,它实际上包括了亚洲、中东地区的国际债券市场。因此,欧洲债券是指任何在票面上所用货币为第三国货币和在发行国国境之外发行的国际债券,所以又称境外债券。

(3)扬基债券、武士债券、龙债券和熊猫债券

扬基债券、武士债券与龙债券是外国债券的三个品种。扬基债券是在美国债券市场上发行的外国债券,即美国以外的政府、金融机构、工商企业和国际组织在美国国内市场

发行的、以美元为计值货币的债券。"扬基"一词英文为"yankee",意为"美国佬",由于在美国发行和交易的外国债券都要同"美国佬"打交道,故名扬基债券。扬基债券具有如下几个特点:①期限长、数额大。扬基债券的期限通常为5~7年,一些信誉好的大机构发行的扬基债券期限甚至可达20~25年。②美国政府对其控制较严,申请手续远比一般债券烦琐。③发行者以外国政府和国际组织为主。④投资者以人寿保险公司、储蓄银行等机构为主。

武士债券是在日本债券市场上发行的外国债券,是日本以外的政府、金融机构、工商企业和国际组织在日本国内市场发行的、以日元为计值货币的债券。"武士"是日本古时一种很受尊敬的职业,后来人们习惯将一些带有日本特性的事物同"武士"一词连用,"武士债券"也因此得名。武士债券均为无担保发行,典型偿还期限为3~10年,一般在东京证券交易所交易。第一笔武士债券是亚洲开发银行在1970年12月发行的,早期武士债券的发行者主要是国际机构。

龙债券是在除日本以外的亚洲地区发行的一种以非亚洲国家或地区货币标价的债券,龙债券是东亚经济迅速增长的产物。从1992年起,龙债券得到了迅速发展。龙债券在亚洲国家(新加坡)或地区(中国香港)挂牌上市,其典型偿还期限为3~8年。龙债券对发行人的资信要求较高,一般为政府及相关机构。龙债券的投资人包括官方机构、中央银行、基金管理人及个人投资者等。龙债券具有欧洲债券的性质。

熊猫债券是外国债券,是指国际多边金融机构在华发行的人民币债券,诞生于2005年。根据国际惯例,在一个国家的国内市场发行本币债券时,一般以该国最具特征的吉祥物命名。截至2020年末,熊猫债券累计发行规模已超过4 000亿元,其中存量规模为2802.9亿元。

(4)我国的国际债券

我国是从1982年开始进入国际债券市场的。1982年1月,中国国际信托投资公司以私募方式在日本东京发行了100亿日元的日本武士债券。1984年11月,中国银行以公募方式在日本东京发行了10年期200亿日元的武士债券。

这两次发行标志着我国金融机构开始进入国际债券市场。迄今为止,我国进入国际债券市场的主体主要有各商业银行、信托投资公司以及财政部。发行国际债券的币种有美元、日元和德国马克。在计息方式上,浮动利率与固定利率方式平分秋色。而发行市场则主要集中于日本、新加坡、英国、德国、瑞士和美国。

# 2.6 债券的信用等级

## 2.6.1 债券信用评级的概念

进行债券信用评级的最主要原因是方便投资者进行债券投资决策。投资者购买债券是要承担一定风险的,如果发行人到期不能偿还本息,投资者就会蒙受损失。发行人不能偿还本息是投资债券的最大风险,称为信用风险。债券的信用风险根据发行人偿还能力不同而有所差异。对广大投资者尤其是中小投资者来说,由于受到时间、知识和信息的限制,无法对众多债券进行分析和选择,因此需要专业机构对准备发行的债券还本付息的可靠程度进行客观、公正和权威的评定,也就是进行债券信用评级,以方便投资者决策。

债券信用等级的评定(Bond Credit Rating)在债券发行环节中是一个必不可少的步骤,证券评级机构通过对债券的本金和利息支付的可靠程度与信用程度进行分析,可以确定拟发行债券的等级,并向社会投资者公布,供投资者在投资时参考。所以,在债券发行之初,发行人的一项重要工作就是聘请专业证券评级机构对即将发行债券的信用等级进行评定。

世界上许多国家都设有专门的证券评级机构,如美国的标准普尔公司(Standard & Poor's)、穆迪投资者服务公司(Moody's Investors Service)等,上述两家公司负责评级的债券很广泛,包括地方政府债券、公司债券、外国债券等。由于它们占有详尽的资料,采用先进科学的分析技术,又有丰富的实践经验和大量专门人才,因此做出的信用评级具有很高的权威性。标准普尔公司信用等级标准从高到低可划分为AAA级、AA级、A级、BBB级、BB级、B级、CCC级、CC级、C级和D级。穆迪投资者服务公司信用等级标准从高到低可划分为Aaa级、Aa级、A级、Baa级、Ba级、B级、Caa级、Ca级、C级和D级。两家机构信用等级划分大同小异。前四个级别的债券信誉高,违约风险小,是"投资级债券",第五级开始的债券信誉低,是"投机级债券"。标准普尔公司和穆迪投资者服务公司都是独立的私人企业,不受政府控制,也独立于证券交易所和证券公司。它们所做出的信用评级不具有向投资者推荐这些债券的含义,只是供投资者决策时参考,因此,它们对投资者负有道义上的义务,但并不承担任何法律上的责任。这些评级机构根据债券发行人的请求,对发行人拟发行的债券进行等级评定。世界上许多国家的法律并未强迫发行人在发行债券前必须进行评级,但发行人为了保证发债成功,常常自愿要求评级机构进行债券评级。

中国的信用评级行业诞生于20世纪80年代末,是改革开放的产物。最初的评级机构由中国人民银行组建,隶属于各省市的分行系统。20世纪90年代以后,经过几次清理整顿,评级机构开始走向独立运营。1997年,中国人民银行认定了9家评级公司具有在全国范围内从事企业债券评级的资质。2005年,中国人民银行为推动短期融资债券市场建设,认定了中诚信(中诚信国际信用评级有限责任公司)、大公国际(大公国际资信评估有限公司)、联合资信(联合资信评估有限公司,2020年更名为联合资信评估股份有限公司)、上海新世纪(上海新世纪资信评估投资服务有限公司)和远东资信(远东资信评估有限公司)五家具有全国性债券市场评级资质的评级机构。2006年后,远东资信因"福禧短融"事件逐渐淡出市场。经过三十多年的发展和市场洗礼,目前规模较大的全国性评级机构有大公国际、中诚信、联合资信、上海新世纪等四家。

## 2.6.2 债券信用评级的程序

对债券的评级并不是评价该种债券的市场价格、市场销路和债券投资收益,而是评价该种债券的发行质量、债券发行人的资信状况和投资者所承担的投资风险。证券评级机构在债券评级过程中主要根据三个因素:债券发行人的偿债能力、债券发行人的资信状况、投资者承担的风险水平等。

债券发行人请求证券评级机构对拟发行的债券进行等级评定的一般程序如下:

（1）由债券发行人向证券评级机构提出评级申请，并根据评级机构的要求提供详细的书面材料。给证券评级机构的资料是非公开的，它通常比提交给证券管理部门的发行注册申报书所包含的内容更多。

（2）根据实际情况，证券评级机构将就书面材料中值得进一步调查的问题和其他有关情况提出询问。

（3）证券评级机构对申请评级的公司的各方面情况进行分析与了解。

（4）证券评级机构通过投票决定发行人的信用级别，并征求发行人对债券评定等级的意见。经发行人同意后，决定债券的信用级别。如果发行人对债券等级的评定有疑虑，可提交追加资料，申请变更信用级别。评级机构根据追加资料，重新决定信用级别，但这种变更申请只能有一次。

（5）证券评级机构评定发行人的债券信用级别后，将评级结果向社会进行公布。

（6）证券评级机构根据各申请评级单位的财务、经营活动变化，定期调整债券信用级别，并定期发布最新的债券评级结果。

## 2.6.3 债券信用级别的划分及等级定义

根据债券风险程度的大小，可以划分债券的信用级别。不同的国家、不同的评级机构划分的标准不同。美国的债券级别划分得最为详细，如穆迪投资者服务公司和标准普尔公司都是划分为十级。穆迪公司将债券级别划分为 Aaa、Aa、A、Baa、Ba、B、Caa、Ca、C、D 十级，其中由 Aa 到 B 级又都分为 1、2、3 三级。标准普尔公司将债券级别划分为 AAA、AA、A、BBB、BB、B、CCC、CC、C、D 十级，其中从 A 到 B 的四级又通过加上"＋"号和"－"号，把一级再分为三级，例如 A＋、A、A－三级，详见表 2-1。

表 2-1　　　　　　　　　债券的等级划分

| Moody's | S&P | 符号意义 | 说明 |
|---|---|---|---|
| 投资级 | | | |
| Aaa | AAA | 最高级 | 还本付息的能力很强 |
| Aa | AA | 高级 | 还本付息的能力强，程度上略逊于最高级债券 |
| A | A | 中高级 | 还本付息的能力强，但受不利环境和经济条件变化的影响要大于上两个等级 |
| Baa | BBB | 中级 | 具有足够的能力还本付息，一般在债务合约中规定了充分保护债权人的条款。但与上述三个级别相比，不利的经济条件和经济环境变化有可能削弱该级别债券还本付息的能力 |
| 投机级 | | | |
| Ba | BB | 垃圾债券 | 一般认为，这些等级的债券具有显著的投机性。从 BB(Ba)级到 CC(Ca)级投机性逐级递增。这些债券都能还本付息，但是当不利的经济状况、经济环境或财务状况出现时，这些债券还本付息的能力将会被极大地削弱，甚至出现违约 |
| B | B | | |
| Caa | CCC | | |
| Ca | CC | | |
| C | C | 垃圾债券 | 已经提出了破产申请，但是仍在进行本息支付 |
| D | D | 违约 | 已经提出了破产申请或者发生了违约，只要该公司出现了本金利息不能如期足额支付的情况，就被评为 D 级 |

## 案例

### 98亿债券从AAA降至AA+！联合资信这样对魏桥冤不冤？

2020年11月11日,联合资信发布《关于下调"16魏桥05"和"19魏桥01"债项信用等级的公告》,将"16魏桥05"和"19魏桥01"的债项信用等级由"AAA"下调至"AA+"。11日晚间,山东魏桥铝电有限公司(以下简称"魏桥铝电")发布债券停牌公告称,上述债券自11月12日开市起停牌,于11月13日开市起复牌,复牌后上述债券实施新的投资者适当性管理要求。11月13日,魏桥铝电旗下多只债券价格异动。截至收盘,"16魏桥05"跌6.74%报83元;"16魏桥03"跌2.16%报97元;"16魏桥01"跌3.58%报94.49元;"19魏桥01"跌5.15%报81.381元。

魏桥铝电是港股上市公司中国宏桥集团有限公司(以下简称"中国宏桥")(1378.HK)的下属公司。中国宏桥成立于1994年,是全球第一大电解铝生产商。中国宏桥还有另一层身份,即"16魏桥05""19魏桥01"的担保方。这两只债券存续规模共为98亿元,对于下调评级的原因,联合资信归结于中国宏桥的经营和债务状况。联合资信在评级公告中指出,受疫情影响,铝价及铝合金产品需求低迷,2020年1—6月,中国宏桥营业收入和毛利分别同比下降3.6%和15.4%。

同时,截至6月末,中国宏桥一年内到期的中期票据和债券规模为210.58亿元,较年初增加195.62亿元;短期债务为532.2亿元,较年初增长66.61%。联合资信称其债务集中到期,短期偿债压力增大。此外,与中国宏桥相关的债券集中在2021年、2022年到期,若考虑债券回售,2021年到期规模较大。受融资环境影响,偿债资金筹措存在一定的不确定性,对前述两只债券的担保效力减弱。

在联合资信关注到中国宏桥的财务状况之前,2020年4月初,国际评级机构穆迪公司曾将中国宏桥的评级展望从"正面"调整为"稳定"。彼时,穆迪公司副总裁兼高级分析师Roy Zhang表示:"在市场环境日益严峻、铝价波动加剧的情况下,中国宏桥的盈利将在2020—2021年走弱。"该分析师同时也指出,中国宏桥的经营规模大、成本竞争力强、债务杠杆率适中,其良好的流动性,将为该公司提供足够的缓冲,抵御行业持续波动。

正如联合资信所言,中国宏桥将在2021年迎来债务偿还高峰,但其依然具有较强的优势。光大证券研报指出,中国宏桥从四方面积极应对债务高峰:盈利能力强劲、货币资金充裕、资本性开支减少且授信额度充足。联合资信下调魏桥铝电两只债券评级的消息一出,市场反应不一。一位金融机构人士表示:"不太理解,因为近期铝价一直在涨。"

2020年以来,受疫情影响,铝价及铝产品需求出现阶段性下降,但随着国内复工复产有效推进,经济环境改善,铝产品市场显著回暖。从财务数据来看,2020年前三季度,魏桥铝电实现营业收入573.97亿元,同比增长6.08%;实现净利润60.84亿元,同比增长84.15%;经营性现金净流入107.03亿元,同比增长227.47%。

财务状况良好、行业景气度提升,虽然市场对联合资信下调魏桥铝电债券评级存在争议,但依旧引起了投资者的"恐慌"。在债券价格下跌的同时,外界也对魏桥铝电后续融资有所担忧。近年来,受山东东营、滨州邹平等地民企债券违约潮影响,虽然并未发生实质违约,但魏桥铝电发行的债券也曾多次遭遇价格下跌,使其募资能力受到一定影响。

11月12日,魏桥铝电发布一则《关于公司债券债项信用评级发生变化的公告》,对其现状做出了简单说明。魏桥铝电表示,目前铝行业景气度较高,公司经营及财务状况保持稳健,货币资金充裕。公司经营状况、偿债能力未发生显著不利变化。而在评级下调后,中国宏桥也亲自下场,替下属公司魏桥铝电做出回应。中国宏桥对媒体公开表示,调降系因评级机构合并重审和统一标准,公司整体发债评级和其他债权评级完全没有改变。中国宏桥还表示,魏桥铝电债券此前评级AAA高于发债主体,而联合评级跟联合资信合并后要求重审并一致评级标准,因而把评级调降至跟发债主体及其他债券评级一致的AA+。

联合资信(联合资信评估有限公司)于2000年注册成立,股东之一为联合信用管理有限公司,提供对多边机构、国家主权、地方政府、金融企业、非金融企业等各类经济主体的评级,对上述各类经济主体发行的固定收益类证券以及资产支持证券等结构化融资工具进行评级;联合评级(联合信用评级有限公司)成立于2002年,为联合信用管理有限公司全资子公司,是国内专业从事资本市场信用评级业务的全国性公司之一。

据了解,2020年10月21日,联合资信完成了从事证券评级服务的业务备案,自10月26日起正式开展证券评级业务,承继联合评级全部的证券评级业务及其对应的权利和义务。

(资料来源:野马财经,雷晨,2020-11-13)

## 2.6.4 债券信用级别的分析指标

债券信用评级指标是指信用评级机构在对被评对象的信用状况进行客观公正的评价时所采用的评价要素和内容,主要包括以下几个方面。

(1)产业分析

产业分析主要包括以下两方面的内容:一是判断该公司所属的产业是朝阳产业还是夕阳产业;是在经济环境变化中稳定的产业,还是对变化反应十分敏感的产业,并借此对公司的发展前景做出判断。二是评价该公司在该产业中的竞争能力,分析该公司生产经营活动的各个方面,如生产设备利用率、劳动生产率、技术开发能力、销售量等方面在该产业中所处的地位以及今后的发展趋势。

(2)财务分析

对拟发行公司财务状况的分析,是评级机构进行信用评级的一个重要环节。财务分析主要有四个方面的指标:

收益能力指标。主要有三个指标:销售利润率、投资利润率和利息保障倍数(反映利息支付能力)。

负债比率指标。主要有两个指标:资本化比率和资产负债率,其中,资本化比率(%)=长期负债/(净资产+长期负债)×100%,资产负债率(%)=负债总额/资产总额×100%。

财务弹性指标。该指标反映公司偿还债务能力所具有的弹性。公司用营业所得的资金偿还债务、解决资金需求的能力越大,该公司的财务弹性也就越大。财务弹性通过流动比率、速动比率、应收账款周转率和存货周转率等指标表示。

清算价值指标。该指标反映当公司清算全部资产时,在偿付短期应付款项后,公司还能剩余多少资产用以偿付其他长期债务。

(3)信托证书分析

信托证书是规定债券发行人和债权人的权利及义务的文件,对其进行分析是证券评级机构的评级内容之一,主要包括财务限制条款和债券偿还的优先顺序两方面内容。

财务限制条款。该条款是防止公司的财务状况恶化的限制性条款,通常将其视为保护债权人利益的特约条款。财务限制条款由债券发行公司和承销公司共同制定,主要有防止财务状况恶化的限制条款、增加抵押品等担保的限制条款和处理资产的限制条款等。

债券偿还的优先顺序。该顺序是指当债务人不能履行偿债义务时,法律对债权人清偿权利的优先顺序的规定。

(4)信用评级资料的收集与整理

债券发行人向评级机构提出申请后,应向其提交必要的经济、技术和财务资料等,主要包括:

①代表公司法人的法律凭证。

②债券发行概要,包括债券发行额、期限、还本付息方法等。

③发行债券的用途。

④公司近几年的财务状况,提供财务报表、资本结构、偿还长期债务的计划和筹措资金计划等。

⑤公司概况,包括公司的资本、经营目标、组织机构、经营者、主营业务、销售状况、财务政策和管理状况等。

## 2.7 债券市场

### 2.7.1 债券市场的概念和分类

债券市场是发行和买卖债券的场所,是金融市场的一个重要组成部分。根据不同的分类标准,债券市场可分为不同的类别。最常见的分类有以下几种:

(1)根据债券的运行过程和市场的基本功能,可将债券市场分为发行市场和流通市场。

债券发行市场,又称一级市场,指发行单位初次出售新债券的市场。债券发行市场的作用是将政府、金融机构以及工商企业等为筹集资金向社会发行的债券,分散发行到投资者手中。

债券流通市场,又称二级市场,指已发行债券买卖转让的市场。债券一经认购,即确立了一定期限的债权债务关系,但通过债券流通市场,投资者可以转让债权,把债券变现。

债券发行市场和流通市场相辅相成,是互相依存的整体。发行市场是整个债券市场的源头,是债券流通市场的前提和基础。发达的流通市场是发行市场的重要支撑,流通市场的发达是发行市场扩大的必要条件。

(2)根据市场组织形式,债券流通市场又可进一步分为场内交易市场和场外交易市场。证券交易所是专门进行证券买卖的场所,如我国的上海证券交易所和深圳证券交易所。在证券交易所内买卖债券所形成的市场,就是场内交易市场,这种市场组织形式是债券流通市场较为规范的形式。交易所作为债券交易的组织者,本身不参加债券的买卖和价格的决定,只是为债券买卖双方创造条件、提供服务,并进行监管。

场外交易市场是在证券交易所以外进行证券交易的市场。柜台市场为场外债券买卖的主体。许多证券经营机构都设有专门的证券柜台,通过柜台进行债券买卖。在柜台交易市场中,证券经营机构既是交易的组织者,又是交易的参与者。此外,场外交易市场还包括银行间交易市场以及一些机构投资者通过电话、电脑等通信手段形成的市场等。目前,我国债券流通市场由三部分组成,即沪深证券交易所市场、银行间交易市场和证券经营机构柜台交易市场。

(3)根据债券发行地点的不同,债券市场可以划分为国内债券市场和国际债券市场。国内债券市场的发行者和发行地点同属一个国家,而国际债券市场的发行者和发行地点不属于同一个国家。

## 2.7.2 债券市场的主要功能

纵观世界各个成熟的金融市场,无不有一个发达的债券市场。债券市场在社会经济中占有如此重要的地位,是因为它具有以下几项重要功能。

(1)融资功能

债券市场作为金融市场的一个重要组成部分,具有使资金从资金剩余者流向资金需求者,为资金不足者筹集资金的功能。我国政府和企业先后发行多批债券,为弥补国家财政赤字和国家的许多重点建设项目筹集了大量资金。

(2)资金流动导向功能

效益好的企业发行的债券通常较受投资者欢迎,因而发行时利率低,筹资成本小;相反,效益差的企业发行的债券风险相对较大,受投资者欢迎的程度较低,筹资成本较大。因此,通过债券市场,资金得以向优势企业集中,从而有利于资源的优化配置。

(3)宏观调控功能

一国中央银行作为国家货币政策的制定与实施部门,主要依靠存款准备金、公开市场业务、再贴现和利率等政策工具进行宏观经济调控。其中,公开市场业务就是中央银行通过在证券市场上买卖国债等有价证券,从而调节货币供应量,实现宏观调控的重要手段。在经济过热,需要减少货币供应量时,中央银行卖出债券,收回金融机构或公众持有的一部分货币,从而抑制经济的过热运行;当经济萧条,需要增加货币供应量时,中央银行便买入债券,增加货币的投放量。

### 2.7.3 债券市场的发展

债券市场作为证券市场的一个重要组成部分,是随着社会经济的发展而逐渐发展起来的。债券市场的主要部分是国债或政府债券,而且,各国的债券市场几乎无一例外都是从发行政府债券开始逐渐形成和发展起来的。马克思在《资本论》中指出:"公共信用制度,即国债制度,在中世纪的热那亚和威尼斯就已产生,到工场手工业时期流行于整个欧洲。"中世纪欧洲的政府债券市场仅具有雏形,发行市场和流通市场都不是很发达。17世纪下半期,荷兰公开发行了一批政府债券,并在阿姆斯特丹交易所上市。后来,欧洲其他国家也纷纷将本国政府债券投放到阿姆斯特丹交易所上市,使得阿姆斯特丹很快成了欧洲最主要的债券市场。到18世纪中后期,英国和法国凭借其资本主义生产和对外贸易的迅速发展,取代荷兰成为新的世界经济和金融中心。欧洲国债市场的重心向伦敦和巴黎转移,英国和法国的债券市场逐渐发展了起来。

在美国,早在独立战争期间,政府就发行了各种临时债券和中期债券,以支付巨大的战争经费开支。1770年,费城成立了美国第一家证券交易所——费城证券交易所,其中已有债券交易。美国独立战争胜利后,财政部部长汉密尔顿开始着手重建国家财政,特别是解决邦联政府发行的纸币——"大陆币"的急剧贬值问题。1790年,美国政府按面值赎回"大陆币",同时发行了新的"公共债券",以筹集赎买资金。此后,美国国债交易日渐发达。

19世纪以后,资本主义经济进入了高速发展阶段,工商企业需要筹集大量资金以支持其长期发展,企业债券开始诞生;同时,国家机构也日益庞大,政府开支膨胀,政府债券规模进一步扩大。在这种情况下,债券市场开始制度化、组织化和规模化。1802年3月,英国证券交易所开设了世界上第一家大型的专业化债券交易中心。1817年纽约证券交易所正式成立后,美国的债券发行与交易也逐渐走上了规范化的轨道。

在欧美各国债券市场迅速发展的同时,亚洲一些国家的债券市场也在酝酿、形成和发展。日本在明治维新初期就开始发行债券,后来在修建大阪铁路时,首次发行了公司债券。菲律宾、印度尼西亚、马来西亚、新加坡、韩国等国家的债券市场也在19世纪末和20世纪初先后形成。第二次世界大战以后,各国债券市场发展十分迅猛,成为与股票市场并列的资本市场两大支柱。债券品种日新月异,层出不穷,如中央政府债券、地方政府债券、政府保证债券、国库券、其他政府部门债券、普通公司债券、可转换公司债券、抵押债券、金融债券、境外债券、外国债券、欧洲债券等。

债券的期限结构更加多样化,出现了各种短期、中期、长期债券。同时,各国债券的市场规模空前扩大。

### 2.7.4 我国债券市场的发展

我国债券市场从1981年财政部恢复发行国债开始至今,经历了曲折的探索和发展历程。目前,我国的债券市场形成了交易所(上交所、深交所)市场、银行间市场和商业银行柜台市场三个子市场在内的统一分层的市场体系。

(1)交易所市场是债券交易的场内市场,市场参与者既有机构投资者也有个人投资者,属于批发和零售混合型的市场。

我国上海证券交易所和深圳证券交易所交易的品种包括现券交易和质押式回购。交易所实行"两级托管体制",其中,中央国债登记结算有限责任公司(简称"中央结算公司")为一级托管人,负责为交易所开立代理总账户;中国证券登记结算有限责任公司(简称"中证登")为二级托管人,记录交易所投资者账户。中央结算公司与交易所投资者之间没有直接的权责关系。交易所交易结算由中证登负责,上交所后台的登记托管结算由中证登上海分公司负责,深交所由中证登深圳分公司负责。典型的结算方式是净额结算。

(2)银行间市场作为债券场外市场的主体,参与者限定为各类机构投资者,属于场外批发市场。

银行间市场由同业拆借市场、票据市场、债券市场等构成。银行间市场有调节货币流通和货币供应量,调节银行之间的货币余缺以及金融机构货币保值增值的作用。

银行间市场的交易品种最多,包括现券交易、质押式回购、买断式回购、远期交易、互换、远期利率协议、信用风险缓释工具等。银行间市场实行双边谈判成交,典型的结算方式是逐笔结算。中央结算公司为银行间市场投资者开立证券账户,实行一级托管,此外,中央结算公司还为这一市场的交易结算提供服务。

(3)商业银行柜台市场是银行间市场的延伸,参与者限定为个人投资者,属于场外零售市场。

商业银行柜台市场又称 OTC(Over-The-Counter)市场,和交易所市场完全不同,OTC 市场没有固定的场所,没有规定的成员资格,没有严格可控的规则制度,没有规定的交易产品和限制,主要是交易对手通过私下协商进行一对一的交易。OTC 交易方式以双方的信用为基础,由交易双方自行承担信用风险,交易价格由交易双方协商确定,清算安排也由交易双方自行安排资金清算。

商业银行柜台市场只进行现券交易。柜台市场实行"两级托管体制",其中,中央结算公司为一级托管人,负责为承办银行开立债券自营账户和代理总账户;承办银行为二级托管人。中央结算公司与柜台投资者之间没有直接的权责关系。与交易所市场不同的是,承办银行每个交易日结束后需将余额变动传给中央结算公司,同时,中央结算公司为柜台投资人提供余额查询服务,是保护债券投资者权益的重要途径。

我国债券发行主体越来越丰富,包括了财政部、中国人民银行、地方政府、政策性银行、商业银行、财务公司等非银行金融机构、证券公司、非金融企业或公司等;投资者范围充分扩大,我国所有的投资者都可以通过不同形式参与到债券市场,投资主体包括中国人民银行、政策性银行等特殊机构、商业银行、信用社、邮政储蓄银行、非银行金融机构、证券公司、保险公司、基金(含社保基金)、非金融机构等机构投资者和个人投资者。

在债券监管方面,我国的债券市场形成了包括发改委、财政部、中国人民银行、银监会、证监会和保监会等多元化的监管机构,对债券市场的监管体系分为债券发行监管、挂牌交易和信息披露监管、清算结算和托管监管、市场参与主体的监管以及评级机构等相关服务机构的监管等。同时,我国债券市场的监管和法制建设已经非常完善,先后颁布了《企业债券管理条例》(1993年发布,2011年修订)《国债承销团组建工作管理办法》(2017年发布)《可转换公司债券管理办法》(2020年发布)《公司债券发行与交易管理办法》(2021年发布)等法律和法规,初步形成了较合理的债券市场监管制度与法规体系。

 思考题

1. 国债的主要发行方式有哪些?
2. 企业债券的主要发行方式有哪些?
3. 债券信用评级的主要分析指标有哪些?

# 第3章 股份公司与股票

思政园地

## 3.1 企业改制与改制重组中的难题

### 历时仅7个月,中金公司回A"火箭速度"过会

A股第14家A+H上市券商来了！2020年9月17日晚间,素有"投行贵族"之称的中金公司成功过会。自此,A股将迎来第41家上市券商,同时也是继国联证券成功回A后的第14家A+H券商。据中金公司披露的第二版招股书,其联席保荐机构是东方投行和银河证券,计划发行不超过45858.9万股,用以增加公司资本金。

值得一提的是,在今日发审委会议上,中金公司被问及四大方面问题,直戳公司发行质量把控、投行业务可持续发展、风险管理以及收购业务尽职调查等要点,也在一定程度上诠释了"穿透式监管"思维。具体为,在瑞幸咖啡项目执业中,发行人的质量控制是否存在重大缺陷,相关内控制度是否健全并有效执行？申万宏源、中信建投、银河证券是否从事与发行人主营业务相同或相似业务？投资银行业务未来是否存在不能持续增长或显著下降的情形？2017年公司收购中国中投证券并更名为中金财富证券,前发行人对中投证券的尽职调查情况,收购后中投证券各业务条线风险的具体暴露情况,是否超出发行人预期？

对于未来的战略规划,中金公司此前表示还将继续做强传统业务,巩固投资银行、股票业务、固定收益等方面的领先优势,同时做大新兴业务,提升投资管理、财富管理等方面的核心能力。

中金公司的上市之路始于今年2月。2月28日晚间,在香港上市五年的中金公司官宣"回A",随即引发市场热议。公司表示,为满足公司业务发展对资本金的需要,拟申请A股发行并在上海证券交易所上市。

3月4日,东方花旗证券、中国银河证券与中金公司签署了关于首次公开发行A股股票并在上海证券交易所主板上市的辅导协议。4月4日,公司董事会宣布通过回A议案,这代表着中金公司的回A之路正式生效。

5月11日,中金公司递交的申请材料正式被证监会受理,4日之后(5月15日)证监会首次披露了中金公司招股书。9月1日再次披露的第二版招股书显示,拟发行不超过4.59亿股A股,占扩大后已发行股本的9.50%。筹得的资金将用于增加公司资本金、补充运营资金,以及支持公司境内外业务发展。

本次回A之路中金公司仅用时7个月,其火箭速度超出了很多行业人士的预期。

中金公司是1995年成立的中国首家合资券商,2015年11月9日在香港上市,时隔4年多为何回A股上市?中金公司表示,当前中国证券行业面临全方位历史性发展机遇,A股发行上市将有利于公司进一步扩充资本金,增强资金实力,推动公司发展进入新阶段、迈向新征程。

截至目前,已有14家券商完成了A+H股的两地上市。分别是申万宏源、广发证券、中信证券、招商证券、海通证券、东方证券、中原证券、华泰证券、国泰君安、光大证券、中国银河、中信建投、国联证券以及中金公司。

(资料来源:上海报业集团主管主办的财联社网站,陈靖,2020-09-17)

### 3.1.1 企业与公司

企业一般是指以营利为目的,运用各种生产要素(土地、劳动力、资本、技术和企业家才能等),向市场提供商品或服务,实行自主经营、自负盈亏、独立核算的法人或其他社会经济组织。在商品经济范畴内,企业作为组织单元的多种模式之一,是按照一定的组织规律,有机构成的经济实体,一般以营利为目的,以实现投资人、客户、员工、社会大众的利益最大化为使命,通过提供产品或服务换取收入。企业是社会发展的产物,因社会分工的发展而成长壮大。企业是市场经济活动的主要参与者,在社会主义经济体制下,各种企业并存,共同构成社会主义市场经济的微观基础。企业存在三类基本组织形式:独资企业、合伙企业和公司,公司制企业是现代企业中最主要的和最典型的组织形式。现代经济学理论认为,企业本质上是"一种资源配置的机制",企业能够实现整个社会经济资源的优化配置,降低整个社会的"交易成本"。

公司是企业的一种典型组织形式,即以营利为目的的社团法人。本书所提及的公司是依照《中华人民共和国公司法》(以下简称《公司法》)在中国境内设立的、以营利为目的的企业法人,包括有限责任公司和股份有限公司。它是适应市场经济社会化大生产的需要而形成的一种企业组织形式。

### 3.1.2 现代社会中的企业特征

企业特征是指企业自产生以来各行各业、各种类型的企业共同的质的规定性。

(1)企业是以营利为目的、从事生产经营活动的社会经济组织

社会经济组织是按一定方式组织生产要素进行生产经营活动的单位,是一定的社会集团为了保证经济循环系统的正常运行,通过权责分配和相应层次结构所构成的一个完整的有机整体。企业作为社会经济组织的一种,只有营利才能进一步发展下去,才能规模扩大,才能更好地发放奖金福利,企业如果不能营利,最终会倒闭,这会造成企业经营的失败。

(2)企业是实行独立核算的社会经济组织

独立核算是对本单位的生产经营活动或预算执行过程及其结果进行全面的、系统的会计核算。凡具有一定数额的资金、可对外办理结算、独立编制计划、单独计算盈亏的企业,一般都实行独立核算。

(3)企业是依法设立的社会经济组织

《公司法》通过预先设定公平合理的公司设立条件与简便易行的公司设立程序鼓励投

资兴业。为鼓励投资,《公司法》大幅下调了公司的最低注册资本门槛,允许股东和发起人分期缴纳出资,鼓励股东出资形式的多元化,允许以所有权、他物权、股权、债权、知识产权等非货币财产作价出资,允许以定向募集方式设立股份有限公司,大幅下调公司上市门槛,允许民营企业与国有企业改革,允许采取一人公司形式,取消了省级人民政府对股份有限公司设立的行政审批等。

### 3.1.3 企业的分类

企业以投资人的出资方式和责任形式可分为:个人独资企业、合伙企业、公司制企业。公司制企业又分为有限责任公司和股份有限公司。以上三种类型的企业主要在风险责任、税负上存在不同。随着商品生产的深化,市场的开拓,技术渐进及经营规模的复杂化,企业逐渐从无限责任制向有限责任制过渡、从个人出资向资本市场融资发展、从所有者经营向职业经理人过渡。中国企业的分类见表3-1。

表3-1 中国企业的分类

| 分类标准 | 企业类型 | 分类目的 |
| --- | --- | --- |
| 企业的经济性质 | 全民所有制企业 | 不但可以明确企业财产所有权的归属,还使国家对不同经济性质的企业采用不同的经济政策和监管办法 |
| | 集体所有制企业 | |
| | 私营企业 | |
| | 混合所有制企业 | |
| 出资者不同 | 内资企业 | 适应国家统计、宏观决策的需要,也适应国家管理的需要 |
| | 外商投资企业 | |
| 企业的法律地位 | 公司制企业 | 明确地反映出企业的法律地位及能力,不仅有利于国家管理,而且也有利于企业间的经济交往 |
| | 非公司制法人企业 | |
| | 个人独资企业 | |
| | 合伙企业 | |

**1. 个人独资企业**

个人独资企业是指依照《中华人民共和国个人独资企业法》在中国境内设立,由一个自然人投资,财产为投资人个人所有,投资人以其个人财产对企业债务承担无限责任的经营实体,其主要特征是:

(1)个人独资企业是由一个自然人(中国公民)投资的企业;

(2)个人独资企业的投资人对企业的债务承担无限责任;

(3)个人独资企业的内部机构设置简单,经营管理方式灵活;

(4)个人独资企业是非法人企业。

**2. 全民所有制企业**

全民所有制企业又称国有企业,是指以生产资料全民所有为基础的,依法自主经营、自负盈亏、独立核算的生产和经营单位,其主要特征是:

(1)全民所有制企业的财产属于全民所有,国家依照所有权和经营权分离的原则授权企业经营管理;

(2)企业对国家授予其经营管理的财产享有占有、使用和依法处分的权利;

(3)全民所有制企业依法取得法人资格,以国家授予其经营管理的财产承担民事责任。

**3. 合伙企业**

合伙企业是指依照《中华人民共和国合伙企业法》在中国境内设立的由各合伙人订立合伙协议,共同出资、合伙经营、共享收益、共担风险,并对合伙企业债务承担无限连带责任的营利性组织,其主要特征是:

(1)由各合伙人组成,不是单个人的行为;
(2)以合伙协议为法律基础;
(3)内部关系属于合伙关系;
(4)合伙人对合伙企业债务承担无限连带责任;
(5)合伙企业为非法人企业。

**4. 外商投资企业**

外商投资企业,是指依照中国法律在中国境内登记注册设立的,由中国投资者与外国投资者共同投资,或者由外国投资者单独投资的企业,其主要特征是:

(1)外商投资企业是依照中国法律在中国境内设立的企业。这是外商投资企业区别于外国企业的基本特征。外商投资企业的设立必须依照中国法律,符合我国法律规定的条件,经企业登记机关登记设立,企业的住所在中国境内。外国企业则是依照外国法律在外国登记设立的,其住所在外国。

(2)外商投资企业是独立的经济实体。外商投资企业的组织形式绝大多数为有限责任公司,个别为合伙企业或其他组织形式,具有独立的法人资格,能够独立承担民事责任。这就有别于外国企业和其他经济组织在中国境内的分支机构。外国企业和其他经济组织的分支机构不具有法人资格,其财产不足以清偿债务时,由其所属的外国企业和其他经济组织负清偿责任。

**5. 公司**

公司是指依照《公司法》在中国境内设立的有限责任公司和股份有限公司,其主要特征是:

(1)公司是依照《公司法》的规定设立的社会经济组织;
(2)公司是以营利为目的的法人团体;
(3)公司是企业法人;
(4)法人企业是指具有民事权利能力和民事行为能力,依法独立承担民事责任的组织;
(5)非法人企业是指以自己的名义从事生产、经营和提供服务活动,但不独立承担民事责任的组织;
(6)公司的所有权归股东所有;
(7)公司的决策权最终由股东共同控制。

## 3.1.4 企业的改制

广义的企业改制是指公司制改造,狭义的企业改制是指股份制改造。企业改制的核心是经济机制的转变和企业制度的创新,实质是调整生产关系以适应生产力发展的需要。

国有企业的改制方案应由职工大会或职工代表大会同意;而私有企业的改制则应由董事会或股东大会通过。企业改制分为整体改制和部分改制。

**1. 整体改制**

整体改制是将原企业的所有资产净值折合成股份,设立股份有限公司,原企业注销,原企业股东成为股份有限公司股东。整体改制是原企业的法人资格消失,新的股份有限公司法人资格产生的过程。整体改制是发起设立股份公司的一种特殊方式,并不仅仅是企业组织形式的变化。它是在解散原企业的基础上,原股东作为发起人,将原企业的所有资产净值折合成股份,同时引入新的股东,新、老股东共同新设一家股份公司,因此整体改制应当办理原企业的注销登记和股份公司的新设登记。另外值得注意的是,不同于整体变更,在整体改制过程中,原企业的债权债务由新的股份公司承继不是法定的,所以应当向债权债务人发出通知和公告。

整体改制的主体为非公司制企业,如国有企业、集体所有制企业等可以进行整体改制,如果企业的形态是有限责任公司,可以采取整体变更的方式设立股份有限公司。

**2. 部分改制**

部分改制是企业以部分资产进行重组,通过吸收其他股东的投资或转让部分股权设立新的企业,原企业继续保留。

中小企业原则上必须整体改制,特大型国有企业或大型企业集团可视情况部分改制。部分改制是指原企业以一定比例的资产和业务重组,设立股份有限公司,原企业仍保留余下部分的经营性或非经营性资产和业务。部分改制比较适合大型企业的改制,尤其是设立股份有限公司时多采用部分改制的方式。

## 3.1.5 产权界定

产权界定是对经济主体对财产的占有方式、程度和范围所做的确定。在财产所有权和财产经营权相分离的情况下,经济主体虽然没有财产所有权,但是拥有在一定时间内和一定程度上的财产占有权、使用权(经营权)、收益权和处置权。为了从法律上保护财产所有者和财产经营者或占有主体的利益,提高产权的利用效率,完全有必要对各自的产权加以明确界定。不仅要根据不同经济主体的性质明确划分财产所有权和财产实际占有权,还必须对财产所有权的权限范围(含权利、义务和责任等)与对财产的实际占有权、使用权、收益权、处置权的权限范围做出明确规定。中国不仅存在全民经济、集体经济、个体经济、私营经济、外资经济等多种所有制的经济,而且实行了承包制、租赁制、股份制和联合所有制等企业所有制形式,从而形成了各种性质不一的经济主体及其对财产的所有或实际占有关系,对财产产权进行明确界定尤为必要。

**1. 全民所有制企业产权界定标准**

在法律意义上,全民所有制企业的产权是清晰的,国家就是其名义上的所有者。《国有资产产权界定和产权纠纷处理暂行办法》第六条规定,中华人民共和国是国有资产所有权的唯一主体,国务院代表国家行使国有资产的所有权。以下资产界定为国有资产:

(1) 有权代表国家投资的部门和机构以货币、实物和所有权属于国家的土地使用权、知识产权等向企业投资,形成的国家资本金;

(2) 全民所有制企业运用国家资本金及在经营中借入的资金等所形成的税后利润经

国家批准留给企业作为增加投资的部分以及从税后利润中提取的盈余公积金、公益金和未分配利润等;

(3)以全民所有制企业和行政事业单位担保,完全用国内外借入资金投资创办的或完全由其他单位借款创办的全民所有制企业,其收益积累的净资产;

(4)全民所有制企业接受馈赠形成的资产;

(5)实行《企业财务通则》和《企业会计准则》前,全民所有制企业从留利中提取的职工福利基金、职工奖励基金和"两则"实行后用公益金购建的集体福利设施而相应增加的所有者权益;

(6)全民所有制企业中党、团、工会组织等占有的企业的财产,不包括个人交纳的党费、团费、会费以及按照国家规定由企业拨付的活动经费等结余购建的资产。

**2. 民营企业的产权界定**

民营企业发展初期,一般是指改革开放刚起步的20世纪80年代初,在那个年代里,个人资金实力有限,法律观念不强,造成企业资金来源复杂,产权关系纠缠不清。民营企业改制上市过程中一个重要的工作,就是对产权进行界定。民营企业产权方面存在以下问题:

(1)挂靠:"戴红帽子"的企业

中小民企热衷斥资挂靠国资与宏观环境有关。部分民营企业遭遇流动性难题的一大表现是银行惜贷,融资困难带来运营成本高企,在此背景下,民营企业方愿意出管理费寻求国资挂靠,多与融资瓶颈依然待解有关。对于业务层面的助力,也是国资挂靠走俏的重要诱因。尤其在招投标之际,除了公司技术能力、同行业既往案例、价格等因素外,公司资质也是一个重要的评标项,国资系企业相对更能在投标过程中获得优势。因此,部分企业愿意出资买来国企的"帽子",以期收获更多订单。民营企业需要国企身份来开展更多业务、提升自身资质以及银行授信;国企大多数也有利润目标,金字招牌和挂靠服务显然能为此提供助力。

(2)约定不明产生的产权问题

企业在初始阶段往往合作意愿更为强烈,容易忽视对权属约定不明的法律风险的防范。尤其在遇到比较热门且紧迫的项目时,不少企业考虑的都是先合作把项目拿下来再说。在这种背景下,双方在合作协议中对可能涉及的产权归属往往简单约定为共有关系。但具体如何共有,哪一方享有哪些具体权利,承担哪些具体义务,往往约定不明。等后期业务发展到一定程度,就可能因合作各方对知识产权在生产、销售、许可等方面的具体权利行使理解的不同而产生商业利益的不平衡,进而产生纠纷。

(3)名为投资实为借贷

名为投资,但在企业经营中不能行使参与管理、经营等权利,甚至连知情权也没有,只约定了明确的固定收益,应视为借贷。在投资协议中规定了投资收回的期限,而且还有担保的,应视为借贷。

(4)没有投资主体的企业

投资主体亦称"投资人""投资者",投资主体对投资方向、投资数额有决策权;有足够的投资资金来源;对其投资所形成的资产享有所有权和支配权,并能自主地或委托他人进行经营。投资主体应是法人或自然人。如中央政府投资主体、地方政府投资主体、企业投资主体、个人投资主体等。在经济属性上,投资主体是产权主体,投资人实施投资行为的一个重要前提,就是要对投资客体(各种投资品)乃至投资形成品拥有法律上的财产权,没有这种权利或这种权利不充分,投资活动就难以进行。

## 3.2 股份有限公司

### 3.2.1 股份有限公司的概念

股份有限公司(Stock Corporation)指公司资本由股份组成,股东以其认购的股份为限对公司承担责任的企业法人。

《公司法》规定,设立股份有限公司,应当有二人以上、二百人以下的发起人,其中须有半数以上的发起人在中国境内有住所。由于所有股份公司均须是承担有限责任的有限公司(但并非所有有限公司都是股份公司),所以一般合称"股份有限公司"。

股份公司产生于18世纪的欧洲,19世纪后半期广泛流行于资本主义各国,到目前为止,股份公司在资本主义国家的经济中占据统治地位。

股份有限公司的资本总额平分为金额相等的股份;公司可以向社会公开发行股票筹资,股票可以依法转让;法律对公司股东人数只有最低限度,无最高限额规定;股东以其所认购股份对公司承担有限责任,公司以其全部资产对公司债务承担责任;每一股有一表决权,股东以其所认购持有的股份,享受权利,承担义务;公司应当将注册会计师审查验证过的会计报告公开。

股份有限公司是典型的"资合公司"。一个人能否成为公司股东决定于他是否缴纳了股款,购买了股票,而不取决于他与其他股东的人身关系,因此,股份有限公司能够迅速、广泛、大量地集中资金。同时,我们还可以看到,虽然无限责任公司、有限责任公司、两合公司的资本也都划分为股份,但是这些公司并不公开发行股票,股份也不能自由转让。证券市场上发行和流通的股票都是由股份有限公司发行的,因此,狭义地讲,股份公司指的就是股份有限公司。

### 3.2.2 股份有限公司的特征和设立条件

股份有限公司具有以下一般特征:

**1. 股份有限公司是依照法律设立的企业法人**

股份有限公司是指依照《公司法》设立,股东以其认购的股份为限对公司承担责任,公司以其全部资产对公司的债务承担责任的企业法人。股份有限公司的经营状况不仅要向股东公开,还必须向社会公开。使社会公众了解公司的经营状况,也是股份有限公司和有限责任公司的区别之一。

**2. 股份有限公司的资本由投资者投入**

股份有限公司通过向社会公众广泛发行股票筹集资本,任何投资者只要认购股票和支付股款,就可成为股份有限公司的股东。

**3. 股份有限公司的资本划分为等额股份**

股份制公司中,股东的出资具有股份性。这一特征是股份有限公司和有限责任公司的区别之一。股份有限公司的全部资本划分为金额相等的股份,股份是构成公司资本的最小单位。

**4. 股份有限公司的股票可依法转让**

股份的公开性、自由性包括股份的发行和转让。股份有限公司通常都以发行股票的方式公开募集资本,这种募集方式使得股东人数众多、分布广泛。同时,为提高股份的融资能力和吸引投资者,股份必须有较高程度的流通性,股票必须能够自由转让和交易。

**5. 股份有限公司的财产责任形式为有限责任**

股份有限公司的股东对公司债务仅就其认购的股份为限承担责任,公司的债权人不得直接向公司股东提出清偿债务的要求。

股份有限公司的设立条件主要包括以下几个方面:

**1. 发起人符合法定的资格,达到法定的人数**

发起人的资格是指发起人依法取得的创立股份有限公司的资格。股份有限公司的发起人可以是自然人,也可以是法人,但发起人中须有过半数的人在中国境内有住所。

设立股份有限公司,必须达到法定的人数,应有二人以上、二百人以下的发起人。国有企业改制为股份有限公司的,发起人可以少于五人,但应当采取募集设立方式。规定发起人的最低限额,是设立股份有限公司的国际惯例。一则发起人太少难以履行发起人的义务,二则防止少数发起人损害其他股东的合法权益。

**2. 发起人出资**

发起人可以用货币出资,也可以用实物、工业产权、非专利技术、土地使用权作价出资。发起人以货币出资时,应当缴付现金。发起人以货币以外的其他财产权出资时,必须进行评估作价,核实财产,并折合为股份,且应依法办理其财产权的转移手续,将财产权由发起人转归公司所有。

**3. 股份发行、筹办事项符合法律规定**

股份发行、筹办事项符合法律规定,是设立股份有限公司所必须遵循的原则。

股份发行是指股份有限公司在设立时为了筹集公司资本,出售和募集股份的法律行为。这里讲的股份发行是设立发行,是筹集组建公司所需资本而发行股份的行为。设立阶段的发行分为发起设立发行和募集设立发行两种。发起设立发行即所有股份均由发起人认购,不得向社会公开招募。募集设立发行即发起人只认购股份的一部分,其余部分向社会公开招募。

股份有限公司的资本划分为股份,每一股的金额相等。公司的股份采用股票的形式。股份的发行实行公开、公平、公正的原则,且必须同股同权、同股同利。同次发行的股份,每股的发行条件、发行价格应当相同。

股份有限公司采取发起设立方式设立的,注册资本为在工商登记机关登记的全体发起人认购的股本总额。在发起人认购的股份缴足前,不得向他人募集股份。股份有限公司采取募集方式设立的,注册资本为在工商登记机关登记的实收股本总额。法律、行政法规以及国务院对股份有限公司注册资本实缴、注册资本最低限额另有规定的,从其规定。发起人向社会公开募集股份时,必须依法经国务院证券管理部门批准,并公告招股说明书,制作认股书,由依法批准设立的证券经营机构承销,签订承销协议,同银行签订代收股款协议,由银行代收和保存股款,向认股人出具收款单据。

其中,招股说明书应载明下列事项:
(1)发起人认购的股份数;
(2)每股的票面金额和发行价格;
(3)发行总数;
(4)认股人的权利、义务;
(5)本次募股的起止期限及逾期募足时认股人可以撤回所认股份的说明;
(6)资金用途等。

**4. 发起人制定公司章程,并经创立大会通过**

股份有限公司的章程,是股份有限公司重要的文件,其中规定了公司最重要的事项,它不仅是设立公司的基础,也是公司及其股东的行为准则。因此,公司章程虽然由发起人制定,但以募集设立方式设立的股份有限公司,必须召开由认股人组成的创立大会,并经创立大会决议通过。

**5. 有公司名称,建立符合公司要求的组织机构**

名称是股份有限公司作为法人必须具备的条件。公司名称必须符合企业名称登记管理的有关规定,股份有限公司的名称还应标明"股份有限公司"字样。

股份有限公司必须有一定的组织机构,对公司实行内部管理和对外代表公司。股份有限公司的组织机构是股东大会、董事会、监事会和经理。股东大会做出决议;董事会是执行公司股东大会决议的执行机构;监事会是公司的监督机构,依法对董事、经理和公司的活动实行监督;经理由董事会聘任,主持公司的日常生产经营管理工作,组织实施董事会决议。

**6. 有固定的生产经营场所和必要的生产经营条件**

固定的生产经营场所就是企业法人主要业务活动、经营活动的场所,企业要拥有其产权,或者拥有其使用权至少在一年以上。必要的生产经营条件是企业做一项投资所需要的一切物资,例如生产场所、原材料、技术装备、人力资源和信息等。

## 3.2.3 股份有限公司的设立方式和筹集资金的方式

股份有限公司的设立方式主要有:

**1. 发起设立**

发起设立即设立公司时,公司首次发行的股份由发起人全部认足,不再向社会公众公开募集。这种设立形式中,全体发起人认购的股本总额,就是公司进行设立登记时的注册资本总额。

发起设立的设立流程如下:

(1)签订发起人协议

发起人制定公司章程。公司章程必须经全体发起人一致同意并由全体发起人在公司章程上签名盖章。公司章程必须载明公司法要求载明的事项。

(2)发起人认购公司股份

以发起设立方式设立股份有限公司的,发起人应当书面认足公司章程规定其认购的股份,并按照公司章程规定缴纳出资。以非货币财产出资的,应当依法办理其财产权的转移手续。发起人不依照前款规定缴纳出资的,应当按照发起人协议承担违约责任。

(3)组建公司机关

发起人认足公司章程规定的出资后,应当选举董事会和监事会,建立公司机关。

(4)办理设立登记

董事会向工商登记机关报送公司章程以及法律、行政法规规定的其他文件,申请设立登记,经工商登记机关登记,取得公司营业执照,股份有限公司即告成立。

**2. 募集设立**

募集设立即发起人只认购股份的一部分,其余部分向社会公开招募。在不同的国家,股份有限公司的设立规定有所不同。有的国家规定,只有在全部股份均被认足时,公司才得以成立。有的国家规定,股份有限公司实行法定资本制的,以认足全部股份为成立的条件;股份有限公司实行授权资本制的,可以不认足全部股份。《公司法》规定,以募集设立方式设立股份有限公司的,发起人认购的股份不得少于公司股份总数的百分之三十五;但是法律、行政法规另有规定的,从其规定。根据募集对象的不同,募集设立分为定向募集和社会募集两种形式

定向募集:募集设立股份有限公司发行的股份除由发起人认购外,其余股份向其他法人发行,经过批准,也可以向公司内部职工发行部分股份。

社会募集:股份有限公司发行的股份除由发起人认购外,其余股份向社会公众公开发行。本公司内部职工也可以公开认购一定比例的股份。

募集设立的流程如下:

(1)发起人缴纳股款、出资。

(2)向社会公开募集股份。证券交易所等可以审核公开发行证券的申请,判断发行人是否符合发行条件和信息披露要求,督促发行人完善信息披露内容。在我国,公开发行证券必须符合法律、行政法规规定的条件,并依法申报国务院证券监督管理机构或者国务院授权的部门注册。

(3)国务院证券监督管理机构或者国务院授权的部门应当在受理证券发行申请文件之日起三个月内,依照法定条件和法定程序做出予以注册或者不予注册的决定。

(4)证券发行申请经注册后,发行人依照法律、行政法规的规定,在证券公开发行前公告公开发行募集文件,并将该文件置备于指定场所供公众查阅。认股人认股、缴纳股款。

(5)召开创立大会。

公司发行的股款缴足并经法定验资机构验资后,发起人应当在三十日内主持召开公司创立大会。创立大会由发起人、认股人组成。发起人应当在创立大会召开前十五日将会议日期通知各认股人或者予以公告。创立大会应当有代表股份总数过半数的发起人、认股人出席,方可举行。创立大会对其职权范围内的事项做出的决议,必须经出席会议的认股人所持表决权过半数通过。

股份有限公司筹集资金的方式主要有:

(1)发行股票

股票是公司发给股东的入股凭证,是股东拥有公司财产所有权的法律证书,也是股东据以取得股息和红利的一种有价证券。股票可以依法进行买卖,价格随行就市。

(2)发行债券

债券是公司为筹集资金,按照法定手续发行,承担在指定时间内支付一定利息和偿还

本金义务的有价证券。债券可分为记名债券和不记名债券两种。记名债券在转让时,除要交付债券外,还要在债券上背书;不记名债券在转让时立即生效。公司债券持有者是公司的债权人,无权参与公司事务和业务的决策,只是根据债券金额享有向公司请求支付固定利息的权利。公司债券清偿期届满时,公司负有向债券持有者清偿债券本金的义务,公司解散时,债券持有者有权优先从公司财产中受偿。

## 3.2.4 股份有限公司的组织机构

股份有限公司的组织机构主要包括股东大会、董事会、监督机构和经理,其中,各机构的职能如下:

**1. 股东大会**

股东大会是公司的最高决策机构,由全体股东共同组成,审议和决定有关本公司的重要问题,有权选任和解任董事,并对公司经营管理有广泛的决定权。股东大会不同于股东大会会议,股东大会会议只是股东大会行使其权力的具体方式。

**2. 董事会**

董事会是股份有限公司的执行机关,由公司股东大会选举产生的董事所组成。

董事会是由两个以上的董事组成的集体机构,对内管理公司事务,对外代表公司,是股份有限公司的常设理事机构,也是股份有限公司的执行机关,向股东大会负责。

董事会的职权主要有:

(1) 负责召集股东大会,并向股东大会报告工作。

(2) 执行股东大会的决议。

(3) 决定公司的经营计划和投资方案。

(4) 制订公司的年度财务预算方案、决算方案。

(5) 制订公司的利润分配方案和弥补亏损方案。

(6) 制订公司增加或者减少注册资本的方案以及发行公司债券的方案。

(7) 拟订公司合并、分立、解散的方案。

(8) 决定公司内部管理机构的设置。

(9) 聘任或者解聘公司经理;根据经理的提名,聘任或者解聘公司副经理、财务负责人;决定其报酬。

(10) 制定公司的基本管理制度。

**3. 监督机构**

监督机构,就是对董事会执行的业务活动实行监督的机构。监事会是股份有限公司的常设机构,也是股份有限公司内部监督公司业务活动的机构,由股东代表和适当比例的公司职工代表组成。监事会一般不直接参与公司的具体业务活动,也不干预董事会正常行使职权。监事会的主要职权是对公司的管理实行监督。监事会的职权主要包括:

(1) 检查公司的财务情况。

(2) 对董事、经理执行公司职务时违反法律、法规或者公司章程的行为进行监督。

(3) 当董事和经理的行为损害公司的利益时,要求董事和经理予以纠正。

(4) 提议召开临时股东大会。

(5) 公司章程规定的其他职权。

**4. 经理**

掌管和处理公司事务的管理者,是董事会的辅助执行机构,对董事会负责。经理由董事会聘任或者解聘。公司的监事不得兼任经理的职务。

### 3.2.5 合并、分立、破产、解散和清算

公司的设立标志公司的合法产生,标志投资者选择进入商业社会的期望的初步实现,标志社会、政府对新的商业主体的出现所给予的承认。但是在公司存续过程中,可能遇到合并、分立、破产、解散和清算的情形。

**1. 合并**

合并是指两个或两个以上的公司依照《公司法》所规定的程序,通过订立合同的形式合并成一个公司的行为。公司合并肯定是利大于弊的,主要是在规模效益上比较明显。另外,人员整合后会更加精干,可以减少成本,财务上也有好处。不利的方面也有,主要是如何安置人员,还有如何对合并后的公司进行管理,重点是内部管理架构如何搭建,与上级主管单位的关系如何处理等。合并分为吸收合并和新设合并两种。

吸收合并:两个以上的公司合并时,其中一个公司因吸收了其他公司而成为存续公司的合并形式。在这种情况下,存续公司仍保持原有的公司名称,而且有权获得其他被吸收公司的财产和债权,同时承担它们的债务,被吸收公司从此解散而不复存在。

新设合并:两个或两个以上的公司合并时各方解散,在此基础上设立一个新的股份有限公司,这个新设的公司接管原有几个公司的全部资产和业务。在美国,吸收合并又称兼并,而新设合并称联合。

公司合并涉及公司、股东和债权人等相关人员的利益,应当依法进行。根据《公司法》的规定,公司合并的程序通常如下:

(1) 董事会制订合并方案

(2) 签订公司合并协议

公司合并协议是指由两个或者两个以上的公司就公司合并的有关事项订立的书面协议。协议的内容应当载明法律、法规规定的事项和双方当事人约定的事项。

(3) 编制资产负债表和财产清单

资产负债表是反映公司资产及负债状况、股东权益的会计报表,是公司合并中必须编制的报表。合并各方应当真实、全面地编制此表,以反映公司的财产情况,不得隐瞒公司的债权、债务。此外,公司还要编制财产清单,清晰地反映公司的财产状况,财产清单应当翔实、准确。

(4) 向债权人通知和公告

公司应当自签订合并协议之日起十日内通知债权人,并于三十日内在报纸上公告。债权人自接到通知书之日起三十日内,未接到通知书的自公告之日起四十五日内,可以要求公司清偿债务或者提供相应的担保。一般来说,对所有的已知债权人应当采用通知的方式告知,只有对那些未知的或者不能通过普通的通知方式告知的债权人才可以采取公告的方式。通知和公告的目的主要是告知公司债权人,以便让他们做出决定,对公司的合并是否提出异议,此外,公告也可以起到通知未参加股东会(股东大会)的股东的作用。

(5) 合并登记

合并登记分为解散登记和变更登记。公司合并以后,解散的公司应当到工商登记机关办理注销登记手续;存续公司应当到登记机关办理变更登记手续;新成立的公司应当到登记机关办理设立登记手续。公司合并只有进行登记后,才能得到法律上的承认。

**2. 分立**

分立是指一个股份有限公司因生产经营需要或其他原因而分开设立为两个以上的公司,股份有限公司分立是和公司合并相反的行为,公司分立时,其财产应做相应的分割。公司需分立的,由公司股东会或股东大会做出决议,并按《公司法》的规定,履行通知债权人、处理债权的义务后,向工商登记机关提交相关登记材料,申请变更登记。公司分立分为新设分立和派生分立两种。

新设分立:是指公司将全部资产分别划归两个或两个以上的新公司,原公司解散。原公司办理注销登记,新设公司办理开业登记。

派生分立:是指公司将一部分资产分出去另设一个或若干个新公司,原公司存续。另设的新公司应办理开业登记,存续的原公司办理变更登记。

**3. 破产**

破产是股份有限公司清偿债务的特殊手段,必须由法院通过破产程序进行。《公司法》规定,"公司因不能清偿到期债务,被依法宣告破产的,由人民法院依照有关法律的规定,组织股东、有关机关及有关专业人员成立清算组,对公司进行破产清算。"公司申请破产以后,可能会进入重整程序(破产保护),重整以后公司还有可能存续,继续经营。破产保护除了维护企业和个人的局部利益外,还有利于防止出现大批失业,对缓解社会矛盾、保持社会稳定具有积极的意义。根据《中华人民共和国企业破产法》(以下简称《破产法》)的规定,在以下三种情况下,人民法院应当以书面裁定宣告债务人企业破产:

(1)企业不能清偿到期债务,又不具备法律规定的不予宣告破产条件的;

(2)企业被依法终结整顿的;

(3)整顿期满,不能按照和解协议清偿债务的。

**4. 解散**

解散是指公司法人资格的消失。公司解散,也就丧失了进行业务活动的能力,故公司解散时应终止一切业务经营活动。公司解散是结束公司的正常经营活动,消灭其法人资格的一种法律程序。破产是公司资不抵债的情况下必须走的法律程序,而解散,只要符合公司法的有关规定且不符合破产的要件,就可以解散。解散时也要经过债务清算,如果资产大于债务,就是解散;如果资产小于债务,则为破产。破产主要是出现了资不抵债的情况,到时候只能通过法律程序来进行偿还,而解散指的是还有一丝希望。公司解散大致分为两种情况,一为自愿解散,二为强制解散。

公司解散的条件有:

(1)公司章程约定的经营期限到期,且股东决定不继续经营。

(2)全体股东协议终止经营,可以解散。

(3)出现了不能继续经营的情况,如继续经营无法实现公司的目的,经全体股东协商可以解散。

**5. 清算**

清算是指公司出现法定解散事由或者公司章程所规定的解散事由以后，依法清理公司的债权、债务的行为。根据公司法的规定，公司因股东大会决议解散、因公司章程规定的营业期限届满解散、因陷入僵局时解散或者因违法被强制解散时，公司应当成立清算组。公司的清算组是指公司满足清算的条件以后依法成立的处理公司债权、债务的组织，公司的清算组是公司清算期间的代表。

公司清算可按清算程序不同分为破产清算与非破产清算。清算需要出具《公司注销清算报告》。

(1) 破产清算

破产清算是指在公司不能清偿到期债务的情况下，依照破产法的规定所进行的清算。根据《破产法》的规定，在企业法人不能清偿到期债务，并且资产不足以清偿全部债务或者明显缺乏清偿能力的情况下，债务人或债权人均可以向人民法院提出破产清算申请。人民法院应当自收到破产申请之日起十五日内裁定是否受理。人民法院在裁定受理破产申请的同时，指定破产企业管理人。

(2) 非破产清算

非破产清算则是指在公司解散时，在财产足以偿还债务的情况下，依照公司法的规定所进行的清算。非破产清算时，公司财产分别用于支付清算费用、职工的工资、社会保险费用和法定补偿金。

## 3.2.6 股份有限公司和有限责任公司的区别

股份有限公司和有限责任公司，两者在规模、设立方式、管理要求等方面存在显著差异，因此适合需求不同的投资者。在选择公司形式时，应考虑发起人的财产能力、经营能力、长远需求。总体特点上，有限责任公司作为规模较小、私密性高的公司形式，保护股东之间的信任关系，是人合性与资合性的结合，公司运营上具有灵活性，其设立、运作步骤相对简单；股份有限公司则规模庞大，公众性强，往往股东人数众多，公司的决策也按持股数量掌握话语权，是典型的资合公司。出于保护公众的目的，无论是设立条件还是设立程序，股份有限公司的设立都比有限责任公司的设立更严格、更复杂。两种公司形式的具体差异表现在：

**1. 概念区别**

股份有限公司从本质上讲是一种特殊的有限责任公司。由于《公司法》规定，有限责任公司的股东只能在50人以下，这就限制了公司筹集资金的能力。而股份有限公司则克服了这种弊端，将整个公司的注册资本分解为小面值的股票，一般是人民币1元，当然也有例外，香港上市公司可以自定股票面值，所以很多港股股票面值是0.01元港币。

股份有限公司的董事会和有限责任公司的经理的职能基本相同，即董事长是公司的法人代表，负责公司的经营管理工作。同时，董事应当对董事会的决议承担责任。董事会的决议违反法律、行政法规或者公司章程，致使公司遭受严重损失的，参与决议的董事对公司负赔偿责任。对于上市企业而言，还需要聘请独立的外部董事。

**2. 具体表现**

(1) 是人合还是资合

有限责任公司是在对无限公司和股份有限公司两者的优点兼收并蓄的基础上产生的。它将人合性和资合性统一起来：一方面，它的股东以出资为限，享受权利，承担责任，具有资合的性质，与无限公司不同；另一方面，因其不公开招股，股东之间关系较密切，具有一定的人合性质，因而与股份有限公司又有区别。

股份有限公司是彻底的资合公司。其本身的组成和信用基础是公司的资本，与股东的个人人身性（信誉、地位、声望）没有联系，股东个人也不得以个人信用和劳务投资，这种完全的资合性与无限公司和有限责任公司均不同。

(2) 股份是否为等额

有限责任公司的全部资产不必分为等额股份，股东只需按协议确定的出资比例出资，并以此比例享受权利，承担义务。一般来说，股份有限公司必须将股份化作等额股份，这不同于有限责任公司。这一特性也保证了股份有限公司的广泛性、公开性和平等性。

(3) 股东数额

有限责任公司因其具有一定的人合性，以股东之间一定的信任为基础，所以其股东数额不宜过多。《公司法》规定为 1~50 人。有限责任公司股东数额的上下限均有规定，股份有限公司则只有下限规定，即只规定最低限额发起人，实际只规定股东最低法定人数，而对股东数额的上限则不做规定，这就使得股份有限公司的股东具有最大的广泛性和相当的不确定性。

(4) 募股集资

有限责任公司只能在出资者范围内募股集资，公司不得向社会公开招股集资，公司为出资人所出具的出资证明亦不同于股票，不得在市场上流通转让。募股集资的封闭性决定了有限责任公司的财务状况无须向社会公开。与有限责任公司的封闭性不同，股份有限公司募股集资的方式是开放的，无论是发起设立或是募集设立，都须向社会公开或在一定范围内公开募集资本，招股公开，财务经营状况亦公开。

(5) 股份转让的自由度

有限责任公司的出资证明不能在市场上转让流通，股东的出资可以在股东之间相互转让，也可向股东以外的人转让；但由于人合性质，决定了其转让要受到严格限制。按照《公司法》的规定，转让必须经全体股东过半数同意；在同等条件下，其他股东有优先购买权。股份有限公司股份的表现形式为股票。这种在经济上代表一定价值，在法律上体现一定资格和权利义务的有价证券，一般地说，与持有者人身并无特定联系，法律允许其自由转让，这就必然加强了股份有限公司的活跃性和竞争性，同时也必然招致其盲目性和投机性。

(6) 设立的宽严不同

股份有限公司因其经济地位和组织、活动的特性，使得国家必须以法律手段对之进行管理和监督，对其设立规定了一系列必须具备的法定条件，履行严格的法定程序。在我国，股份有限公司的设立必须经有关部门批准，股票发行必须经有关部门批准注册。有限责任公司多为中小型企业，因其封闭性和人合性，法律要求不如股份有限公司严格，有的可以简化，并有一定的任意性。

## 3.3 股票的特征与类型

### 3.3.1 股票的定义

股票(Stock)是股份公司所有权的一部分,也是股份公司发行的所有权凭证,是股份公司为筹集资金而发行给各个股东作为持股凭证并借以取得股息和红利的一种有价证券。每股股票都代表股东对企业拥有一个基本单位的所有权。每家上市公司都会发行股票。

同一类别的每一份股票所代表的公司所有权是相等的。每个股东所拥有的公司所有权份额的大小,取决于其持有的股票数量占公司总股本的比重。

股票是股份公司资本的构成部分,可以转让、买卖,是资本市场的主要长期信用工具,但不能要求公司返还其出资。

### 3.3.2 股票的性质

股票只是对一个股份公司拥有的实际资本的所有权证书,是参与公司决策和索取股息的凭证,不是实际资本,只是间接地反映了实际资本运动的状况,从而表现为一种虚拟资本。

**1. 股票是反映财产权的有价证券**

股票是一种出资证明,当一个自然人或法人向股份有限公司参股投资时,便可获得股票作为出资的凭证;虽然股票本身没有价值,但股票是一种代表财产权的有价证券;股票与它代表的财产权有不可分离的关系,二者合为一体。

**2. 股票是证明股东权的法律凭证**

股票的持有者凭借股票来证明自己的股东身份,参加股份公司的股东大会,对股份公司的经营发表意见;股票不属于物权证券,也不属于债权证券,而是一种综合权利证券。股东权是一种综合权利,股东依法享有资产收益、重大决策和选择管理者等权利。

**3. 股票是投资行为的法律凭证**

股票持有者凭借股票参加股票发行公司的利润分配,也就是通常所说的分红,以此获得一定的经济利益。股票是投入股份公司的资本份额的证券化,属于资本证券。股份公司通过发行股票筹措的资金,是公司用于营运的真实资本。而股票独立于真实资本之外,在股票市场上进行着独立的价值运动,是一种虚拟资本。

### 3.3.3 股票的特征

股票作为一种无偿还期限的有价证券,具有以下基本特征:

**1. 收益性**

股东凭其持有的股票,有权从公司领取股息或红利,获取投资的收益。股息或红利的大小,主要取决于公司的盈利水平和公司的盈利分配政策。股票的收益性,还表现在股票投资者可以获得价差收入或实现资产保值增值。通过低价买入和高价卖出股票,投资者可以赚取价差利润。

在通货膨胀时,股票价格会随着公司原有资产重置价格上升而上涨,从而避免了资产贬值,股票通常被视为在高通货膨胀期间可优先选择的投资对象。

**2. 风险性**

在市场经济活动中,由于多种不确定因素的影响,股票的收益不是事先即已确定的固定数值,而是一个事先难以确定的动态数值,它要随公司的经营状况和盈利水平而波动,因此存在较大的投资风险。

**3. 稳定性**

股票持有者不能退股,即不能向股票发行公司要求抽回本金。同样,股票持有者的股东身份和股东权益不能改变,但他可以通过股票交易市场将股票卖出,把股份转让给其他投资者,以收回自己原来的投资。股东与发行股票的公司之间存在稳定的经济关系,通过发行股票筹集到的资金使公司有一个稳定的存续时间。

**4. 流通性**

股票的流通性指股票在不同投资者之间的可交易性。流通性通常以可流通的股票数量、股票成交量以及股价对交易量的敏感程度来衡量。可流通股数越多,成交量越大,价格对成交量越不敏感(价格不会随着成交量一同变化),股票的流通性就越好,反之就越差。

股票的流通,使投资者可以在市场上卖出所持有的股票,取得现金。通过股票的流通和股价的变动,可以看出人们对于相关行业和上市公司的发展前景和盈利潜力的判断。那些在流通市场上吸引大量投资者、股价不断上涨的行业和公司,可以通过增发股票,不断吸收大量资本进入生产经营活动,达到了优化资源配置的目的。

**5. 股份的伸缩性**

股份的伸缩性指股票所代表的股份既可以拆细,又可以合并。

(1)股份的拆细

就是将原来的一股分为若干股。股份拆细并没有改变资本总额,只是增加了股份总量。当公司利润增多或股票价格上涨后,投资者购入每手股票所需的资金增多,股票的市场交易就会发生困难。在这种情况下,就可以将股份拆细,即采取分割股份的方式来降低单位股票的价格,以争取更多的投资者,扩大市场的交易量。

(2)股份的合并

就是将若干股股票合并成较少的几股或一股。股份合并一般是在股票面值过低时采用。公司实行股份合并主要出于如下原因:公司资本减少;公司合并;欲使股票市价由于供应减少而回升。

**6. 价格的波动性**

股票价格的高低与公司的经营状况、盈利水平以及股票收益与市场利率的对比关系密切关联。此外,股票价格还会受到国内外经济、政治、社会以及投资者心理等诸多因素的影响。股价波动是指股票价格的变化形态,其表现为大趋势中有相反的小趋势运动的波动状态。股价波动状态主要有三种趋势:上涨趋势波动、下跌趋势波动和无趋势波动。

**7. 经营决策的参与性**

股票的持有者即发行股票的公司的股东,股东有权出席股东大会,选举成立公司董事会,参与公司重大决策。股票持有者的投资意志和享有的经济利益,通常是通过出席股东大会行使股东权来实现的。股东参与公司决策的权利大小,取决于其所持有的股份的多少。从实践中看,只要股东持有的股票数量达到左右决策结果所需的实际多数时,就能掌握公司的决策控制权。

### 3.3.4 股票的类型

**1. 普通股股票和优先股股票**

(1)普通股股票

普通股股票(Common Stock)是指每一股份对公司财产都拥有平等权益,股东享有平等权利,不加以特别限制的股票。普通股股票是一种无返还期限的超长期投资工具,并且它代表着股东的剩余要求权(Residual Claim),也就是说,投资者对公司资产与收益的要求权是排在最后一位的。这决定了普通股股票是一种高风险、高收益的投资工具,且具有很大的不确定性。普通股股东只能在满足其他索求者的需求之后才能对剩余资产进行求偿以获得股息。而且,普通股股东还要承担有限责任(Limited Liability),一旦公司破产,股东最多承担最初的投资额但不会承担连带责任。除此之外,该类股东还拥有优先认股权以及参与公司经营管理的权利。

持有这种股票的股东都享有同等的权利,他们都能参与公司的经营决策,其所分取的股息红利是随着股份公司经营利润的多寡而变化的。

(2)优先股股票

优先股股东有优先于普通股股东获取公司盈利的权利,但是,优先股股东不可以行使股东表决权,优先股的收益往往是固定的,不随公司盈利变化而变化。因此,优先股股票(Preferred Stock)事实上具有长期债券的性质。

持有该种股票的股东的权益要受一定的限制。优先股股票一般是股份公司出于某种特定的目的和需要而发行的,且在票面上要注明"优先股"字样。优先股股东的特别权利就是可优先于普通股股东以固定的股息分取公司收益并在公司破产清算时优先分取剩余资产,但一般不能参与公司的经营活动,其具体的优先条件必须由公司章程加以明确。

**2. 有表决权股股票和无表决权股股票**

(1)有表决权股股票

有表决权股股票指持有人对公司的经营管理享有表决权的股票。表决权股股票具体又可以分为:普通表决权股股票、多数表决权股股票、限制表决权股股票、有表决权优先股股票。

①普通表决权股股票

普通表决权股股票,即每股股票只享有一票表决权,也称单权股股票。这类股票符合股东权一律平等原则,各国公司法均予以确认,故其适用范围广,发行量也大。

②多数表决权股股票

多数表决权股股票,即每股股票享有若干表决权的股票,也称多权股股票。这种股票一般是股份有限公司向特定的股东,如公司的董事会或监事会成员发行的,其目的在于保证某些股东对公司的控制权,以限制公司外部的股东对公司的控制,或限制股票的外国持有者对本国产业的支配权。这样,持有多数表决权股股票的少数股东,就可能成为大多数持有无表决权股股票的小股东的主宰。现代公司制度中,对持有多数表决权股股票的股东的行为往往也加以限制,有的国家甚至不允许发行多数表决权股股票。

③限制表决权股股票

限制表决权股股票,即表决权受到法律和公司章程限制的股票。在股东所持股票达到一定数量后,其享有的表决权票数将受到限制,限制的目的在于防止持有多数股票的少数股东利用多数表决权控制公司的经营,以保护众多小股东的权益。

④有表决权优先股股票

这是优先股股票中的特例。持有这类股票的股东,可以参加股东大会,有权对规定范围内的公司事务行使表决权。

(2)无表决权股股票

无表决权股股票指根据法律或公司章程的规定,对股份有限公司的经营管理不享有表决权的股票。相应地,这类股票的持有者无权参与公司的经营管理,但仍可以参加股东大会。

在实践中,股份公司普遍发行有表决权股股票,特殊情况下发行无表决权股股票。这类股票多限于优先股股票,特别是累积优先股股票,其实质是以收益分配和剩余资产清偿的优先权作为无表决权的补偿。在得不到优先红利时,无表决权股股票便有表决权。一般无表决权股股票被限制在股份发行总数的一定比例以下。由于持有公司经营权是股东权的基本内容之一,是股东地位平等的体现,因此,有些国家的公司法明确规定不允许或有条件地允许发行无表决权股股票。

**3. 记名股票和不记名股票**

(1)记名股票

记名股票指在股票上记载股东姓名或名称的股票。此类股票有利于公司了解、掌握股东的人数及股票的流向,便于公司控制。但记名股票的发行和流通手续相对复杂。在我国,公司向发起人、法人发行的股票,应当为记名股票。记名股票过户要办理过户手续。

(2)不记名股票

不记名股票指在股票上不记载股东姓名或名称的股票。不记名股票的发行、流通手续简单。在我国,对社会公众发行的股票,可以为记名股票,也可以为不记名股票。不记名股票与记名股票比较,差别不是在股东权利等方面,而是在股票记载方式上。

这种股票所有权的特点是必须具体地占有股票本身,持有不记名股票的股东需要经常向公司提示股票,留心股东大会的消息。不记名股票的好处在于发行手续简单,易于购买和转让,不足之处在于公司对股东情况难以控制,可能导致经营风险较大。

不记名股票是可以任意转让的股票。任何人持有此种股票就是公司的股东,就可以凭持有的股票对公司主张股东权,享有该股票所代表的权利。

**4.有面值股票和无面值股票**

(1)有面值股票

有面值股票也称有面额股票,指在股票票面上记载一定金额的股票,这一记载的金额也被称为股票票面金额、股票票面价值或股票面值。有面值股票的发行价格原则上与股票票面金额相一致,法律也允许以高于票面金额的价格溢价发行,但一般不允许以低于票面金额的价格折价发行。

股票票面金额的计算方法是用资本总额除以股份数,而实际上很多国家通过法规予以直接规定,而且一般是限定了这类股票的最低票面金额。另外,同次发行的有面值股票其每股票面金额是相同的。票面金额一般以国家的主币为单位,大多数国家的股票都是有面值股票,但也有像美国那样可以发行无面值的股票,无面值股票的优势在于不用考虑最低的发行资本面额。

(2)无面值股票

无面值股票指股票票面不记载金额的股票,也称无面额股票。这类股票不标明固定的金额,但要在票面上表示其在公司资本金额中所占的比例,因此,又被称为比例股票。它与有面值股票虽然在形式上不同,但在权利方面没有任何差别。无面值股票分为两种:一种是纯无面值股票,另一种是记名式无面值股票。

前者是在股票上和公司章程中都没有记载面值,只要无特殊规定,可将发行价值总额视为资本金。后者是在股票上没有记载面值或具有同样功能的金额,但在公司章程中却记有它所相当的金额,而且其发行价格不得低于章程所记载的金额,在发行价格中与所记载金额相当的部分可列为资本金。无面值股票是在股东阶层不断分化,大多数股东越来越关心股利收入的背景下发展起来的。目前,在美国比较流行发行这种股票。

**5.流通股票和非流通股票**

(1)流通股票

流通股票指上市公司股份中,可以在交易所流通的股份数量,其概念是相对于证券市场而言的。在可流通的股票中,按市场属性的不同可分为A股、B股、法人股和境外上市股。在中国一般特指在上海证券交易所、深圳证券交易所及北京两个法人股系统STAQ、NET上流通的股票。

(2)非流通股票

非流通股票指上市公司不能在交易市场上自由买卖的股票(包括国家股、国有法人股、内资及外资法人股、发起自然人股等)。这类股票除了流通权与流通股不一样外,其他权利和义务都是完全一样的。但非流通股票也不是完全不能买卖,可以通过拍卖或协议转让的方式来进行流通,但这样做一定要获得证监会的批准,交易才能生效。非流通股票仅仅是一种股权的证明,但并不意味着它们永远在流通领域之外,也许在合适的时机下,这些非流通股票有可能转化为流通股票。

**6. 其他种类的股票**

(1)偿还股股票

偿还股股票指在发行时就确定偿还本金的股票。这种股票是公司为临时筹措资本而发行的,往往与优先股股票及后配股股票并列。对于发行股票的公司来说,除了分配股息之外,可以免除分红责任;对投资者来说,则能安全地收回投资资本。根据选择权行使的不同,偿还股股票又可分为任意偿还股股票和义务偿还股股票。

①任意偿还股股票,任意偿还股股票由公司行使选择权,无论股东的意愿如何,公司都可以在需要时还本收回股票。

②义务偿还股股票,义务偿还股股票则由股东行使选择权,当股东请求公司偿还本金时,公司有偿还的义务。即使公司经营不善,资金紧张,也要向股东支付本金。

(2)库藏股票

库藏股票指股份公司发行后又收回的股票,又称库存股票。库藏股票不能领取股息,没有表决权,公司发行新股时没有优先认购权,公司清算时也无权分享资产。

库藏股票与未发行股本都不是公司资产,都未流通在外,都不接受股利分配和参与公司表决,这是它们的共同之处。它们之间的区别是:前者已经发行并流通在外,后来由于某种原因又被公司收回,后者则尚未发行,因此也从未在外流通过。库藏股票是公司股东权益的减项,它可以被注销,也可以在适当的时机重新售出。由于股份有限公司的股东负有限责任,为防止公司以股票回购的方式将股本退还股东,缩减公司股本,损害债权人利益,国外法律通常规定,股份公司回购自身股票的成本不得高于公司的保留盈余或保留盈余与资本公积之和。

(3)内部职工股股票

内部职工股股票指公司向其员工发行的股票,也称职工保留股股票。此类股票可以将公司利润按股份无偿分配给公司内部职工,还可以以低于正常股票票面价值的价格出售给内部职工,也可以利用一部分利润来缴付内部职工股股票的股款。股份有限公司发行内部职工股股票的目的在于,通过发放内部职工股股票使职工兼具公司股东的地位,将公司的经营与职工的经济利益直接相联系,从而激发职工的工作热情,提高公司经营效率。对于内部职工股股票,有些国家公司法明确允许股份有限公司发行内部职工股股票,比如法国、意大利、丹麦等国。而有些国家虽未在立法上予以规定,但是,在股份有限公司的实践中,存在着此类股票,比如德国、荷兰、比利时等国。

## 3.4 普通股与优先股

### 3.4.1 普通股股票的特征

普通股股票是相对于优先股股票而言的、股息随公司利润的大小而增减的股票。它是股份有限公司最重要的一种股份,是构成股份有限公司资本的基础,也是股票最普遍的一种形式。股份公司初次发行的股票一般均为普通股股票。

普通股股票具有以下三种特征:

(1)普通股股票是最普通、最重要、发行量最大的股票。

(2)普通股股票是公司发行的标准股票,普通股是股息随着公司利润变动而变动的一种股份,是股份公司资本构成中最普通、最基本的股份,是股份公司资金的基础部分。

(3)普通股股票是风险最大的股票,其股息率并不固定,随公司的经营状况和其他因素变化而变化,同时财产清偿时后于优先股股票,因此风险也要高于优先股股票。

### 3.4.2 普通股股票的种类

常见的普通股股票分类是 A 股和 H 股(香港)。此外,还可以根据上市公司的业绩或股东权利对普通股股票进行分类。

**1. 蓝筹股股票**

蓝筹股(Blue Chips)指长期稳定增长的、大型的传统工业股及金融股。"蓝筹"一词源于西方赌场,在西方赌场中,有三种颜色的筹码,其中蓝色筹码最为值钱。证券市场上通常将那些经营业绩较好,具有稳定且较高的现金股利的公司的股票称为"蓝筹股"股票。

**2. 成长股股票**

成长股股票是处于飞速发展阶段的公司所发行的股票。成长股股票不具有特定的权利内容,是人们对于某些公司发行的股票的一种主观评价。成长股股票多为普通股,专指那些虽不见得立即就能获得高额利润,但未来前景看好的股票。由于股票前景主要取决于发行公司的境况与发展,因此,只有那些销售额和盈利都在迅速增加,其增长幅度大大高于全国及其所在行业平均增长率的公司所发行的股票,才能被认为是成长股股票。一般来讲,这些公司大多属于新兴行业或发展潜力很大的行业。这些公司往往通过使用新材料、运用新技术、开发新产品、拓展新市场等创新活动,使自己获得高速发展,故它们发行的股票也将随公司的成长壮大而日益增值。但成长股股票在发行初期却往往表现为股票收益率较低,市场转让价格也在低位徘徊。这是因为这类公司正处于高速增长阶段,需要留存较多的盈利作为再投资的资本,加快公司的发展与扩张,以争取时机、占领市场,为此,他们在短期内通常对股东只支付较少的红利,故股东的眼前收益可能并不高。但随着公司的发展、实力的增强和利润的大幅度上升,成长股股票不仅有望获得丰富的股利收入,而且还可以从股价的日趋上升中赚取大额的买卖价差。因此,成长股股票最受长期投资者的青睐。

**3. 收入股股票**

收入股股票也称收益股、高息股股票,指公司能在当前支付较高收益的股票。持有这类股票可以在短时期内取得较高的收入,及时实现投资的获利目的。收入股股票的发行公司生意稳定,扩展机会不大,所以其净利润转化为较高的收益发放股利。

收益股股票的特点是稳定性较好,受股价暴涨暴跌的影响相对于低息股股票而言要小,此外,尽管其市场价格较高,但上涨的幅度及潜力仍然较大。这类股票适于中长期投资者。

**4. 周期性股票**

周期性股票指支付股息非常高、股价相对较高并随着经济的周期波动而上升或下跌的股票。为了避免过度投机给股市造成的混乱或无规则暴涨、骤跌,对这类股票,证券交易管理部门往往要采取一定的控制或限制措施,进而控制股价的大幅度波动。这些措施一般包括:调整保证金比例、降低抵押率、规定信用交易的贷款规模限度等。

周期性股票是数量最多的股票类型,这类股票多为投机性的股票。例如汽车制造公司或房地产公司的股票,当整体经济上升时,这些股票的价格也迅速上升;当整体经济走下坡路时,这些股票的价格也随之下跌。与之对应的是非周期性股票,非周期性股票是那些生产必需品的公司发行的股票,不论经济走势如何,人们对这些产品的需求都不会有太大变动,例如生产食品和药品的公司的股票。

**5. 防守性股票**

防守性股票指在经济条件普遍恶化时,股息和红利要高于其他股票的平均收益的股票。公用事业、药品等行业的股份有限公司发行的股票多属这一类。防守性股是一种普通股,特征是相对的稳定性。

防守性股票在面临不确定性和商业衰退时的收益和红利要比社会平均值高,具有相对的稳定性。公用事业公司发行的普通股是防守性股的典型代表,因为即使在商业条件普遍恶化与经济萧条时期,人们对公用事业也还有稳定的需求。

**6. 投机性股票**

投机性股票指那些自身价格很不稳定或其发行公司的前景很不确定的股票,投机性很强,同时风险也很大。发行这类股票的多是从事开发性、冒险性事业的公司。一些热门事业的公司所发行的股票如石油、矿业公司的股票,也可能成为这种股票。

**7. A 类普通股股票和 B 类普通股股票**

我国发行的 A 种股票,即人民币股票,指的是经过特定程序发行的、以人民币标明面值,供境内居民用人民币购买,并在境内证券交易所上市交易的股票。A 股以无纸化电子记账,实行"T+1"交割制度,有涨跌幅限制,参与投资者为中国大陆的机构或个人。

B 种股票即人民币特种股票,指的是在中国境内的股份有限公司经过特定程序发行的,以人民币标明面值,以人民币折合成外汇供境外居民及机构购买,在境内证券交易所上市交易的股票。B股公司的注册地和上市地都在境内,2001年前,其投资者限定为境外人士。2001年之后,开放境内个人居民投资B股。

### 3.4.3 优先股股票的特征

优先股股票是在公司股息分配、资产清偿上相对普通股股票而言具有优先性的股票,具有以下特征:

**1. 约定股息率**

优先股股票发行时即已约定了固定的股息率,且股息率不受公司经营状况和盈利水平的影响。普通股股票的股息是不固定的,取决于股份公司的经营状况和盈利水平。

**2. 优先分派股息和清偿剩余资产**

当公司利润不够支付全体股东的股息和红利时,优先股股东可以先于普通股股东分取股息;当公司因解散、破产等进行清算时,优先股股东又可先于普通股股东分取公司的剩余资产。各国公司法对此一般都规定,公司盈利首先应支付债权人的本金和利息,缴纳税金;其次是支付优先股股息;最后才分配普通股股息。因此,从风险角度看,优先股股票的风险小于普通股股票。

**3. 表决权受到一定限制**

优先股股东的权利是受限制的,最主要的是表决权限制。普通股股东参与股份公司的经营决策主要是通过参加股东大会行使表决权,而优先股股东在一般情况下没有表决权,不享有公司的决策参与权。只有在特殊情况下,如讨论涉及优先股股东权益的议案时,他们才能行使表决权。

**4. 股票可由公司赎回**

优先股股东不能要求退股,但却可以依照优先股股票所附的赎回条款,由公司予以赎回。

### 3.4.4 优先股股票的种类

优先股股票的种类很多,可以从不同角度进行分类。

**1. 累积优先股股票和非累积优先股股票**

累积优先股股票指的是可将以往营业年度内未支付的股息累积起来,由以后营业年度的盈利一起支付的优先股股票。股份公司发行累积优先股股票的目的,主要是保障优先股股东的收益不致因公司盈利状况的波动而减少。由于规定未发放的股息可以累积起来,待以后年度一起支付。因此,对于股东来说,获得股息收入只是时间迟早的问题,这就有利于保护优先股股东的利益。

非累积优先股股票指的是按当年盈利分派股息,对累积下来的未足额的股息不予补发的优先股股票。在某年度内,如公司由于某种原因不能如数支付优先股股息时,其所欠部分,即使以后年度内有盈余,也不能要求公司给予补发。该种优先股股息每期单独结算,股东自己承担股息违约风险。由于与累积优先股股票相比优越性要小,通常非累积优先股股息要高于累积优先股股息。非累积优先股股票的认购和发行量较小。

**2. 参加分配优先股股票和不参加分配优先股股票**

参加分配优先股股票指的是那种不仅可以按规定分得当年的定额股息,而且还有权与普通股股东一起参加公司利润分配的优先股股票。当企业利润增加时,参加分配优先股股东除享有既定的股息外,还可与普通股股东共同参与利润分配。参加分配优先股股票分两种类型:全部参与优先股股票,其股东有权与普通股股东一起等额分享当期的盈余,其收益没有上限规定;部分参加优先股股票,其股东有权在一定额度内与普通股股东一起分享本期的盈余,但其收益有上限。

不参加分配优先股股票指的是只按规定股息率分取股息,不参加公司利润分配的优先股股票。其股息收入仅以事先规定的股息率为限,即使公司在本期内盈利很高,普通股股东获取的股息很多,他们也不能与普通股股东一起再次分享公司的剩余盈利。因此,这种优先股股票的收益是限定的,其优先的体现不是在股息多少上,而是在分配顺序上。

**3. 可转换优先股股票和不可转换优先股股票**

可转换优先股股票指持股人可以在特定条件下把优先股股票转换成普通股股票或公司债券的优先股股票。如果公司业绩蒸蒸日上,普通股股价提高,可转换优先股股票持有人通过把优先股股票转换为价值更高的普通股股票,也能分享公司的成功。股份公司在其股票发行遇到困难时,可以给予优先股股票认购者以转换请求权,来吸引更多的人购买。同时,可转换优先股股票的股息率往往略低于其他种类的优先股股票,也有利于减轻公司负担。

不可转换优先股股票则是指不能转换成普通股股票或公司债券的优先股股票。与可转换优先股股票相比,选择机会较小,但对公司而言却有利于稳定其资本结构,对其他股东利益的影响也较小。

**4. 可赎回优先股股票和不可赎回优先股股票**

可赎回优先股股票指的是股票发行公司可以按一定价格收回的优先股股票。这种股票主要在美国、英国等发达国家流行。其主要特点是,发行公司有权按预先约定的条件在优先股股票发行一段时间后以一定的价格将股票购回。优先股股票的大多数种类都是可赎回的;它们通常附有股票赎回条款,规定股票从发行到赎回的最短期限、赎回价格、赎回方式等;公司赎回优先股股票的目的一般是减少股息负担,通常在能以股息较低的股票取代已发行优先股股票时赎回。赎回的方式主要有三种:①溢价赎回。即根据事先规定的价格,按优先股面值价格再加一笔"溢价"(补偿金)予以赎回。②基金补偿。即公司在发行优先股股票后,从所得到的股金或公司盈利中,拿出一部分资金设立补偿基金,用作赎回优先股股票的补偿资金。③转换赎回。即公司以转换为普通股的方式赎回优先股股票。

不可赎回优先股股票指的是股票发行公司无权从股票持有人手中赎回的优先股股票。不可赎回优先股股票有优先领取股息、优先分配资产的权利,没有表决权。

**5. 股息可调优先股股票和股息不可调优先股股票**

股息可调整优先股股票指股票的股息不固定,随着其他证券和银行存贷款利率的波动而调整的优先股股票。这种股票一般在市场物价和银行的存贷款利率波动较大的时候为了吸引投资者而发行。股市的不确定性,使得这种股票成为受欢迎的优先股股票的一种。优先股的股息一般说来是固定的,股份公司分配利润时,要扣除优先股股息后才能将剩余的利润分配给普通股股东。故而对于长线投资者来说,优先股有很大的吸引力。但当公司经营得好时,盈利增多,优先股却不能像普通股那样分得更多的盈利。可由于优先股拥有优先分配的权利,故在公司盈利减少时一般不减少收益。当优先股股票也附加了可调整股息收入这一至关重要的条件时,就使它克服了自身的不足成为广大投资者青睐的对象,使得优先股股票作为投资工具具有了更大的吸引力,从而使其股东从企业投资者扩大到大量个人投资者。

股息不可调优先股股票,是股息率不能调整的优先股股票。

### 思考题

1. 在现代企业制度中,企业的分类有哪些?
2. 在企业改制重组中会出现哪些问题?
3. 什么是股份有限公司?它有哪些特征?
4. 股份有限公司和有限责任公司的区别有哪些?
5. 什么是普通股股票,什么是优先股股票,它们有哪些区别?

# 第 4 章　企业上市

思政园地

## 4.1　发行上市

### 4.1.1　首次公开发行

首次公开发行(Initial Public Offering,IPO),是指股份有限公司首次公开向投资者发行股票。在我国,公开发行的股票必须上市。上市公司的股份根据向相应证监会出具的招股说明书或登记声明中约定的条款由一家或几家投资银行作为承销商进行发行销售,由承销商帮助确定证券种类、最佳发行价格和上市时间。首次公开上市完成后,公司就可以申请到证券交易所或报价系统挂牌交易。

### 4.1.2　发行上市的利与弊

企业公开发行上市,是其迅速壮大的主要途径。企业公开发行上市,主要有以下好处:

(1)可以筹集巨额资金促进企业发展

企业向社会发行股票募集资金,有了巨额资金,就可以扩大规模,提高技术装备水平,尤其是提高核心竞争力,使企业迅速发展。需要指出的是,企业上市后的发展是裂变,是质的飞跃。大多数企业上市后,就和非上市企业拉开了距离。

企业利用资本市场融资不是一次性的,上市后还可以通过增发股票、发行债券等多种形式再融资。和银行贷款相比,发行股票融资更具有优越性。银行贷款到期要归还,如果不能借新还旧,企业生产经营就要受到影响。而发行股票融资不需归还,企业可以从容规划使用。

(2)有利于建立现代企业制度,规范公司治理结构,提高企业管理水平

在企业发行上市的过程中,证券公司、会计师事务所和律师事务所要对企业进行尽职调查,诊断企业在公司设立、生产经营、财务管理、公司治理和内部控制等各个方面存在的问题,对企业进行专业培训和辅导,帮助企业重组和改制,明确企业发展战略和募集资金投向。发行上市后,作为公众公司,企业需要对公众股东负责,更需要严格按照相关法律、法规及上市公司监管要求规范运作。因此,发行上市过程实质就是企业全面加强基础管理、完善公司治理和内部控制、提高企业管理水平的过程;发行上市可以使企业步入正规化、规范化的轨道,完成向现代企业制度的转变。

(3)提高企业品牌价值和社会知名度,更容易获得订单、技术、人才和信贷

中国有超过一亿的个人投资者,每日股票行情、媒体对上市公司的报道、证券分析师对公司的分析研究,实际上成为面向社会的免费广告,产生巨大的广告效应,从而提高企

业的品牌价值和社会影响力。企业上市后，招投标更容易了，也能够吸引更多的人才来企业工作。

(4) 有利于建立和完善激励机制

上市公司股权对员工具有极大的吸引力。公司设立时，一般是每股一元，而上市后，每股价格就可能变成数元、几十元，甚至几百元，持有公司股份的员工往往一夜暴富。很多公司高管均为亿万富翁，他们对未来没有任何后顾之忧，把心思都扑在了公司发展上。上市公司还可以通过股票期权来加大职业经理人的压力和动力。

(5) 提高企业经营的安全性和抗风险能力，成为百年老店

提高企业安全性表现在以下几个方面：首先，上市公司要规范运作，例如财务报表要经过审计，不能偷税漏税等，要接受监管，这些本身就有利于企业安全经营。其次，有了充裕的现金，可以帮助企业在市场萧条的情况下度过困难时期。再次，上市公司依靠规范化公司治理结构推动发展，企业可以通过职业经理人的专业化管理而代代相传，成为百年老店。

其实在成熟市场中，不是所有的公司都希望成为上市公司的，因为上市公司受到的监管比较严厉，而且成本也比较高。大部分上市公司都是采取股份制的，当然，如果公司不上市的话，这些股份就能掌握在少数人手里。发行上市主要有以下弊端：

(1) 增加一定的维护成本

上市公司要设立独立董事、独立监事等，要在媒体披露信息，会增加广告费、审计费和薪酬等运营成本。

(2) 管理层压力增加

投资者对业绩和回报有一定的要求。如果公司经营不善，业绩下降，公司股票会遭到投资者冷遇，甚至有退市的可能性。

(3) 对大股东的约束力有所增加

上市后股东增多，对大股东的约束力也增多。大股东不能再搞"一言堂"，企业重大经营决策需要履行一定的程序，必须尊重小股东的权利，这样有可能失去作为私人企业所拥有的经营灵活性。

(4) 商业秘密有被迫披露的风险

公众公司为满足投资者信息对称的要求，需要提高公司的透明度，需要强制性地披露信息，特别是分行业、分地区、分产品的销售区域与毛利率的披露，影响了企业经营上的谈判能力，供应商与销售商的披露暴露了企业的客户信息。公开的董事会、股东大会则对公司战略有所披露，尽管资本市场上有各类信息披露的豁免制度，也只能在一定程度上缓解这种状况。

(5) 控股权有被稀释的风险

企业上市前会引入战略投资人，首次公开发行一般要公开发行25%的股份，上市后可能还会进行股权融资、股权激励、换股收购，因此股权的分散是长期趋势。企业在上市前应制定股权战略，在上市初期应有反收购策略。

上市有利有弊，但利远远大于弊，否则不会有千千万万企业趋之若鹜，把上市作为奋斗目标，但企业争取上市一定要脚踏实地，靠实实在在的业绩，切忌弄虚作假，否则会欲速则不达，甚至弄巧成拙。

## 4.1.3 上市标准

每家证券交易所均制定了各自的股票上市要求,股票在上市和开始挂牌交易之前必须符合这些要求。股票的上市要求通常包括以下几方面的内容:公众持股量、股东数目及至少公布若干年的财务报表等,不同的证券交易所也有个别不同的要求。

**1. 上市标准主要考虑的因素**

股份有限公司在证券交易所公开发行股票并公开上市交易,证券交易所要考察、审核申请公司的各方面基本情况,核心是业绩和信息披露,企业上市的指标考察体系可以用图 4-1 清晰地表示出来。

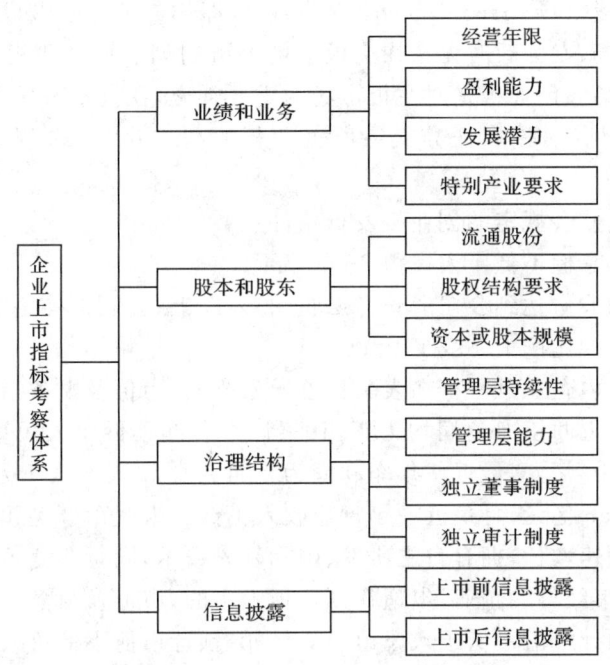

图 4-1 企业上市的指标考察体系

**2. 主板上市**

主板上市又称为第一板上市,是指企业在国家主板市场上发行上市。主板市场(Main-Board Market)指传统意义上的证券市场,是一个国家或地区证券发行、上市及交易的主要场所。

2020 年 3 月 1 日,修订后的《中华人民共和国证券法》(以下简称《证券法》)正式施行,中国资本市场开始跨入一个新的周期。《证券法》以法律的形式确认注册制,对提高证券违法违规成本,完善投资者保护制度,建立健全多层次资本市场体系等均意义重大、影响深远。《证券法》规定公司首次公开发行新股,应当符合下列条件:

(1)具备健全且运行良好的组织机构;
(2)具有持续经营能力;
(3)最近三年财务会计报告均被出具无保留意见审计报告;
(4)发行人及其控股股东、实际控制人最近三年不存在贪污、贿赂、侵占财产、挪用财产或者破坏社会主义市场经济秩序的刑事犯罪;

(5) 经国务院批准的国务院证券监督管理机构规定的其他条件。

2023年8月修订的《上海证券交易所股票上市规则》所规定的上市条件是：

(1) 符合《证券法》、中国证监会规定的发行条件；

(2) 发行后的股本总额不少于人民币5 000万元；

(3) 公开发行的股份达到公司股份总数的25%以上；公司股本总额超过人民币4亿元的，公开发行股份的比例为10%以上；

(4) 市值及财务指标符合本规则规定的标准；

(5) 本所要求的其他条件。

### 3. 创业板上市

创业板又称二板市场（Second-board Market），即第二股票交易市场，是与主板市场不同的一类证券市场，专为暂时无法在主板市场上市的创业型企业提供融资途径和成长空间的证券交易市场。创业板是对主板市场的重要补充，在资本市场占有重要的位置。

2023年8月修订的《深圳证券交易所创业板股票上市规则》规定的主要上市标准如下：

(1) 符合中国证监会规定的创业板发行条件；

(2) 发行后股本总额不低于人民币3 000万元；

(3) 公开发行的股份达到公司股份总数的25%以上；公司股本总额超过人民币4亿元的，公开发行股份的比例为10%以上；

(4) 发行人为境内企业且不存在表决权差异安排的，市值及财务指标应当至少符合下列标准中的一项：最近两年净利润均为正，且累计净利润不低于人民币5 000万元；预计市值不低于人民币10亿元，最近一年净利润为正且营业收入不低于人民币1亿元；预计市值不低于人民币50亿元，且最近一年营业收入不低于人民币3亿元；

(5) 营业收入快速增长，拥有自主研发、国际领先技术，同行业竞争中处于相对优势地位的尚未在境外上市红筹的企业，申请在创业板上市的，市值及财务指标应当至少符合下列标准中的一项：预计市值不低于人民币100亿元；预计市值不低于人民币50亿元，且最近一年净利润为正且营业收入不低于人民币5亿元；

(6) 本所要求的其他上市条件。

### 4. 科创板上市

科创板作为上海证券交易所近年新设立的独立板块，根据2023年8月修订的《上海证券交易所科创板股票上市规则》，发行人申请在上海证券交易所科创板上市，应当符合下列条件：

(1) 符合中国证监会规定的发行条件；

(2) 发行后股本总额不低于人民币3 000万元；

(3) 公开发行的股份达到公司股份总数的25%以上；公司股本总额超过人民币4亿元的，公开发行股份的比例为10%以上；

(4) 市值及财务指标符合本规则规定的标准；

(5) 本所规定的其他上市条件。

其中，市值及财务指标应当至少符合下列标准中的一项：

(1) 预计市值不低于人民币10亿元，最近两年净利润均为正且累计净利润不低于人民币5 000万元，或者预计市值不低于人民币10亿元，最近一年净利润为正且营业收入

不低于人民币1亿元;

(2)预计市值不低于人民币15亿元,最近一年营业收入不低于人民币2亿元,且最近三年累计研发投入占最近三年累计营业收入的比例不低于15%;

(3)预计市值不低于人民币20亿元,最近一年营业收入不低于人民币3亿元,且最近三年经营活动产生的现金流量净额累计不低于人民币1亿元;

(4)预计市值不低于人民币30亿元,且最近一年营业收入不低于人民币3亿元;

(5)预计市值不低于人民币40亿元,主要业务或产品需经国家有关部门批准,市场空间大,目前已取得阶段性成果。医药行业企业需至少有一项核心产品获准开展二期临床试验,其他符合科创板定位的企业需具备明显的技术优势并满足相应条件。

科创板拟上市公司的科创属性要求,主要是要符合国家科技创新战略、拥有关键核心技术等先进技术、科技创新能力突出、科技成果转化能力突出、行业地位突出或者市场认可度高等。申报科创板发行上市的发行人,应当属于下列行业领域的高新技术产业和战略性新兴产业:

(1)新一代信息技术领域,主要包括半导体和集成电路、电子信息、下一代信息网络、人工智能、大数据、云计算、软件、互联网、物联网和智能硬件等;

(2)高端装备领域,主要包括智能制造、航空航天、先进轨道交通、海洋工程装备及相关服务等;

(3)新材料领域,主要包括先进钢铁材料、先进有色金属材料、先进石油化工新材料、先进无机非金属材料、高性能复合材料、前沿新材料及相关服务等;

(4)新能源领域,主要包括先进核电、大型风电、高效光电光热、高效储能及相关服务等;

(5)节能环保领域,主要包括高效节能产品及设备、先进环保技术装备、先进环保产品、资源循环利用、新能源汽车整车、新能源汽车关键零部件、动力电池及相关服务等;

(6)生物医药领域,主要包括生物制品、高端化学药品、高端医疗设备与器械及相关服务等;

(7)符合科创板定位的其他领域。

限制金融科技、模式创新企业在科创板发行上市。禁止房地产和主要从事金融、投资类业务的企业在科创板发行上市。

## 4.1.4 发行上市的程序

上市程序是证券上市的操作过程和步骤。一般由各国证券法或者证券交易法做出基本规定,同时由各证券交易所视具体情况加以补充规定。其中,基本程序为:聘请中介机构、改制重组、上市辅导、申报核准和注册、发行上市。

**1. 聘请中介机构**

当企业参照自身的条件,选定上市地以后,就可以着手准备上市了。准备上市的第一步,就是选择中介机构。企业和中介机构之间是一种双向选择的关系,企业在选择中介机构时应该注意以下几个方面:

(1)中介机构是否具有从事证券业务的资格

在我国,会计师事务所和资产评估机构从事股票发行上市业务必须具有证券从业资格,证券公司须具有保荐承销业务资格。

(2)中介机构的执业能力、执业经验和执业质量

企业需要对中介机构的执业能力、执业经验和执业质量进行了解,选择具有较强执业能力、熟悉企业所从事行业的中介机构,以保证中介机构的执业质量。此外,中介机构的声誉实际上是其整体实力的综合反映,良好的声誉是中介机构内在质量的可靠保证。

(3)中介机构之间能否进行良好的合作

股票发行上市是发行人以及各中介机构"合力"的结果,中介机构之间应该能够进行良好的合作,尤其是在保荐机构与律师事务所、会计师事务所之间。

(4)费用

中介机构的费用是企业控制发行上市成本需要考虑的一个重要问题,具体费用或收费标准一般由双方协商确定。

中介机构主要包括保荐机构(投资银行)、会计师事务所、资产评估机构和律师事务所。

(1)保荐机构(投资银行)

保荐机构在推荐发行人首次公开发行股票前,应当按照证监会的规定对发行人进行辅导。保荐机构负责证券发行的主承销工作,依法对公开发行募集文件进行核查,向证监会出具保荐意见。保荐机构应当尽职推荐发行人股票发行上市,在发行人股票上市后,保荐机构应当持续督导发行人履行规范运作、信守承诺、信息披露义务。

(2)会计师事务所

股票发行的审计工作必须由具有证券从业资格的会计师事务所承担。该会计师事务所对企业的账目进行检查与审验,主要包括审计、验资、盈利预测等,同时也为其提供财务咨询和会计服务。

(3)资产评估机构

企业在股票发行之前往往需要对公司的资产进行评估,这一工作通常由具有证券从业资格的资产评估机构承担。资产评估具有严格的程序,整个过程一般包括申请立项、资产清查、评定估算和出具评估报告。

(4)律师事务所

企业股票公开发行上市必须依法聘请律师事务所担任法律顾问。律师主要对股票发行与上市的各种文件的合法性进行判断,并对发行上市涉及的法律问题出具法律意见。

**2. 改制重组**

融资与资源整合是资本市场的基本功能,企业的发展离不开完善的资本市场的支持。企业上市是股权融资的一种方式,也是企业发展战略的需求,而改制重组是企业上市工作的重要基础和关键环节之一。可以说,改制重组是企业进入资本市场的第一道门槛,改制重组是否规范直接影响企业上市的成功与否。

(1)尽职调查

尽职调查是中介机构进场后的首要工作。企业上市尽职调查的范围和内容是很清晰的,企业上市就是不断整改对标的过程,企业通过比照要求,可以找到问题和差距,并为下一步行动方案的制订及是否引进专业中介进行更细致的尽职调查或正式进入上市准备工作打好基础。企业自身在做尽职调查之前要对自己控制的业务板块进行初步筛选和判

断,选定上市业务,这一点对多元化的企业尤其重要。选定要上市的业务板块后,须罗列出业务板块的主体分布,接着便可根据上市的标准和条件来做尽职调查了,主要从主体资格、独立性、规范运营、财务会计、持续盈利能力、募投项目等六方面出发。

(2)改制重组的模式

①国有企业整体改制:国有企业改制,指国有独资企业、国有独资公司及国有控股企业(不包括国有控股的上市公司)改制为国有资本控股、相对控股、参股和不设置国有资本的公司制企业、股份合作制企业或中外合资企业,即改变原有国有企业的体制和经营方式,以适应社会主义市场经济的发展。

②有限责任公司整体变更:有限公司和股份公司是现代公司制度的主要表现形式,股份公司又代表着最高层次的企业类型。在经济生活中,公司根据经营活动的需要及投资者的要求变更组织形式非常普遍。根据相关法规规定,挂牌上市公司需以股份公司为要件,因此,有限责任公司在上市前,必须变更公司组织形式。

③分立重组:即从原企业中,将一部分资产和机构分立出来,通过吸收其他投资者入股,设立一家股份制公司,这家股份制公司与原企业之间只存在投资入股关系,不存在隶属关系。

④发起新设股份有限公司:主要包括投资重组和控股重组,投资重组是由两家以上企业,通过发起设立方式,投资设立一家新的股份制公司,这家股份制公司与这些企业之间只存在投资入股关系,不存在隶属关系;控股重组是将一个或几个下属机构及其资产分离出来,通过吸收其他投资者入股,设立一家由原企业控股的股份制公司,这家股份制公司仍然隶属于原企业,是原企业的子公司。

**3. 上市辅导**

上市辅导是指有关机构对拟发行股票并上市的股份有限公司进行的规范化培训、辅导与监督。发行与上市辅导机构由符合条件的证券经营机构担任,原则上应当与代理该公司股票发行的主承销商为同一证券经营机构。上市辅导的目标是促进辅导对象建立良好的公司治理机制,形成独立运营和持续发展的能力;督促公司的董事、监事、高级管理人员全面理解发行上市有关法律法规,满足证券市场规范运作和信息披露的要求;树立进入证券市场的诚信意识、法制意识。上市辅导是公司具备进入证券市场资格的基本条件。

企业上市辅导的主要内容包括:

(1)组织由企业的董事、监事、高级管理人员(包括经理、副经理、董事会秘书、财务负责人、其他高级管理人员),持有5%以上(含5%)股份的股东(或其法定代表人)参加的,有关发行上市法律法规、上市公司规范运作和其他证券基础知识的学习、培训和考试,督促其增强法制观念和诚信意识。

(2)督促企业按照有关规定初步建立符合现代企业制度要求的公司治理结构,规范运作,包括制定符合上市要求的公司章程,规范公司组织结构,完善内部决策和控制制度以及激励约束机制,健全公司财务会计制度等。

(3)核查企业在股份公司设立、改制重组、股权设置和转让、增资扩股、资产评估、资本验证等方面是否合法,产权关系是否明晰,是否妥善处置了商标、专利、土地、房屋等资产的法律权属问题。

(4)督促企业实现独立运作,做到业务、资产、人员、财务、机构独立完整,主营业务突出,形成核心竞争力。

(5) 督促企业规范与控股股东及其他关联方的关系,妥善处理同业竞争和关联交易问题,建立规范的关联交易决策制度。

(6) 督促企业形成明确的业务发展目标和未来发展计划,制订可行的募股资金投向及其他投资项目的规划。

(7) 对企业是否达到发行上市条件进行综合评估、诊断并解决问题。

(8) 协助企业开展首次公开发行股票的准备工作。辅导机构和企业可以协商确定不同阶段的辅导重点和实施手段。辅导前期的重点可以是摸底调查,形成全面、具体的辅导方案;辅导中期的重点在于集中学习和培训,诊断问题并加以解决;辅导后期的重点在于完成辅导计划,进行考核评估,做好首次公开发行股票申请文件的准备工作。

**4. 申报核准和注册**

股票发行制度主要有三种,即审批制、核准制和注册制,每一种发行监管制度都对应一定的市场发展状况。在市场逐渐发育成熟的过程中,股票发行制度也应该逐渐改变,以适应市场发展需求。其中,审批制是完全计划发行的模式,核准制是从审批制向注册制过渡的中间形式,注册制则是目前成熟股票市场普遍采用的发行制度。股票发行注册制是发行人申请发行股票时,必须将公开的各种资料完全准确地向证券监管机构申报。证券监管机构的职责就是对申报文件的全面性、准确性、真实性和及时性进行审查,不对发行人的资质进行实质性审核和价值判断,而将发行公司的良莠交与市场来决定。2020年我国启动发行注册制改革,科创板开启增量试点、创业板向存量市场延伸,进而在全市场全面推开发行注册制改革,这既是我国股票市场完善体制机制、夯实内在运行基础的里程碑,也是资本市场开启高质量发展征程的崭新起跑线,更是提高直接融资比重、完善要素市场化配置的关键跑道。

申报材料包括要求在指定报刊及网站披露的文件和不要求披露的文件。要求在指定报刊及网站披露的文件有:招股说明书及摘要、发行公告。不要求在指定报刊及网站披露的文件有:主承销商的推荐文件、发行人律师的意见、发行申请及授权文件、募集资金运用的有关文件、股份有限公司的设立文件及章程、发行定价及发行定价分析报告、其他相关文件等。

**5. 发行上市**

(1) 发行定价

合理定价是股票成功发行上市的核心,目前采用的估值方法主要是收益折现法与类比法。

所谓收益折现法,就是通过合理的方式估计出上市公司未来的经营状况,并选择恰当的贴现率与贴现模型,计算出上市公司价值。如最常用的股利贴现模型(Dividend Discount Model)、现金流量贴现法(Discounted Cash Flow Method)等。贴现模型并不复杂,关键在于如何确定公司未来的现金流和折现率,而这正体现了承销商的专业价值所在。

所谓类比法,就是通过选择同类上市公司的一些比率,如最常用的市盈率(P/E,即股价/每股收益)、市净率(P/B,即股价/每股净资产),再结合新上市公司的财务指标如每股收益、每股净资产来确定上市公司价值,一般都采用预测的指标。市盈率法有许多局限性,例如要求上市公司经营业绩要稳定,不能出现亏损等,而市净率法则没有这些问题,但同样也有缺陷,主要是过分依赖公司账面价值而不是最新的市场价值。因此对于那些流动资产比例高的公司如银行、保险公司,比较适用此方法。在 IPO 过程中,招股说明书中确定的定价区间,可以通过市值/销售收入(P/S)、发行后的每股净资产、市净率(P/B)、市值/现金流(P/C)等指标来进行估值。

通过估值模型,可以合理地估计公司的理论价值,但是要最终确定发行价格,还需要选择合理的发行方式,以充分发现市场需求。常用的发行方式包括:累计投标方式、固定价格方式、竞价方式。一般竞价方式更常见于债券发行,这里不做赘述。累计投标是目前国际上最常用的新股发行方式之一,是指发行人通过询价机制确定发行价格,并自主分配股份的方式。所谓询价机制,是指主承销商先确定新股发行价格区间,召开路演推介会,根据需求量和需求价格信息对发行价格反复修正,并最终确定发行价格的过程。一般时间为 1~2 周。在询价机制下,新股发行价格并不事先确定,而在固定价格方式下,主承销商根据估值结果及对投资者需求的预计,直接确定一个发行价格。固定价格方式相对较为简单,但效率较低。

(2) 路演

路演(Road Show)是股票承销商帮助发行人安排的发行前的调研与推介活动,主要是为了引起目标人群的关注,使他们产生兴趣,最终达到销售股票的目的。路演是在公共场所进行演说、演示产品、推介理念及向他人推广自己的公司、团体、产品、想法的一种方式。

路演最初是国际上广泛采用的证券发行推广方式,指证券发行商通过投资银行家或者支付承诺商的帮助,在初级市场上发行证券前针对机构投资者进行的推介活动。路演是在投资、融资双方充分交流的条件下促进股票成功发行的重要推介和宣传手段,促进投资者与股票发行人之间的沟通和交流,以保证股票的顺利发行,并有助于提高股票潜在的价值。

路演的主要形式为举行推介会:在推介会上,公司向投资者就公司的业绩、产品、发展方向等做详细介绍,充分阐述上市公司的投资价值,让投资者深入了解具体情况,并回答机构投资者关心的问题。随着网络技术的发展,这种传统的路演同时搬到了互联网上,出现了网上路演,即借助互联网的力量来推广。网上路演现已成为上市公司展示自我的重要平台,推广股票发行的重要方式。

(3) 发行方式

① 公开间接发行

公开间接发行指通过中介机构,公开向社会公众发行股票。我国股份有限公司采用募集设立方式向社会公开发行新股时,须由证券经营机构承销的做法,就属于股票的公开间接发行。这种发行方式的发行范围广、发行对象多,易于足额募集资本;股票的变现性强,流通性好;股票的公开发行还有助于提高发行公司的知名度和扩大其影响力。但这种发行方式也有不足,主要是手续繁杂,发行成本高。

② 不公开直接发行

不公开直接发行指不公开对外发行股票,只向少数特定的对象直接发行,因而不需经中介机构承销。我国股份有限公司采用发起设立方式和以不向社会公开募集的方式发行新股的做法,即属于股票的不公开直接发行。这种发行方式弹性较大,发行成本低;但发行范围小,股票变现性差。

(4)股票上市

发行完成后,发行人向证券交易所提出股票上市申请,由证券交易所依法审核同意,并由双方签订上市协议,股票在交易所挂牌交易。

案 例

## "绿鞋"期权——稳定股价的机制

"绿鞋"期权因美国绿鞋公司首次公开发行股票(IPO)时率先使用而得名。

"绿鞋"期权即发行人在与主承销商订立初步意向书(Letter of Intent)时规定,给予主承销商在股票发行后30天内,以发行价从发行人处购买额外的、相当于原发行数量15%的股票的一项期权。该期权的目的在于为该股票的交易提供买方支撑,同时又避免使主承销商面临过大的风险。

当股票十分抢手、发行后股价上扬时,主承销商即以发行价行使绿鞋期权,从发行人手中购得超额的15%股票以冲掉自己超额发售的空头,并收取超额发售的费用。当股票受到冷落、发行后股价下跌时,主承销商将不行使该期权,而是从市场上购回超额发行的股票以支撑价格并对冲空头,此时实际发行数量与原定数量相等。由于此时市价低于发行价,主承销商这样做也不会受到损失。

在实际操作中,股票超额发售的数量由发行人与主承销商协商确定,一般在5%~15%,并且该期权可以部分行使。

2019年11月28日,中国邮政储蓄银行(下称"邮储银行")首次公开发行A股启动申购,最终配售结果将在12月2日公布。

作为国有大行"A+H"两地上市收官之作,邮储银行的A股IPO进程一直备受关注。不少分析人士认为,邮储银行的发行方案亮点颇多,其中引入超额配售选择权(即"绿鞋"期权)机制稳定股价的效果尤为显著。

招股说明书显示,邮储银行本次发行价格为5.50元/股,发行规模约51.72亿股,约占发行后总股本比例的6%(超额配售选择权行使前),全部为公开发行新股,不设老股转让。

邮储银行授予联席主承销商"绿鞋"期权,若"绿鞋"期权全额行使,则发行总股数将扩大至约59.48亿股,约占发行后总股本的6.84%。

"邮储银行本次上市引入了'绿鞋'机制,意味着新股上市后30天的后市稳定期内,如股价因市场波动出现低于发行价的情况,承销商将从市场上买入股票,稳定二级市场价格,这是近期发行的银行股所没有的。"此次发行联席主承销商中国国际金融股份有限公司董事总经理黄朝晖说。

在A股历史上,仅有工商银行、农业银行、光大银行三单IPO在发行过程中引入"绿鞋"机制。这三家发行人在"绿鞋"期权行使期内股价均表现良好,平均股价涨幅超过10%。在这之后,A股已近十年未有"绿鞋"安排。

联席主承销商中邮证券有限责任公司副总经理于晓军表示:"邮储银行新股发行后

30天之内,如果股价出现低于发行价的情况,将有43亿元的'绿鞋'资金入场稳定价格。"

北京大学法学院教授郭雳表示,"绿鞋"期权是发行人赋予承销商的一项超额配售选择权。获得超额配售选择权的承销商通常可按同一价格超额发售不超过本次发行数量15%的股票,最终超额配售的结果视市场情况在后市稳定期结束后确定。

郭雳还表示,对投资者而言,"绿鞋"机制的作用主要体现在三个方面:一是在考虑投资者需求的基础上,调节股票供应量,使配售数量能更好地符合投资者的真实需求;二是有助于减少股票上市初期的股价波动,有利于股价由一级市场向二级市场平稳过渡,降低投资者在短期内面临的市场风险;三是股票上市初期主承销商在市场上买入股票,也增加了流通性。

(资料来源:香港证券交易所网站,中国邮政储蓄银行H股招股说明书,2019年11月28日)

## 4.2 买壳上市

由于证券监管,上市机会总是稀缺的,而且新公司上市申请既漫长,结果也十分不确定,这就使已经上市的公司的"壳"变得珍贵,演变出"买壳上市""借壳上市"。买壳上市又称"后门上市"、借壳上市或"逆向收购",是指非上市公司购买一家上市公司一定比例的股权来取得上市的地位,然后注入自己有关业务及资产,实现间接上市的目的。买壳方公司买壳上市的成本收益分析见表4-1。

表4-1 买壳上市的成本收益分析

| | 过程 | 成本 | 收益 | 备注 |
| --- | --- | --- | --- | --- |
| 买壳方公司 | 取得壳公司的控制权 | 向壳公司原股东支付的价格 | 壳公司的价值 | 壳公司股权价值的确定比较难 |
| | 剥离壳公司的不良资产 | 向壳公司支付的不良资产的价格 | 所获取的不良资产的价值 | 一般以净资产作为不良资产的价值 |
| | 壳公司反向收购资产 | 优质资产的价值 | 壳公司所支付的价值 | 用公司的目标投资利润率估算价值 |

### 4.2.1 买壳上市的优点

一般而言,买壳上市是民营企业的较佳选择。收购者通过买壳上市主要有以下的好处:

**1. 对上市资产项目的要求较为灵活**

一些有兴趣上市的公司,因为拥有的资产暂时未完全达到上市规则规定的新上市要求,例如在差不多相同的管理层下运作三年,三年盈利水平达到一定标准。在这种情况下,有兴趣上市的公司无须多等一段时间使其资产满足交易所上市规则的要求,可通过收购一家已上市公司,在较短时间内达到上市的目的。

**2. 节省筹备工作和时间**

通过买壳上市,如没有涉及改变公司的主营业务或把大量资产注进或剥离上市公司,收购者可避免做大量和申请上市有关的工作,包括三年会计报告、评估报告、重组、编写招股书和盈利预测等工作,收购上市较直接申请上市可节省数个月的准备和执行时间。

**3. 减省中介机构费用**

由于收购上市所涉及的工作量及时间较直接申请上市少,所以一般需付给中介机构的费用相对地也较少。需要注意的是,在股市低迷时,所要支付的上市公司控股溢价比较低,但是如果股市处于高峰时期,上市公司的控股股东往往要求较高的控股溢价,而收购者需考虑溢价是否合理,衡量时间及成本后再做出决定。

### 4.2.2 壳公司的类型及选择标准

**1. 壳公司的类型**

壳公司(Shell Company)也称壳资源,指那种具有上市公司资格,但经营状况很差,准备成为其他公司的收购对象并注入资产的公司,即成为非上市公司买壳收购目标的上市公司。壳公司有以下三种类型:

(1)实壳公司

实壳公司具有如下特征:

保持上市资格。目标公司最好能具备配股资格。证监会规定,上市公司只有连续三年平均净资产收益率在一定标准以上(最低为6%)时,才有配股资格。买壳上市的主要目的就是配股融资,如果目标公司失去配股资格,也就没有买壳上市的必要了。

业务规模相对较小、业绩一般,总股本与发行在外的流通股规模均较小。小盘股具有收购成本低、股本扩张能力强等优势。特别是流通盘小,易于二级市场炒作,获利机会较大。

股权相对集中。由于二级市场收购成本较高,而且目标公司较少,因此买壳交易大都采取股权协议转让方式。股权相对集中则易于协议转让,而且保密性好,从而为二级市场的炒作创造条件。

股价较低,公司所处的行业不景气。尤其是纺织业、冶金业、零售业、食品饮料、农业等行业,本行业没有增长前景,只有另寻生路。

(2)空壳公司

空壳公司指主营业务陷入困境或遭受重大损失,公司业务萎缩或即将停业,公司已无发展前途,股票仍在股市流通、交易,但股价持续下跌或股票即将停牌交易的壳公司。

(3)净壳公司

净壳公司指无法律纠纷、无负债、无遗留资产的壳公司,其形成原因是:股东决定解散员工、出售资产、清理债务、处理法律纠纷以清理公司,使净壳公司只维持上市资格,便于待价而沽。买壳上市的步骤:取得壳公司控制权,剥离壳公司不良资产;壳公司反向收购资产,业务整合。

买壳上市中,买方往往只对上市公司的壳资源感兴趣,而不是对上市公司本身拥有的资产感兴趣。为了保证买壳后企业运作正常,必须对净壳公司注入新的增长活力,以提高效益,真正实现通过壳公司进入证券市场,达到分享其资源优化配置的目的。

**2. 壳公司的选择标准**

壳公司的选取是买壳上市的第一步,是至关重要的一环,目标公司选择得正确与否,将直接关系到买壳交易能否取得最后成功。

从本质上看,任何公司都是一个"壳",只有在上市公司成为稀缺资源时,壳公司才具有价值。上市公司成为"买壳借壳"上市的目标,主要考虑的因素有"买壳借壳"的成本、可操作性以及能否在证券市场上直接筹集资金等。据此,上市公司是否易成为收购兼并对象,成为"买壳借壳"的目标公司,通常通过下列因素来判断:

(1) 股本结构与股本规模

我国上市公司股本结构种类较多,早期的上市公司大都含有国家股,有的含有法人股、外资股(B股、H股)等,后期上市民营企业较多,股本以个人股为主。如果一家上市公司股权分散,就很容易成为被收购的对象,借壳相对容易;同时,如果一家上市公司国家股或者法人股相对集中的话,通过股权大宗转让也较容易实现借壳上市。

因此,在绝对控股方愿意出让的前提下,股权相对集中的上市公司易成为目标壳公司。在政府行为下的实际操作中,股权协议转让已成为买壳交易的主要方式。股本规模大小,一定程度上反映了买壳成本规模大小,过大的股本规模有可能使收购公司因收购成本过大而难以完成最终收购目标。

(2) 股票市场价格

股票市场价格的高低直接关系到买壳方收购成本大小。对于通过二级市场买入壳公司一定比例流通股,从而完成对壳公司的收购操作,股票价格越低其收购成本就越小。

对壳公司的国家股或法人股股权以协议转让方式进行收购的,确定协议转让价格的主要参考依据之一也是上市公司股票目前的市场价格情况,股票市场价格越低对收购方越有利。因此,股票市场价格越低的上市公司越易成为买壳的对象,即成为目标壳公司。

(3) 经营业务

上市公司的经营业务情况对上市公司的收购兼并具有一定的参考意义,一般经营业务比较单一、产品重复,缺乏规模经济效益和新的利润增长点的上市公司、夕阳产业、根据规划将列入淘汰压缩行业的上市公司较易成为目标壳公司。通过壳的转让,实现壳公司产业产品结构的优化调整。

(4) 经营业绩

经营业绩好坏一定程度上反映了公司经营管理能力与水平的高低。经营业绩比较差,在同行业中缺乏竞争能力,位于中下游水平的上市公司,往往成为拟上市公司买壳的目标。

如果用上市公司近两年每股收益的大小来衡量上市公司业绩的好坏,每股收益小的上市公司易成为目标壳公司,经营业绩极差(如亏损严重)的上市公司,由于买壳后,买方可能要承担过重的债务负担,买方对其的收购热情将降低。若该公司属于政府重点保护扶持对象的话,在收购中可能享受税收、融资及债务处理的优惠,则应另当别论。

(5) 财务结构

上市公司的财务状况是买壳交易中需要考虑的一个相当重要的因素。壳公司财务结构情况如何,是直接关系到交易能否获得成功的一个重要因素。一般来说,财务结构状况好的上市公司不易成为买壳的对象,而财务结构状况很差的上市公司对于买壳方来说,又可能因收购后资产重组所需代价过大而失去收购意义。

因此,财务结构状况一般的上市公司成为目标壳公司的可能性最大,两头的可能性较小。财务结构状况好坏通常可用负债比率、每股净资产以及净资产收益率大小来衡量,负债比率、每股净资产以及净资产收益率适中的上市公司,易成为目标壳公司。

(6) 资产质量

企业资产质量包括企业知名度、人力资源、技术含量以及主营业务利润比重。由于买壳上市更看重的是壳公司的上市公司资格,而非壳公司有形资产,收购方在完成收购后,一般会出售变现原有壳公司的资产。因此,资产质量一般,专业化程度不高的公司,其资产变现相对方便,易成为目标壳公司。

(7) 公司成长性

主营业务利润或利润总额增长率、产品的年销售收入增长率,一定程度上反映了公司的成长性。成长性好的上市公司一般不会轻易成为收购对象,只有那些增长率较长时期徘徊不前(主营业务利润增长率或利润总额增长幅度在±5%左右)的上市公司,易成为目标壳公司。

### 4.2.3 买壳的模式

买壳上市的方式多种多样,操作过程相当复杂,不同方式的买壳上市其动作过程也不尽相同,各具特色,但基本流程如图 4-2 所示。

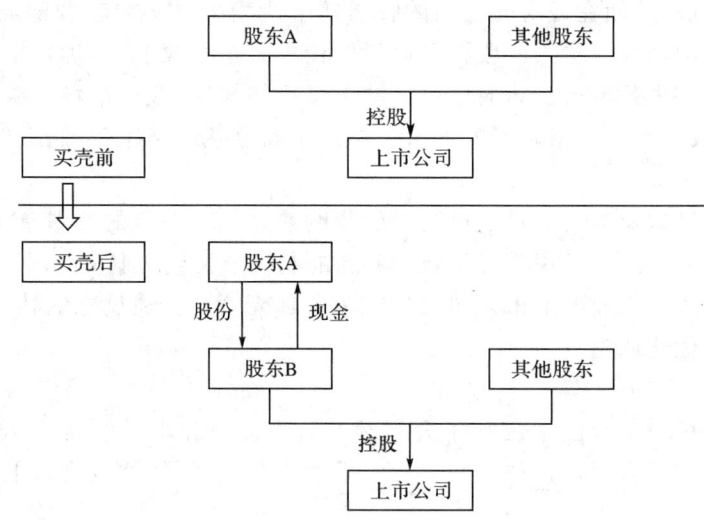

图 4-2 买壳上市流程示意图

**1. 股权有偿转让**

股权有偿转让又称为股权有偿协议转让,是指企业根据股权协议价格,受让目标公司全部或部分股权,从而获得目标公司控制权的并购行为。股权有偿转让的对象一般是国家股和法人股及其配股权。其形式又可分为并购性股权有偿转让和非并购性股权有偿转让。并购性股权有偿转让指股权转让后,企业对目标公司具有控制权。非并购性股权转让指企业的主要目的是投资,而不是控股,但不排除在股份增多的情况下,企业会考虑并购问题。股权有偿转让的特点是:

(1) 股权转让一般是善意并购,在并购前要征得目标公司的同意。

(2) 股份出让方的主要目的是兑现非流通股,减少公司负债,调整投资方向与投资结构,优化资源配置。

(3)股权转让的关键是股权转让价格的确定。转让股份的价格一般依据公司的每股净资产、净资产收益率、实际投资价值(投资回报率)、近期市场价格以及合理的市盈率等因素确定。但在实际操作中,股权转让价格的制定在不同的公司中所依据的标准是不同的,极少数公司的股权转让价格甚至低于每股净资产。

**2. 股权无偿转让或划转**

政府(国有股权的持有者)可以通过行政手段将上市壳公司的产权无偿划归收购公司。对内无偿转让股权是公司股东对内部其他股东无偿转让股权,对外无偿转让股权是对公司外的投资者无偿转让股权。有限责任公司是人合公司,所以对内转让股份和对外转让股份所受到的法律限制是不同的。有限责任公司的股东可以自由地将股权转移给公司内部其他任何股东,《公司法》对其没有限制。但是,对于对外转让股权,《公司法》是规定了程序性的限制条件的,该法规定:

股东向股东以外的人转让股权,应当经其他股东过半数同意。股东应就其股权转让事项书面通知其他股东征求同意,其他股东自接到书面通知之日起满三十日未答复的,视为同意转让。其他股东半数以上不同意转让的,不同意的股东应当购买该转让的股权;不购买的,视为同意转让。

经股东同意转让的股权,在同等条件下,其他股东有优先购买权。两个以上股东主张行使优先购买权的,协商确定各自的购买比例;协商不成的,按照转让时各自的出资比例行使优先购买权。

公司章程对股权转让另有规定的,从其规定。

**3. 二级市场收购**

二级市场收购,是指企业通过二级市场收购上市公司的流通股,从而获得对该上市公司的控制权的并购行为。《证券法》规定,投资者持有一个上市公司已发行股份的5%时,应在该事实发生之日起三日内,向国务院证券监督管理机构、证券交易所做出书面报告,通知该上市公司并予以公告,并且履行有关法律规定的义务。业内称之为"举牌"。举牌收购上市公司取得控制权,不但可以取得上市公司的壳资源,而且能够将产业资本与上市公司两者的资源优势互补。在壳资源稀缺的情况下,举牌收购给图谋上市的产业资本提供了另外一种借壳上市的途径。因此,市场的追捧往往源于举牌后的重组预期。

## 北大方正收购延中实业

延中实业是二级市场上典型的三无概念股——无国家股、无法人股、无外资股,其公司股份全部为流通股,股权结构非常分散,没有具备特别优势的大股东,在收购行动中最容易成为被逐猎的目标。1993年9月,宝安集团就曾在二级市场上收购延中实业,拉开了中国上市公司收购的序幕。

1998年2月5日,北大方正及相关企业在二级市场举牌收购延中实业,随后将计算机、彩色显示器等优质资产注入了延中实业,并改名为方正科技,成为第一家完全通过二级市场收购实现借壳上市的公司。

(资料来源：上海证券交易所网站，上海延中实业股份有限公司公告，2018年2月至5月）

**4. 资产置换式收购**

资产置换式收购指收购方以资产或其持有的其他公司的股权来换取壳公司的股权。上市公司用一定的资产并购等值优质资产的产权交易，是上市公司并购其他资产的一种特殊形式。这种方式如果运作成功，则可以实现两方面的目的，一方面可以植入优质资产，另一方面可以将企业原有的不良资产、低盈利资产置换出去，实现企业资产的双向优化。

壳公司原控股股东将所持有的壳公司股份通过股权转让协议方式协议转让给拟借壳上市企业，后者以现金作为对价收购该部分股份。借壳方完成对上市壳公司的控股后，与上市壳公司进行资产置换，收购其原有业务及资产，同时将拟上市的业务及资产注入上市公司，作为收购其原有资产的对价。这种买壳方法常见的辅助交易有注入资产的评估值高于置出资产，差额部分作为上市公司对大股东的免息债务，无偿使用若干年。

## 4.2.4 反向收购

反向收购指非上市公司股东通过收购一家壳公司（上市公司）的股份控制该公司后，再由该公司反向收购非上市公司的资产和业务，使之成为上市公司的子公司。反向收购主要有三个方面的工作。

**1. 清壳**

清壳即壳公司的资产剥离过程，剥离上市公司原有不良资产。判断壳公司是否容易清壳的方法有以下四种：

(1)看负债

一般来说，监管机构为了防止上市公司通过重组逃废金融债务，对金融债务转移的关注程度远高于对一般债务转移的关注程度。另外，债务转移需要取得债权人的同意，通常金融机构对于债务转移的顾虑更多，决策谨慎，且需要的内部审批层级多，流程长，所以取得金融机构债务转移同意函的难度更大。因此，金融负债多的壳公司，清壳难度大。

(2)看员工

对于民营企业来说，与员工协商解除劳动合同往往比较容易，即使无法协商解除，也可以按照《中华人民共和国劳动合同法》（以下简称《劳动合同法》）以转产为理由进行经济性裁员，按照法律规定支付经济补偿金。但是，现阶段国有公司对员工存在超出法律规定的、隐形的就业保证和"身份保证"，且冗员较多，员工在就业市场上竞争力差，所以解除与员工劳动合同的成本高，难度大。

(3)看资产

对于母公司本身是具有控股权的企业，主要业务通过子公司开展的壳公司来说，资产置出意味着转让持有的子公司的股权，而只要股权转让完成了，子公司的资产、负债、人员一并随之置出；而对于大量业务在母公司名下开展，母公司直接持有土地、房屋、知识产权等各项资产并直接承担债务的壳公司来说，资产置出意味着逐项转移资产负债并解除与职工的劳动合同，涉及的物权及知识产权变更登记手续复杂，并可能涉及土地增值税等税费，清壳难度增加。

(4) 看股东

上市公司的清壳工作,通常由原有控股股东或实际控制人负责并承担兜底责任。原有控股股东或实际控制人实力雄厚,资金充裕,往往能够切实履行清壳义务。原有控股股东或实际控制人资金匮乏,很多问题无力解决,清壳的难度将大大增加。

**2. 资产注入**

将新股东的优质资产注入上市公司,通过资产重组,上市公司主要得到的收益是优质资产所产生的新利润。向壳公司注入优质资产,使壳公司资产质量、经营业绩发生质的飞跃,与此同时尽快收回投资。注入优质资产是收购方培育壳公司的重要手段。

原则上注入的资产应该质量较高、盈利能力较强、与上市公司业务关联比较密切,这样有助于提升上市公司业绩,所以市场反应会提升股价。同时也可能是上市公司发起人(自然人或公司)的另外一些非上市的资产注入上市公司中去。

**3. 资产置换**

用买壳方的优良资产来置换原有的不良资产,这是反向收购的一种重要方式。

资产置换指上市公司控股股东以优质资产或现金置换上市公司的呆滞资产,或以主营业务资产置换非主营业务资产等情况,包括整体资产置换和部分资产置换等形式。资产置换被认为是各类资产重组方式当中效果最快、最明显的一种方式,被经常使用。上市公司的资产置换行为非常普遍。资产置换后,公司的产业结构将得以调整,资产状况将得以改善。

资产置换的注意事项主要有:

(1) 双方的公允价值和计税价值。

(2) 换出资产的税的处理和换入资产进项税的处理。

(3) 换出资产在换前的业务处理,比如换出固定资产要先通过清理。

(4) 换入资产的入账价值。

(5) 流转税和所得税,比如,税法上对此叫以物易物,视同销售和购买两个环节,此时换出的资产就涉及所得税的调整。

(6) 有关部门的文件,比如换出的资产是抵押的资产或是投资者以实物投资投入的资产。

## 4.2.5 业务重组

业务重组是买壳上市的最后一步,直接影响上市公司股价的表现。业务重组是指对被改组企业的业务进行划分,从而决定哪一部分业务进入上市公司业务的行为。它是企业重组的基础,是其重组的前提。重组时着重划分经营性业务和非经营性业务、营利性业务和非营利性业务、主营业务和非主营业务,然后把经营性业务和营利性业务纳入上市公司业务,剥离非经营性业务和非营利性业务。

**1. 业务重组的原则**

(1) 规模效益原则

在产业结构上考虑能取得较大销售收入的产业,以做大做强为主要战略调整目标,实现规模效益。

(2) 盈利能力原则

为了重组后企业具有较好的盈利能力,需要对现有业务进行梳理,根据最近的财务数据,利用波士顿矩阵模型的市场竞争力和获利能力两个指标,整理出明星业务、现金牛业务、问号业务和瘦狗业务。根据业务重组的目的,针对不同类别的业务选择不同的处理方案。

(3) 注重可操作性原则

参与重组的企业规模大小不一、盈利能力不同、股权结构复杂程度不同,因此为保证方案的可操作性,重组一般按先易后难、注重可操作性的原则设计。

(4) 完整产业链原则

在产业链中处于原材料及主要产品的优势地位业务,划入优先遴选范围。

(5) 可持续发展原则

对参与重组的业务,要注重其可持续发展能力,对已进入后成熟期或衰退期的业务要慎重整合。

**2. 业务重组的实施过程**

(1) 分析企业发展战略及重组目的;

(2) 对业务重组进行可行性分析;

(3) 制订各种可行的重组方案;

(4) 评价并选择重组方案;

(5) 实施重组方案;

(6) 完成重组方案后的整合。

**3. 业务重组的注意事项**

业务重组的成功实施对于企业的继续发展有重要的作用,而对其注意事项的了解是保障其成功实施的前提。

(1) 实施企业重组,增强核心竞争活力

企业陷入低谷时,不能轻言放弃。企业要努力通过重组,大力加强经营集约化水平,要向一流的企业看齐,苦练内功,不断增强自身的核心竞争活力和能力,增强对市场冲击的对抗能力。

(2) 开发人力资源,塑造一流团队

企业的竞争,就是人才的竞争。人才和团队的竞争力将是决定企业市场竞争能力的重要因素。从人力资源开发角度来看,一些私营企业由于忽视人才战略和团队建设,特别是营销团队建设,导致企业市场竞争能力低。

(3) 集中有限资源,提升研发效益

为提高可持续发展能力,企业通过融资,挖掘内力,大力增强研发力量,集中资源,增强产品的自主开发能力,掌握市场竞争的主动权。

## 4.3 两地上市

### 4.3.1 两地上市的概念和形式

两地上市就是指一家公司的股票同时在两个证券交易所挂牌上市。对一家已上市的公司来说,如果准备在另一个证券交易所挂牌上市,那么它可以有两种选择:一是双重上市,即在境外发行不同类型的股票,并将此种股票在境外市场上市。我国有些公司既在境内发行 A 股,又在香港发行上市 H 股,就属于此种类型。另一种形式是在两地都上市相同类型的股票,并通过国际托管银行和证券经纪商,实现股份的跨市场流通。此种方式一般又被称为第二上市,以存托凭证,如美国存托凭证(American Depository Receipts,ADR),在境外市场上市交易就属于这一类型。

从证券市场的实际运行情况来看,将股票在两个市场同时上市具有许多优点:

(1)扩大股东基础、增强筹资能力。

每一个国际性证券交易所都拥有自己的投资者群体,因此,将股票在多个市场上市会迅速扩大股东基础,提高股份流动性,增强筹资能力。公司股票在不同市场上市还有利于提高公司在该上市地的知名度,增强客户信心,从而对其产品营销起到良好的推动效果。

通过两个市场上的流通转换,提升股价。企业往往选择市场交易活跃、平均市盈率高的证券交易所作为第二上市地,通过股份在两个市场间的流通转换,使股价有更好的市场表现。

(2)有利于提高经营管理水平。

为满足当地投资者对于公司信息披露的要求,公司须符合第二上市地的法律、会计、监管等方面的规定,从而为公司的国际化管理创造条件,有利于公司提高经营管理水平。正因为两地上市具有这些优点,所以国际上许多著名的跨国企业都分别同时在全球的不同交易所上市交易。

### 4.3.2 双重上市

双重上市指同一家公司分别在两个不同的证券交易所挂牌上市融资的现象,国内典型的双重上市现象是"A+H"上市。从发行模式上看,"A+H"上市主要有"先 H 后 A 模式""先 A 后 H 模式"以及"A、H 同步发行模式"三种类型。

国内首家实现双重上市的公司是青岛啤酒股份有限公司,该公司在 1993 年 7 月登陆香港上市,8 月底又发行 A 股上市。截至 2022 年末,国内共有 220 家 A、H 双重上市的企业,其中采用"先 H 后 A 模式"的企业非常多,主要是因为企业在内地证券市场上市的条件要比香港更严格,其中主营业务、资产质量、盈利状况等方面的要求都严于香港,因此早期很多企业都选择"先 H 后 A 模式"上市。2019 年在科创板上市的中国通号就是"先 H 后 A 模式"的典型代表。

**中国通号科创板上市**

中国通号于 2015 年 8 月在 H 股上市,发行价为 6.30 港元/股,发行估值为 553.8 亿港元。截至 2019 年 4 月 16 日,中国通号(03969)收盘价为 6.12 港元,市值为 537.9 亿港元。2019 年 4 月 16 日,中国通号申请科创板上市,拟募资 105 亿元,这是目前科创板获受理的 92 家企业中,募资总额最高的公司,新发行股份占比为 20%。

2019年7月22日,中国通号正式在A股科创板挂牌上市。首次发行价格为5.85元/股,发行数量为18亿股,募集资金105.3亿元,成为登陆科创板的首家大型央企和"A+H"公司。

值得关注的是,中国通号此前申购十分火爆,是科创板首只超过300万户申购的股票,网上初步有效申购倍数达665倍。中国通号在A股科创板上市后的表现亦获多家机构看好。

(资料来源:香港证券交易所网站,中国铁路通信信号股份有限公司H股上市公告,2015年8月7日。上海证券交易所网站,中国铁路通信信号股份有限公司A股上市公告,2015年8月7日)

### 4.3.3 第二上市

第二上市是指公司在两地上市相同类型的股票,通过国际托管行和证券经纪商可以实现股份跨市场流通,第二上市的股票主要以存托凭证的形式存在。存托凭证(Depository Receipts,DR)又称存券收据或存股证,指在一国证券市场上流通的代表外国公司有价证券的可转让凭证,存托凭证由存托人签发,以境外证券为基础在境内发行,代表境外基础证券的权益,属公司融资业务范畴的金融衍生工具。存托凭证一般代表公司股票,但有时也代表债券。

双重上市与第二上市在监管与跨境流通方面具有较大差别:

监管方面:双重上市的公司需要完全遵守两地交易所的规定,第二上市的公司对于部分规则享有豁免权。

跨市场流通方面:双重上市的股票无法跨市场流通,部分以存托凭证第二上市的股票允许注销存托凭证后实现跨市场流通。

第二上市与首发上市的区别有:

(1)已境外上市的红筹企业发行存托凭证境内上市属于第二上市

截至2020年底,已在境外上市的创新企业,符合试点企业要求(市值不低于2 000亿人民币)的"独角兽"公司为6家,包括阿里巴巴、腾讯、百度、京东、网易和即将在港上市的小米集团。这些企业若在境内发行存托凭证上市则属于第二上市,并且根据《存托凭证发行与交易管理办法》(试行),对于已在境外上市的基础证券相关信息披露,可以根据境外上市地的监管水平以及境外基础证券发行人公司治理、信息披露等合规运作情况,对其信息披露事项做出具体规定。若相关信息披露确实存在不适用国内市场规定情形,可以根据证监会相关规定申请豁免或暂缓披露相关信息。

(2)未在境外上市的红筹企业在境内上市属于首发上市

截至2020年底,未在境外上市且符合试点要求(营收不低于30亿人民币,估值不低于200亿人民币)的"独角兽"企业不足30家,包括滴滴出行、阿里云等。只要是符合股票发行上市要求的试点企业都可以直接在境内发行股票上市,若部分受制于VIE架构限制的企业则可发行存托凭证境内上市,这些首次上市的企业则需要完全遵守交易所的各项规定。

 案 例

### 阿里巴巴香港第二上市

阿里巴巴2019年11月26日在港交所主板正式上市,股票代码为"9988",募资金额预计约为880亿港元,这也是9年来中国香港股票市场规模最大的上市交易,同时也是全球第二大跨境上市案例,多家国际知名金融机构担当承销角色,投资者参与数量近20万户。

阿里巴巴-SW(09988)此次发行5亿股H股,香港公开发售占10%,国际发售占90%,超额配股权并未获行使。每股定价176.00港元,每手100股,其中香港公开发售超购41.44倍,投资者参与数量近20万户,为19.57万户。全球发售净筹约875.57亿港元。

阿里巴巴按176港元的发行价,承销费用为每股0.44港元,承销费率为0.25%。阿里巴巴在香港发行5亿股新股,支付的承销费用为2.20亿港元。如果超额配售7 500万新股全部行使的话,全部承销费用则达2.53亿港元。加上其他上市费用,阿里巴巴的上市费用在4.43亿港元左右。

阿里巴巴在美国发行的是ADR(美国存托凭证),在香港发行的是普通股,一个ADR等于八个普通股。ADR的一个重要优点是具有比一般股票更高的流动性,不仅存托凭证之间可互换,也可与其他证券互换。由此看来,阿里巴巴在香港上市,由于ADR和港股可以互换,所以两地的市值应该会趋向于一致,而阿里巴巴大部分股份在美国交易,纽交所中的股价可能更有指导意义。

(资料来源:香港证券交易所网站,阿里巴巴-SW(09988)H股上市公告,2019年11月26日)

## 4.3.4 存托凭证

以股票为例,存托凭证是这样产生的:某国的一家公司为使其股票在外国流通,就将一定数额的股票,委托某一中间机构(通常为一银行,称为保管银行或受托银行)保管,由保管银行通知外国的存托银行在当地发行代表该股份的存托凭证,之后存托凭证便开始在外国证券交易所或柜台市场交易。从投资人的角度来说,存托凭证是由存托银行所发行的几种可转让股票凭证,证明一定数额的某外国公司股票已寄存在该银行在外国的保管机构,而凭证的持有人实际上是寄存股票的所有人,其所有的权利与原股票持有人相同。存托凭证一般代表公司股票,但有时也代表债券。存托凭证的当事人,在本地有证券发行公司、保管机构,在国外有存托银行、证券承销商及投资人。按其发行或交易地点之不同,存托凭证被冠以不同的名称,如美国存托凭证、全球存托凭证、中国存托凭证等。

**1. 美国存托凭证**

美国存托凭证是美国商业银行为协助外国证券在美国交易而发行的一种可转让证书。通常代表非美国公司可公开交易的股票和债券。股票通过美国存托凭证方式上市有

以下优点：

(1) 提高发行公司在国外市场的知名度，拓展境外筹资渠道，为日后直接在美国市场发行证券奠定基础。

(2) 具有比一般股票更高的流动性。不仅存托凭证之间可互换，也可与其他证券互换。

(3) 降低交易成本。美国存托凭证大多在美国证券交易委员会注册，被看作是一种美国证券，可以在美国的证券交易所市场或柜台交易市场进行自由交易，便于非美国公司进入美国证券市场。

美国存托凭证的类型主要有：

(1) 无主办人的ADR：由一家或几家信托银行视市场情况而发行，与外国发行公司之间无正式协议。

(2) 有主办人的ADR：由外国发行公司通过信托协议书或服务合同指定的一家信托银行来发行，包括一级、二级、三级和144A规则下的ADR四种。有主办人的ADR只能一家信托银行发行，且不能发行无主办人的ADR。

一级ADR：只能在柜台交易市场(OTC)交易，是最简便的在美上市交易方式。美国证监会(SEC)对一级ADR的监管要求也是很少的，不要求发布年报，也不要求遵从美国会计准则(GAAP)。一级ADR是以数量计占比最高的一类ADR。

二级ADR：可以在证交所上市，条件严格，必须符合SEC的注册和申报要求，按照GAAP编制会计报告，履行严格的信息披露义务，还必须满足上市要求。适用于希望不公开售股而提高股份流动性和公开性的非美国公司。

三级ADR：通过公开募股出售给公众的ADR。在一家交易所上市，必须按GAAP编制会计报告，符合上市要求。适用于筹集4 000万美元以上资金，且该国对外国投资没有限制，成本50~200万美元。如上海石化、华能国际等公司就是通过三级ADR在纽约交易所上市。

144A规则下的ADR：由于美国联邦法律对证券发行有严格的注册和信息披露要求，许多外国公司因此不愿在美国资本市场发行证券。为此，美国证监会于1988年起草、1990年颁布实施了"144A规则"(即"在私募市场面向机构的证券再销售")，主要目的是吸引外国企业在美国资本市场发行证券，提高美国国内私募证券市场的流动性和有效性。根据144A规则的规定，发行人可以发行不受美国证监会的注册和信息披露要求限制的证券，但这些证券只能在私募市场向QIB(Qualified Institutional Buyer，合格的机构认购者)发行并只能在QIBs之间交易，称为受限证券(Restricted Securities)，即144A规则下的ADR。该证券可以进入美国私募市场，不必遵循SEC全套登记及信息披露要求，成本大大降低。

**2. 全球存托凭证**

全球存托凭证(Global Depository Receipts，GDR)亦称国际存托凭证，存托凭证的一种，在全球公开发行，可以在两个或更多金融市场上交易的股票或债券。较之在国外发行和上市股票，全球存托凭证可克服国外投资者在股票买卖、分红派息、配股及行使其他股东权利等方面的诸多不便。其特点是：

(1) 同时在全球股票市场上发行，一般包括美国144A规则下的不公开发行和在美国以外的国家的公开发行。

(2)它适合于保管信托公司欧洲清算组织和国际清算组织等清算交割。

(3)跨越多个市场进行交易,并且以各个市场的货币进行清算。

(4)在美国以外的全球存托凭证不能进入美国公开市场上市,但可以按144A规则出售给特定机构投资者。

将美国存托凭证和全球存托凭证进行对比,可以看出二者的区别主要在于发行范围不同。ADR是美国商业银行为协助外国证券在美国交易而发行的一种可转让证书,GDR是在全球公开发行,可以在两个或更多金融市场上交易的股票或债券。从本质上来看,ADR与GDR是一回事,都是存托凭证,都属于境外发行的范畴,两者都以美元标价,都以同样的标准进行交易和交割,两者股息都以美元支付,而且存托银行提供的服务及有关协议的条款与保证都是一样的。

案 例

### 华泰证券GDR发行项目获评IFR Asia年度最佳股权融资发行案例

《亚洲金融评论》(IFR Asia)2019年亚太最佳投行评选结果揭晓,华泰证券GDR发行项目获评年度最佳股权融资发行案例(EQUITY ISSUE-Huatai Securities US$1.7bn GDR sale)。此次评选,来自亚太范围12个国家、地区共74家投行和金融机构参与角逐2019年优秀融资案例、最佳投资银行、融资顾问以及承销商。

IFR Asia认为,"华泰证券在伦敦以17亿美元的规模发行GDR(全球存托凭证),具有里程碑意义,标志着令人期待已久的上海和伦敦资本市场互通正式开启,连接了两个有着高度影响力的国际金融中心,并为中国公司在境外融资开辟了新渠道。华泰证券GDR的上市在各方面都超出预期,来自英国及其他境外市场的基金(包括一些超过1亿美元的大额订单)让华泰证券出售的股份数量超出了原定计划。即使GDR开放兑回A股后,仍在英国二级市场上保持稳定的交易份额,流动性出人意料地强劲"。

(资料来源:上海证券交易所网站,华泰证券股份有限公司公告,2019年12月23日)

**3. 中国存托凭证**

中国存托凭证(Chinese Depository Receipts,CDR),指在境外(包含中国香港)上市的公司将部分已发行上市的股票托管在当地保管银行,由中国境内的存托银行发行、在境内A股市场上市、以人民币交易结算、供国内投资者买卖的投资凭证,从而实现股票的异地买卖。

2018年6月,中国证监会审议通过了《存托凭证发行与交易管理办法》(试行),2023年2月修订。市场最为关注的创新企业盈利指标问题得到明确:符合条件的创新企业不再适用有关盈利及不存在未弥补亏损的发行条件。

具体来看,《存托凭证发行与交易管理办法》对支持创新企业在境内发行上市做了系统制度安排,主要内容包括:

(1)明确境外注册的红筹企业可以在境内发行股票;

(2)推出存托凭证这一新的证券品种,并对发行存托凭证的基础制度做出安排;

(3)进一步优化证券发行条件,解决部分创新企业具有持续盈利能力,但可能存在尚未盈利或者未弥补亏损的情形;

(4)充分考虑部分创新企业存在的 VIE 架构、投票权差异等特殊的公司治理问题,做出有针对性的安排。

### 4.3.5 中国企业境外上市

境外上市是指国内股份有限公司向境外投资者发行股票,并在境外证券交易所公开上市。我国企业境外上市有直接上市与间接上市两种模式。境外上市的优势有适用法律更易被各方接受、审批程序更为简单、可流通股票的范围广、股权运作方便以及税务豁免等。

**1. 境内注册境外上市**

境内注册境外上市,又称直接上市,即直接以国内公司的名义向国外证券主管部门申请发行的登记注册,同时发行股票(或其他衍生金融工具),向当地证券交易所申请挂牌上市交易,即我们通常说的 H 股、N 股、S 股等。H 股,指中国企业在香港联合交易所发行股票并上市,取 Hong Kong 第一个字母"H"为名;N 股,指中国企业在纽约交易所发行股票并上市,取 New York 第一个字母"N"为名,同样,S 股是指中国企业在新加坡交易所上市。

通常,境外直接上市都是采取 IPO(首次公开募集)方式进行。境外直接上市的主要困难在于:国内法律与境外法律不同,对公司的管理、股票发行和交易的要求也不同。进行境外直接上市的公司需与中介机构密切配合,探讨出能符合境内、境外法规及交易所要求的上市方案。

境外直接上市的工作主要包括两大部分:国内重组、审批(证监会已不再出具境外上市"无异议函",也即取消对涉及境内权益的境外公司在境外发行股票和上市的法律意见书的审阅)和境外申请上市。

适用企业:国有企业、纯内资企业。

股份流通性:中国为外汇管制国家,发起人股份不可以上市流通,只允许在股份公司成立满三年后进行股权转让。

审批程序:拟上市公司需向中国证监会提出境外上市申请,经审批同意后才可以向香港联交所递交上市申请。

激励机制:由于 H 股为境外发行外资股,受中国现行政策限制,境内人士不可以行使认股期权。

**案例:农夫山泉发行境外上市外资股**

2020 年 7 月 31 日,证监会核准农夫山泉发行不超过 13.8 亿股境外上市外资股,每股面值人民币 0.1 元,全部为普通股。完成本次发行后,农夫山泉可到香港交易所主板上市。核准农夫山泉股东养生堂有限公司等 70 名股东所持合计 45.88 亿股境内未上市股份转为境外上市股份,相关股份完成转换后可在香港交易所上市。

农夫山泉 2020 年 9 月 8 日早间正式以"9633"为证券代码在港交所挂牌上市。农夫山泉本次发行募资净额 81.49 亿港元,其中公开发售部分获 1148 倍超额认购,冻结资金 6 777 亿港元。这一数字已超过 2008 年 3 月中铁建(01186.HK)的 5 354 亿港元,成为港股 IPO 历史上的"冻资王"。

上市首日农夫山泉开盘大涨,后续回吐至每股 33.10 港元,仍较每股 21.5 港元的发行价上涨 54%,市值达到 3 703 亿港元。

(资料来源:香港证券交易所网站,农夫山泉股份有限公司 H 股上市公告,2020 年 9 月 8 日)

#### 2. 境外注册境外上市

境外注册境外上市是以间接方式在海外上市,即国内企业境外注册公司,境外公司以收购、股权置换等方式取得国内资产的控制权,然后将境外公司拿到境外交易所上市。间接上市主要有两种形式:买壳上市和造壳上市。其本质都是通过将国内资产注入壳公司的方式,达到拿国内资产上市的目的,壳公司可以是上市公司,也可以是拟上市公司。具体流程为在境外(如香港、英属维京群岛(BVI)、百慕大、开曼群岛)注册公司,将境内资产及业务注入,并进行股权交换,以境外注册公司上市。

适用企业:外商投资企业、中外合资企业。

股份流通性:由于上市主体为境外控股公司,因此公司发行的股份在经过上市锁定期后可全部流通。

审批程式:拟上市公司境内律师需向中国证监会提交法律意见书,经同意后才可以向香港联交所递交上市申请。

激励机制:可行使认股期权(但是对中国公民身份的雇员,认股期权的形式仍不适用)。

#### 3. 红筹股

红筹股这一概念诞生于 20 世纪 90 年代初期的香港股票市场。香港和国际投资者把在境外注册、在香港上市的那些带有中国大陆概念的股票称为红筹股。

早期的红筹股,主要是一些中资公司收购香港中小型上市公司后改造而形成的,如"中信泰富"等。近年来出现的红筹股,主要是内地一些省市将其在香港的窗口公司改组并在香港上市后形成的,如"上海实业""北京控股"等。

(1)红筹股定义的两种观点

红筹股 A:这种观点认为应该按照权益多寡来划分。如果一家上市公司股东权益的大部分直接来自中国大陆,或具有大陆背景,也就是为中资所控股,那么,这家在中国境外注册、在香港上市的股票才属于红筹股之列。1997 年 4 月,恒生指数服务公司着手编制恒生红筹股指数时,就是按这一标准来划定红筹股的。由于恒生指数的实用性,这一种划分方法被广泛使用。

红筹股 B:这种观点认为应该按照业务范围来区分。如果某个上市公司的主要业务在中国大陆,其盈利中的大部分也来自该业务,那么,这家在中国境外注册、在香港上市的股票就是红筹股。国际信息公司彭博资讯所编制的红筹股指数就是按照这一标准来遴选的。

### 北京控股香港上市

北京控股有限公司成立于1997年,由北京市八家优质资产组合而成,经历了上市、重组、转型、资源整合等一系列改革和资本运作后,目前已蜕变成一家大型综合性公用事业公司,主营业务涵盖城市燃气、城市水务和固废处理三大公用事业板块,此外还拥有以燕京啤酒为主的消费业务板块。

北京控股的国有背景强大,控股股东系北京市国资委全资所有的北京控股集团有限公司(北控集团)。北控集团是北京市资产规模最大的国有企业之一,北京控股是其核心上市旗舰平台。

1997年5月29日,北京控股在香港联交所挂牌上市。北京控股的上市,创下了IPO集资金额数、市盈率倍数、超额认购倍数等多项港股记录,引领了香港回归前后港股红筹高潮。

(资料来源:香港证券交易所网站,北京控股有限公司H股上市公告,1997年5月29日)

(2)红筹回归

红筹回归指中国的股份制公司(主业务在大陆)在香港发行股票并在港交所挂牌交易,之后根据公司发展,需要再次融资,又在大陆发行股票,将在境外上市的股票转回A股上市。

在红筹回归的发行方式方面,主要包括以下三种回归路径:CDR模式(发行存托凭证)、联通模式、直接发行A股模式。

联通模式是采用分拆子公司方式在国内上市,这种双重结构容易导致公司治理方面出现问题,同时,也不符合目前整体上市的思路。而CDR模式则适用于真正的外资公司,采用CDR模式,将涉及外汇管制,所涉及环节较多,不如直接发行A股简单。同时,托管和存托业务将使主要市场利益流入外资金融机构。在发行A股时,监管层支持存量发行方式,即总股本不变,由大股东拿所持有的上市公司股份到A股市场上出售给流通股股东。而鼓励存量发行的最大优点是能缓解资金流动性过剩的压力。不过,由于两地上市,上市公司管理办法等法律法规必然有所不同,这将导致红筹上市在部分细节上仍存在着问题。如公司治理方面,内地有关监事会、独立董事、公司章程、股东大会通知召开和表决方式、高管兼职等方面的规定,与香港就存在着差异;内地股票和红筹股面值不统一也是个需要解决的问题。

### 中芯国际红筹模式回A

2020年6月1日,中芯国际科创板上市申请获得正式受理;6月4日,上交所即对中芯国际发出首轮问询;6月7日,中芯国际完成长达208页的首轮问询回复,创下科创板审核问询最快回复纪录;6月19日,中芯国际上会赴考。从受理至首发上会,中芯国际仅用时19天,节奏可谓迅猛。

2020年7月16日,中芯国际正式登陆科创板。这次上市之所以备受瞩目,一方面在于中芯国际所在的行业,是国家战略所在;另外一方面就在于中芯国际此次的募资金额高达462.87亿元,是A股近10年来最大规模的IPO。市场一开盘,中芯国际股价就开始迅速上涨,仅仅90分钟就有超过360亿资金成交,成为市场名副其实的"吸金王",最高涨幅在245.96%。中芯国际收盘在88.92元,上涨200%,直接将中芯国际的市值推向6 000亿。

在业内看来,国产芯片龙头中芯国际"回A"提速为资本市场提供了示范性意义,展现的是注册制下科创板对高科技标杆企业乃至中概股回归的大力支持。对于近期红筹回归利好频传,上交所方面向《科创板日报》表示,针对科创企业发展特性,科创板推出"5+2"套"以市值为核心"的上市标准体系,包括未盈利企业、红筹企业、差异表决权等,为各种类型科技创新企业打开了境内上市的大门。

上交所发布的《关于红筹企业申报科创板发行上市有关事项的通知》(以下简称《通知》),对红筹企业申报科创板发行上市中,涉及的对赌协议处理、股本总额计算、营业收入快速增长认定、退市指标适用等事项,做出了针对性安排。该《通知》的发布,与中国证监会此前降低已上市红筹企业境内发行上市条件、明确存在协议控制架构红筹企业发行股票和尚未境外上市红筹企业境内减持存量股份用汇事宜处理等规定一起,进一步完善和细化了与红筹企业回归境内发行上市直接相关的配套制度,打通了红筹企业境内发行上市"最后一公里",将有助于红筹企业利用好包括科创板在内的境内资本市场。

(资料来源:上海证券交易所网站,中芯国际集成电路制造有限公司A股上市公告,2020年7月16日)

## 思考题

1. 企业上市的种类有哪些,它们都有什么利弊?
2. 企业在主板、创业板、科创板上市的条件是什么,有何共性?
3. 企业发行上市的程序是什么?
4. 买壳上市的模式有几种,有何利弊?
5. 为什么有的企业选择两地上市,形式有哪些?

思政园地

# 第 5 章　证券经纪与交易

## 5.1　证券交易概述

### 5.1.1　证券交易市场

证券交易市场,又称二级市场、次级市场、证券流通市场,指已发行的有价证券买卖流通的场所,是有价证券所有权转让的市场。证券交易市场为证券持有者提供变现能力,在其需要现金时能够出卖证券得以兑现,并且使新的投资者有投资的机会。证券交易市场有场内交易和场外交易两种。证券公司是重要的金融中介机构,投资者通过它与证券交易所取得联系,具体交易则委托证券交易商、经纪人等代为办理。

(1)场内交易市场

场内交易市场指由证券交易所组织的集中交易市场,有固定的交易场所和交易活动时间,在多数国家它还是唯一的证券交易场所,因此是最重要、最集中的证券交易市场。证券交易所接受和办理符合有关法律规定的证券上市买卖,投资者则通过证券经纪商在证券交易所进行证券买卖。

证券交易所不仅是买卖双方公开交易的场所,而且为投资者提供多种服务,交易所随时向投资者提供在交易所挂牌上市的证券的交易情况,如成交价格和数量等;提供发行证券企业公布的财务情况,供投资者参考。交易所制定各种规则,对参加交易的经纪人和自营商进行严格管理,对证券交易活动进行监督,防止操纵市场、内幕交易、欺诈客户等违法犯罪行为的发生。交易所还要不断完善各种制度和设施,以保证正常交易活动持续、高效地进行。

证券交易所的组织形式一般分为会员制和公司制两种类型。

①会员制

会员制证券交易所是不以营利为目的的法人。证券交易所的会员由证券公司等证券商组成,只有取得证券交易所会员资格之后,证券商才能在证券交易所参加交易。会员制证券交易所强调自治自律、自我管理,会员向证券交易所承担的责任仅以缴纳会费为限。

由于会员制证券交易所不以营利为目的,因此收取的费用较低,证券商和投资者的负担相应地也较轻。在发生交易纠纷时,证券交易所不负赔偿责任,由会员和买卖双方自己解决。

②公司制

公司制证券交易所由银行、证券公司等作为股东组成,其组织结构和有关的权利义务等法律关系均以公司法的规定为准。公司制证券交易所以营利为目的,证券商的负担较重,而且因其主要收入来自成交额佣金,为增加证券交易所自身的利益可能会人为制造证券投机行为,或者推波助澜,扰乱证券市场。公司制证券交易所对所内交易具有担保责任,并设有赔偿基金。

(2) 场外交易市场

场外交易市场又称柜台交易或店头交易市场,指在交易所外由证券买卖双方当面议价成交的市场,它没有固定的场所,其交易主要利用电话进行,交易的证券以不在交易所上市的证券为主,在某些情况下也对在证券交易所上市的证券进行场外交易。场外交易市场中的证券商兼具证券自营商和代理商双重身份。作为自营商,他可以把自己持有的证券卖给顾客或者买进顾客的证券,赚取买卖价差;作为代理商,他又可以以客户代理人的身份向别的自营商买进卖出证券。近年来,国外一些场外交易市场发生很大变化,大量采用先进的电子化交易技术,使市场覆盖面更加广阔,市场效率有很大提高。这方面以美国的纳斯达克市场为典型代表。场外交易市场没有正式的组织,也没有固定或集中的场所,通常由买卖双方以议价方式进行交易。

场外交易市场包括店头市场、店外市场、第四市场等。

① 店头市场

店头市场也称柜台市场(Over the Counter,OTC),采用议价交易形式,交易价格由买卖双方协商决定。店头市场只进行即期交易,主要交易的是按照法律规定公开发行而未能在证券交易所上市的证券。它是通过证券公司、证券经纪人的柜台进行证券交易的市场。

② 店外市场

店外市场又称第三市场,是由交易所会员从事大宗上市股票交易而形成的市场。第三市场产生于1960年的美国,原属于柜台交易市场的组成部分,但其发展迅速,市场地位提高,被作为一个独立的市场类型对待。第三市场的交易主体多为实力雄厚的机构投资者。第三市场的产生与美国的交易所采用固定佣金制密切相关,它使机构投资者的交易成本变得非常昂贵,场外市场不受交易所的固定佣金制约束,因而导致大量上市证券在场外进行交易,遂形成第三市场。第三市场的出现,成为交易所的有力竞争对象,最终促使美国SEC于1975年取消固定佣金制,同时也促使交易所改善交易条件,使第三市场的吸引力有所降低。

③ 第四市场

第四市场是投资者绕过传统经纪服务,彼此之间利用计算机网络直接进行大宗证券交易所形成的市场。它的吸引力在于:因为买卖双方直接交易,无经纪服务,其佣金比其他市场少得多;无须通过经纪人,有利于匿名进行交易,保持交易的秘密性,且不冲击证券市场。计算机网络技术的运用,使得第四市场可以广泛收集和存储大量信息,通过自动报价系统,把分散的场外交易行情迅速集中并反映出来,有利于投资者决策。第四市场的发展一方面对证交所和其他形式的场外交易市场产生了巨大的压力,从而促使这些市场降低佣金,改进服务;另一方面也对证券市场的监管提出了挑战。

## 5.1.2 证券交易的方式

早期证券交易主要采取现货交易方式,但随着商品经济及资本市场的发展,证券交易形式呈现出由低级向高级、由简单向复杂、由单一向复合的发展趋势。

**1. 按完成交割的期限划分**

(1) 现货交易

所谓现货交易,是指证券买卖双方在成交后就办理交收手续,买入者付出资金并得到证券,卖出者交付证券并得到资金。所以,现货交易的特征是"一手交钱,一手交货",即以现款买现货方式进行交易。成交之后到交割和清算之前,证券与资金都被冻结。

在实际交易过程中,立即交割即当天清算交割往往做不到,大多数证券交易所交易规则都规定了一个清算期,最常见的清算期是两天,即 T+1 交割制度。

(2) 期货交易

期货交易是在交易所进行的标准化的远期交易,即交易双方在集中性的市场以公开竞价方式所进行的期货合约的交易。而期货合约则是由交易双方订立的、约定在未来某一特定日期按成交时约定的价格交割一定数量的某种商品的标准化协议。期货交易是标准化的、有规定格式的合约,一般在场内市场进行。期货交易在多数情况下不进行实物交收,而是在合约到期前进行反向交易,平仓了结。

(3) 期权交易

证券期权交易是当事人为获得证券市场价格波动带来的利益,约定在一定时间内,以特定价格买进或卖出指定证券,或者放弃买进或卖出指定证券的交易。证券期权交易是以期权作为交易标的的交易形式,期权分为看涨期权和看跌期权两种基本类型。根据看涨期权,期权持有人有权在某一确定时间,以某一确定价格购买标的资产即有价证券。根据看跌期权,期权持有人有权在某一确定时间,以某一确定价格出售标的资产。根据期权交易规则,看涨期权持有人可以在确定日期购买证券实物资产,也可在到期日放弃购买证券资产;看跌期权持有人,可以在确定日期出售证券实物资产,也可拒绝出售证券资产而支付保证金。期权交易属选择权交易。

**2. 按交易资金的来源划分**

(1) 现金交易

现金交易,有价证券买卖双方在谈妥一笔交易之后,马上办理交割手续的交易方式。交易双方以现金或支票相互交割,采用这种交易方式,卖者交出证券,买者付款,当场交割,钱货两清。它是证券交易中最古老的交易方式。由于交易额的增加等多种原因,往往使得当场交割有一定困难,因此,在实际交易过程中,成交以后都允许有一个较短的交割期限。各国对此规定不一,有的规定成交后第二个工作日交割,有的则规定得长一些,允许成交后四五天内完成交割。究竟成交后几日交割,一般都是按照证券交易所的规定办理。

(2) 保证金交易

保证金交易也叫信用交易、垫头交易,指投资者交付部分现金或有价证券作为担保,证券经纪人为其代垫所需的其余现金或有价证券而进行的证券交易。信用交易是投资者凭借自己提供的保证金和信誉,取得经纪人信用,在买进证券时由经纪人提供贷款,在卖出证券时由经纪人贷给证券而进行的交易。

信用交易可分为融资交易和融券交易两种类型,但这与我国证券交易实践中广泛出现的"融资交易"与"融券交易"有根本的不同。首先,信用交易是依照法律和证券交易所规则创设的证券交易方式,具有适法性,实践中出现的融资融券交易则缺乏法律依据。其次,信用交易以投资者交付保证金为基础,实践中的融资融券交易则几乎完全没有保证金交易的性质。另外,信用交易是经纪人向投资者提供信用的方式,但我国证券交易实践中广泛存在经纪人向投资者借用资金或借用证券的形式,属于反向融资融券行为。加之,有些资金和证券的借用未经投资者同意,属于非法挪用资金和证券的行为。在此意义上,未经法律准许的融资融券行为,属非法交易行为。保证金交易包括保证金买空交易和保证金卖空交易两种形式。

保证金买空交易指投资者在缴纳部分保证金后,委托经纪人垫付余款,买进所指定的证券。市场投资者在交易之前预测股价将上涨,这时投资者的自有资金是有限度的,也就不能购进大量股票,投资者就会先缴纳部分保证金给经纪人,通过经纪人向银行进行融资,以此来买入股票,这就是第一步骤。投资者会在该股票上涨到满意的价格之后再卖出,获取差价。也可以说保证金买空就是投资者通过证券公司融资而从证券市场上购入证券的活动。

保证金卖空交易指投资者在向经纪人借取一定数量的证券后,卖出他实际上并未持有的证券,日后再买回这部分垫付的证券还给证券经纪人。对看跌的股票,由投资者缴纳一部分保证金,然后通过经纪人借入该种股票,并同时卖出,等该种股票价格下跌时,他再以市场价格买入等额该种股票归还给经纪人,从中获取差价收益。如果股价不是下跌,而是上涨,那么投资者将遭受损失。

**3. 按价格形成的不同划分**

(1)报价驱动制(Quote-Driven)

报价驱动制度又称做市商制度。做市商是指在证券市场上,由具备一定实力和信誉的证券经营法人作为特许交易商,不断地向公众投资者报出某些特定证券的买卖价格(即双向报价),并在该价位上接受公众投资者的买卖要求,以其自有资金和证券与投资者进行证券交易。做市商自身则通过买卖报价的适当差额来补偿所提供服务的成本费用,并实现一定的利润。

(2)指令驱动制(Order-Driven)

指令驱动制又称竞价交易(Auction Trading)。在竞价交易中买卖双方直接进行交易,或将委托交给各自的代理经纪商,由代理经纪商将投资者的委托呈交交易市场,市场交易中心以买卖双向价格为基准进行撮合。指令驱动机制本质上是竞价机制,证券买卖双方能在同一市场上公开竞价,充分表达自己的投资意愿,直到双方都认为已经得到满意合理的价格,撮合才会成交。在指令驱动制度中,价格的形成是以买卖双方的竞价指令为基础,由交易系统自动生成,买卖不需要中间方。

## 5.1.3 投资银行在证券交易中的作用

投资银行相当于资本市场的中介,在证券交易中发挥重要的构建市场的作用,其一般可以充当:

**1. 证券经纪商**

证券经纪商是代理客户买卖有价证券的机构或个人,是证券投资者与证券发行人的中介,以赚取佣金为目的。证券投资人经过专业经纪商买卖证券的好处是:专业经纪商的营业人员经验丰富、效率高,能提供较好的服务;由于专业经纪商处所聚集的证券投资人较多,故信息灵通;有些专业经纪商还可提供一些优良设备及场所,对老客户提供一些投资的咨询等,因而专业经纪商较受投资者的欢迎。

(1)佣金经纪商

佣金经纪商指证券公司(投资银行)和金融机构证券部在各地开设的证券营业部以及它们选派的证交所的会员。佣金经纪商直接与投资者接触,接受客户委托代为买卖证券,并于成交后向客户收取佣金。

(2)交易所经纪商

交易所经纪商也称场内经纪人,这类经纪商接受佣金经纪商的委托,而自己不能单独接受证券交易所以外投资者的买卖委托。当佣金经纪商因客户委托业务量过大,派在交易大厅内的代表人难以完成时,也将部分委托业务转请交易所经纪商代为办理。

(3)专营经纪商

专营经纪商指兼有证券经纪商和证券做市商双重身份的专营某些证券的交易商,他们既可以为证交所内的佣金经纪商或自营商代理买卖证券,从中收取佣金,也可以运用自有资金自行买卖证券,发挥调节供求、稳定证券价格的作用,并从买卖证券中获取利润。专营经纪商亦被称为"做市商"。

**2. 证券做市商**

1971年,做市商制度最早出现在美国NASDAQ市场。做市商即以自有资金为基础,不断向公众投资者连续发布某个证券的买入价、卖出价,并随时准备以该价格向公众投资者买入或卖出某个证券的特许经营商。证券公司申请在全国股份转让系统从事做市业务应具备下列条件:具备证券自营业务资格;设立做市业务专门部门,配备开展做市业务必要人员;建立做市股票报价管理制度、库存股管理制度、做市风险监控制度及其他做市业务管理制度;具备符合全国股份转让系统公司要求的做市交易技术系统;全国股份转让系统公司规定的其他条件等。

做市商通过做市制度来维持市场的流动性,满足公众投资者的投资需求。做市商通过买卖报价的适当差额来补偿所提供服务的成本费用,并实现一定的利润。2014年我国的新三板市场,开始实施做市商制度,即证券公司和符合条件的非券商机构,可以使用自有资金参与新三板交易,持有新三板挂牌公司股票,通过自营买卖差价获得收益,同时证券公司会利用其数量众多的营业部网点,推广符合条件的客户开立新三板投资权限,从而提高整个新三板交易的活跃度,盘活整个市场。

**3. 证券自营商**

证券自营商指以获利为目的,运用自有资本,自担风险,自行买卖证券的机构。证券自营商可以充当股份的股东或公司债的应募人,可以兼营上市股票的零售交易。其基本的业务范围为上市的公司证券及政府债券,对未上市证券的买卖则必须事先经过证券管理机构的核准方能进行。证券自营商在办理规定的证券业务时,依凭其对市场行市的判断,在预期证券行市上升时购进,待价格上涨到一定幅度时抛出,从中获取差价利润。此外,证券自营商本身也有部分证券存货,通过调整证券的组合也可获取部分利润。

## 5.2 投资银行的经纪商业务

证券经纪业务是指证券公司通过其设立的证券营业部,接受客户委托,按照客户要求,代理客户买卖证券的业务。证券经纪业务是随着集中交易制度的实行而产生和发展起来的。由于在证券交易所内交易的证券种类繁多,数额巨大,而交易厅内席位有限,一般投资者不能直接进入证券交易所进行交易,故此只能由特许的证券经纪商作为中介来促成交易的完成。

证券经纪商是证券市场的中坚力量,其作用主要表现在:

第一,充当证券买卖的媒介。投资银行的证券经纪部门充当证券买方和卖方的经纪人,发挥着沟通买卖双方并按一定要求迅速、准确地执行指令和代办手续的媒介作用,提高了证券市场的流动性和效率。

第二,提供信息服务。证券经纪商一旦和客户建立了买卖委托关系,客户往往希望证券经纪商提供及时、准确的信息服务。这些信息服务包括:上市公司的详细资料、公司和行业的研究报告、经济前景的预测分析和展望研究、有关股票市场变动态势的商情报告等。

证券经纪人指在证券交易所中接受客户指令买卖证券,充当交易双方中介并收取佣金的证券商。证券经济人可分为三类,即佣金经纪人、两美元经纪人与债券经纪人。从业者要通过证券从业资格考试获得从业资格后才能从事证券经纪业务。

### 5.2.1 证券经纪业务的特点

证券经纪业务指证券公司通过其设立的证券营业部,接受客户委托,按照客户要求,代理客户买卖证券的业务。证券经纪业务具有以下特点:

(1)广泛性

所有上市交易的股票和债券都是证券经纪业务的对象。因此,证券经纪业务的对象具有广泛性。同时,由于证券经纪业务的具体对象是特定价格的证券,而证券价格受宏观经济运行状况、上市公司经营业绩、市场供求情况、社会政治变化、投资者心理因素、主管部门的政策及调控措施等多种因素影响,经常涨跌变化。同一种证券在不同时间点会有不同的价格,因此,证券经纪业务的对象还具有价格变动性的特点。

(2)中介性

证券经纪业务是一种代理活动,证券经纪商不以自己的资金进行证券买卖,也不承担交易过程中证券价格涨跌的风险,而是充当证券买方和卖方的代理人,因此具有中介性的特点。

(3)权威性

在证券经纪业务中,客户是委托人,证券经纪商是受托人。证券经纪商要严格按照委托人的要求办理委托事务,这是证券经纪商对委托人的首要义务。委托人的指令具有权威性,证券经纪商必须严格按照委托人制定的证券、数量、价格和有效时间买卖证券,不能自作主张,擅自改变委托人的意愿。即使情况发生了变化,为了维护委托人的权益不得不变更委托指令,也必须事先征得委托人的同意。如果证券经纪商无故违反委托人的指示,在处理委托事务时使委托人遭受损失,证券经纪商应承担赔偿责任。

(4)保密性

在证券经纪业务中,委托人的资料关系到其投资决策的实施和投资盈利的实现,关系到委托人的切身利益,证券经纪商有义务为客户保密,如股东账户和资金账户的账号和密码;客户委托的有关事项,如买卖哪种证券,买卖证券的时间和价格等,客户股东账户中的库存证券种类和数量,资金账户中的资金额等。如因证券经纪商泄露客户资料而造成客户损失,证券经纪商应承担赔偿责任。

## 5.2.2 经纪人的行为准则

为规范证券经纪人的执业行为,保护客户的合法权益,必须规范经纪人的经纪行为,促进市场规范、繁荣、有序运行。

**1. 了解你的客户**

真正意义上的证券经纪人,是站在客户需求的角度上进行资源配置工作,绝对不是某个证券公司的销售代表。证券经纪人的工作总体上分为两个部分,第一部分是客户开发,第二部分是客户维护。

(1)客户开发

客户开发分为三个环节。要做好客户开发工作,这三个环节是经纪人必须经历的。

第一个环节:客户名单获取。虽然现在炒股的人很多,但毕竟没有到人人炒股的地步。经纪人必须获取客户名单,使得自己的工作开展得更有效率。获取客户名单的方法有购买,也有通过在马路上发传单来获取。

第二个环节:客户约见。有的经纪人直接跳过第一个环节来进行这个环节,即电话推广,约见客户。这种效率比较低下,最好是有一定的针对性再展开工作。如果客户本身是炒股的,进行约见效率会高点,成本也会低一点。比较有效率,或者说节省成本的做法是电话营销。这一环节追求的是约见客户,而非成交。

第三个环节:客户促成。有的经纪人直接跳过前面两个环节来做这个事情,即直接上门拜访。证券和保险不一样,保险的收益原则上是固定并且可以预期的,而证券的收益基本上是不可预期的,直接登门拜访的结果是相当差的。从营销而言,有前面两个环节的铺垫,第三个环节就非常好做了。有些经纪人是只要客户肯见面,就必可成交。在这个环节中,要求经纪人对证券有一定的认识。

(2)客户维护

经纪人的两大工作在时间上的安排是动态的。作为一个刚入门的经纪人,一开始100%的工作量将集中在客户开发上,随着客户的逐步增多,开发的工作量将逐步减少,取而代之的将是客户维护。客户维护包含两个环节:

第一个环节:客户关怀服务。由于现在证券市场普遍使用远程交易,客户毕竟是人,不是赚钱机器。在赚钱以外,如果能得到优良的关怀服务,对提高客户忠诚度也是相当有帮助的。情感维系,把客户变成朋友才能长久稳定。逢年过节给客户一份小问候、小礼品。当客户规模达到一定数量时,就要做好分层维护,潜在目标、忠实客户、潜力客户有个划分,进行针对性服务。

第二个环节:客户投资咨询服务。这个环节直接和客户对证券经纪人的忠诚度密切相关。如果一个经纪人不能帮助他的客户赚钱,这个经纪人就是没有价值的。从大数原则上说,一个拥有100个客户的经纪人不可能使得100个客户个个赚钱,但让60%甚至70%的客户有盈利(或者跑赢大势)是最起码的要求。证券经纪人不要求对股票非常精通,但需要了解,并且有渠道将一些比较有实力的投资咨询服务提供给客户。

**2. 足额执行委托指令**

在证券交易中,众多的证券投资人相互之间不是直接买卖证券的,证券经纪人作为买卖双方的中介人,是这样代理客户买卖证券的:证券经济人询问证券买卖双方的买价和卖价,按照客户的委托,如实地向证券交易所报入客户指令,通过证券交易所,在买价和卖价一致时,促成双方证券买卖的成交,并向双方收取交易手续费。所以就要求证券经纪人从以下方面做到足额执行委托指令:

(1)经纪人必须不折不扣地执行客户的指令。证券经纪人本身并不承担交易中的价格风险,只是严格执行客户的委托指令,尽量为客户争取更加有利的价格。证券经纪人应当以诚实和公正的态度合法执业,如实告知客户可能影响其利益的情况。

(2)经纪人必须对客户在交易中获得的收益保密。证券经纪人应该维护客户利益,应该采取相应措施确保客户的账户信息和交易信息安全,对客户在交易中获得的收益保密。

(3)经纪人不能违反证券交易的法规,且必须对由于其本人的错误而造成的损失负责。

根据《证券经纪业务管理办法》(2021年)第八条,证券公司及其从业人员从事证券经纪业务营销活动,应当向投资者介绍证券交易基本知识,充分揭示投资风险,不得有下列行为:

(1)诱导无投资意愿或者不具备相应风险承受能力的投资者开立账户、参与证券交易活动;

(2)提供、传播虚假或者误导投资者的信息;

(3)直接或者变相向投资者返还佣金、赠送礼品礼券或者提供其他非证券业务性质的服务;

(4)采用诋毁其他证券公司等不正当竞争方式招揽投资者;

(5)对投资者证券买卖的收益或者赔偿证券买卖的损失做出承诺;

(6)与投资者约定分享投资收益或者分担投资损失;

(7)违规委托证券经纪人以外的个人或者机构进行投资者招揽、服务活动;

(8)损害投资者合法权益或者扰乱市场秩序的其他行为。

## 5.2.3 证券经纪业务的基本流程

**1. 开设账户**

开设资金账户就是投资者在证券经纪商处开立用于证券交易资金清算的专用账户。要想进行证券投资,首先要开户,账户的类型包括证券账户和资金账户。证券账户按照开户人的不同,可以分为个人账户和法人账户。一个投资者只能申请开立一个一码通账户,并且在同一市场最多可以申请开立三个A股账户、封闭式基金账户。需要注意的是,信用账户、B股账户也只能申请开立一个。

资金账户包括现金账户和保证金账户。现金账户最为普通，不能透支。保证金账户则允许客户使用经纪人或银行的贷款购买证券，所有的信用交易和期权交易均在保证金账户进行。

**2. 委托买卖**

投资者向经纪商下达买进或者卖出指令，就是投资者的委托，亦称订单（Order）。在开户后，客户可以委托证券经纪人进行交易。客户在委托时需要说明买卖证券的具体名称，买进或卖出的数量、报价方式、委托有效期等。

（1）限价委托（Limit Order）

限价委托指投资者在委托经纪商进行买卖的时候，限定证券买进或卖出的价格，经纪商只能在投资者事先指定的价格进行交易。

（2）市价委托（Market Order）

市价委托仅指明交易的数量，而不指明交易的具体价格，要求经纪商按照即时市价买卖。

（3）止损市价委托（Stop Market Order）

止损市价委托指投资者委托经纪商在证券价格上升至某一指定价格时按市价买进，或在证券价格下跌至其指定价格时，按市价卖出。目的在于保住既得利益，或防止损失进一步扩大。

（4）定价即时交易委托（Immediate or Cancel）

定价即时交易委托指投资者根据市场上现行的价格水平，要求经纪商按照给定的委托价格立即到市场上进行交易。

**3. 竞价成交**

竞价成交指证券交易所撮合主机对接受的委托进行合法性检验，按照"价格优先、时间优先"的原则，自动撮合以确定成交价格。

竞价原则包括集合竞价和连续竞价。集合竞价，在我国开盘价集合了竞价的结果，竞价时间为每天上午的 9:15—9:25，其余时间进行连续竞价；连续竞价是投资者做出买卖决定后，向经纪商发出买卖委托，经纪商将买卖订单输入交易系统，交易系统根据市场上已有的订单进行撮合。根据竞价规制，如果发现与之匹配的订单，可即刻成交。

**4. 清算交割**

证券清算是在每一个交易日对每个经纪商成交的证券数量与价款分别予以轧抵，对证券和资金的应收或应付净额进行计算的过程。清算后买卖双方在事先约定的时间内履行合约，钱货两清，这期间证券的收付称为交割。

## 5.3 投资银行的自营商业务

### 5.3.1 自营业务的特点和原则

自营商又称交易商，指为自己的账户买卖证券而不是作为经纪代理买卖证券的金融机构。

证券自营业务专指投资银行为自己买卖证券产品的行为。投资银行以自己的名义，以自有资金或者依法筹集的资金，为本公司买卖在境内证券交易所上市交易的证券，在境内银行间市场交易的政府债券、国际开发机构人民币债券、央行票据、金融债券、短期融资券、公司债券、中期票据和企业债券，以及经证监会批准或者备案发行并在境内金融机构柜台交易的证券，以获取盈利。买卖的证券产品包括在证券交易所挂牌交易的A股、基金、认股权证、国债、企业债券等。从价格变动中获利的行为是投机（Speculation），而从相对价值差异中获利的行为是套利（Arbitrage）。

**1. 自营业务的特点**

（1）风险性

证券自营业务的市场风险是指由于证券市场上证券价格的波动而造成证券公司自营业务经济损失的可能性。引起证券市场价格变化的原因是多方面的，包括利率变化、汇率变化、购买力变化、经济周期变化、政策法规变化、政治形势变化、上市公司基本面的变化等。

买卖股票所产生的风险完全由自营商自己承担。如自营商卖出股票的价格低于买入价格，或者卖出价格仅仅稍高一点，但低于同时利息率和业务成本之和，这笔交易的实际亏损要由自营商个人来承担。

（2）自主性

证券公司自营业务同经纪业务相比，决策自主性是其业务特点之一。这表现在：

①交易行为的自主性。证券公司自主决定是否买入或卖出某种证券。

②选择交易方式的自主性。证券公司在买卖证券时，是通过交易所买卖，还是通过其他场所买卖，由证券公司在法规范围内依一定的时间、条件自主决定。

③选择交易品种、价格的自主性。证券公司在进行自营买卖时，可根据市场情况，自主决定买卖品种、价格。

**2. 自营业务的原则**

（1）公平交易原则

公平交易原则是指参与证券交易的各方应当获得平等的机会。它要求证券交易活动中所有参与者都有平等的法律地位，各自的合法权益都能得到公平保护。对于各交易主体，不能因为其不同条件而给予不公平的待遇或者某些方面的歧视，要做到机会均等、平等竞争，使投资者能够在一个享有公平交易机会的市场环境下进行交易。证券商不得利用特权进行不公平竞争，不得操纵市场、进行证券欺诈等。

（2）维护市场秩序原则

进行自营业务的证券商属于机构投资者，作为机构投资者要引导市场理性，不允许出现扰乱市场正常交易秩序的行为。

（3）加强内部控制原则

自营业务风险很大，损失要由证券商自己承担，因此必须实行严格的内部控制管理，对自营交易的操作程序和操作人员要进行严格的管理，建立健全严格的内部监督机制，建立风险预警系统和风险防范系统。

（4）防火墙原则

证券公司必须将证券自营业务与证券经纪业务、资产管理业务、承销保荐业务及其他业务分开操作,建立防火墙制度,确保自营业务与其他业务在人员、信息、账户、资金、会计核算方面严格分离。

(5) 风险监控原则

证券公司要根据公司经营管理特点和业务运作状况,建立完备的自营业务管理制度、投资决策机制、操作流程和风险监控体系,在风险可测、可控、可承受的前提下从事自营业务。

### 5.3.2 自营商的投机交易

**1. 投机的概念**

投机交易指通过对价格水平变化的预期而持有头寸,冒损失之风险买卖股票、债券等,期望市场价格波动而从中获利的经济行为。投机者拿自己的资金冒风险,频繁地在证券市场上进出,买低卖高,不求股票分红,只求从股票价格差价中获利。股票投机者在投机时一般利用垫头交易方式(亦称保证金信用交易),在买卖股票时向经纪人交付一定数量的现款或股票(保证金),差额由经纪人垫款或银行贷款。

投机者是股票交易中最为活跃的参与者,是为了高收益而敢冒大风险的特殊投资者,也是一个成熟股市不可或缺的"润滑剂"。买卖股票本身就是一种投机的行为,这就是为什么股票存在暴利,但有暴利存在就一定会有风险存在。

根据持有股票时间的长短,投机可分为两类:

第一类是长线投机者,此类交易者在买入股票后,通常将股票持有几天、几周甚至几个月,待价格对其有利时才将股票卖出;

第二类是短线交易者,一般进行 T+1 或某几天内的股票买卖。

**2. 投机的策略**

按交易方向不同,可将投机划分为多头投机和空头投机。多头投机就是预计未来价格将上涨,在当前价格低位时建立多头仓位,等价格上涨之后通过平仓或者对冲而获利。空头投机就是预计价格将下跌,建立空头仓位,等价格下跌之后再平仓获利。

按照资产的价格、收益率和信用等级来划分,投机策略可以分为三种:

(1) 绝对价格交易

绝对价格交易指自营商根据对某种资产的价格与其价值的差异程度的预测来调整其持有的证券头寸的交易行为,同时对其持有的证券头寸并不进行套期保值。

(2) 相对价格交易

相对价格交易指自营商根据对两种资产收益率的差距的相对变动预测,来调整其持有的证券头寸的交易行为。相对价格交易在债券交易操作中最为典型。

(3) 信用等级预测

信用等级预测指通过预测债券信用等级变化而进行投机交易获利的行为。在预测债券评级下降之前卖空,或在信用等级上升之前将这些债券买入。

以交易的时间和频率为标准,投机策略可以分为三种:

(1) 部位交易

部位交易指投机者预测未来一段时间内将出现上涨行情或下跌行情,在当前建立相应头寸并在未来行情结束时进行对冲平仓。这是大多数专业投资者使用的策略。这种交易策略的特点就是持续时间较长,主要基于对基本面走势的判断,是最常见的交易策略之一。

(2)日内交易

日内交易指投机者只关注当天的市场变化,在早一些的时间建立仓位,在当天闭市之前结束交易的策略。这是少数非专业投机者使用的策略。这种交易属于搏短线,初级交易者或者消息派经常使用。

(3)频繁交易。

频繁交易指投机者随时观察市场行情,即使波动幅度不大,也积极参与,迅速买进或卖出,每次交易的金额巨大,以赚取微薄利润。这样的策略特点是周转快,盈利小。一般是程序式量化投资方式或者操盘手操作方式。

## 5.3.3 自营商的套利交易

**1. 套利的概念**

套利(Arbitrage)指证券商利用两个证券市场上某种证券的价差,或利用同一市场某种证券的现货价与期货价之差,买进卖出,获取差额收益的行为。套利者利用异处差价,在价格低的地方买进,在价格高的地方卖出。一般情况下,只要价差大于交易费用(如手续费、旅费等),总是能够获利的。

**2. 套利的策略**

(1)空间套利

空间套利又称地域套利,指套利者通过寻找不同市场上同一类证券的价格差异从而谋取利润的一种套利方法。

如果 A 大街卖白菜 1 元钱 1 斤,相距不远的 B 大街卖白菜却 8 角钱 1 斤,那么可以从 B 大街买来白菜,送到 A 大街来卖——不考虑运费的话,每买卖一斤,就赚 2 角钱。赚这个 2 角钱的行为,就叫作市场套利。现在,把白菜换成证券品种(如股票、国债、大宗商品期货),在 A 大街卖出白菜就相当于在一个市场上卖空某个证券品种,在 B 大街买入白菜,就相当于在另外一个市场上买多某个证券品种。A 大街卖白菜,B 大街买白菜。在一个市场低价购买某种商品,同时在另一个市场高价出售同类商品,赚取二者价格之差。今天的电子化的证券市场,也是一样的,如果一个证券品种,A 市场买,B 市场卖,只要扣除了来回的手续费有利可图,就是典型的空间套利。

不过,需要强调的是,由于中国实施资本管制,而且退市机制不完善,同一公司同样的股票,香港的价格很可能只有内地的一半甚至更少,但却依然长期维持,很难实现套利。

(2)时间套利

时间套利即跨期套利,指通过对某些资产的现货买进、期货卖出,或现货卖出、期货买进,从现货价格与期货价格的差异中谋取利润的一种套利方式。

比如:在一条大街上,现在白菜卖 28 元/斤,而有人却答应以 38 元/斤的价格来买 12 月的白菜。你要做的事情,就是买下现在的白菜,然后同时以 38 元/斤的价格卖出 12 月的白菜。

然后,将你买来的白菜存在地窖里,等着 12 月交货就行了。不考虑白菜存储到地窖的成本的话,一斤白菜你就得到了 10 元的收益,而且你的收益与以后白菜到底是会涨价还是降价毫无关系。因为你没有赌市场上的白菜将来的价格到底是涨还是跌,所以,一般而言,跨期套利策略被叫作市场中性策略。这个套利同样也要付出成本,持有现货需要资金,而且商品还有存储费用。

现在的金融市场都电子化了,有些金融产品就舍去了现货储存成本这一条,更方便套利。而除了股票和股指期货之间的套利之外,股指期货本身也可以套利。很多时候,不同时期的股指期货,其价差常常会偏离正常值,这个时候,针对偏离值进行做多或者做空,因为涉及不同到期日的股指期货,也属于时间套利。

(3)跨产品套利

跨产品套利指利用两种不同的、但是相互关联的商品之间的期货价格的差异进行套利,即买进(卖出)某一交割月份某一商品的期货合约,而同时卖出(买入)另一相同交割月份另一关联商品的期货合约。

最典型的就是黄金和白银,除了黄金白银套利之外,还有豆粕(豆粕是大豆榨油后的产物)与大豆、玉米与大豆(均可以用于充当畜牧业的饲料)等商品期货都存在着相当强的相关关系,其价格也有相似的变化趋势,如果其差值偏离均值太远,就可以来套利了。另外,在股票市场上存在着同样的情况,例如在同一个行业中买入强势股、卖出弱势股,也属于套利的范畴。

需要注意的是,在跨产品的套利交易中,两种金融产品之间应具有关联性与相互替代性,而且交易受同一因素制约,买进或卖出的期货合约通常还应在相同的交割月份。

### 5.3.4 自营商的风险套利

**1. 风险套利的概念**

风险套利是价值投资者高度专业化的领域。之前提到过,套利是从不同市场无效的定价中获取利润的无风险交易。风险套利是指对那些充满风险的收购交易进行投资。拆分、清算和企业重组都属于这一类,有时这些投资属于长期套利。一般是对已经公布的破产重组或并购的公司的证券进行买卖,买卖时间间隔较长,可能达数月之久。对巴菲特比较熟悉的人会知道,巴菲特管理基金期间没有一年亏损,其中很重要的原因就是他的投资组合有三类:第一类就是普通的低估类的投资,这类投资是大家最熟悉的普通股的被动投资,也是占组合比例最高的一类;第二类是风险套利性投资,主要就是针对并购、重组、分拆等特殊事件来投资;第三类是控制类投资,即他是大股东,计价方式不是以市场计价,而是采用类似会计上权益法计价。其中后面两类投资的表现是与市场波动不相关的。

风险套利与购买传统证券之间的区别在于,风险套利中的盈利或者亏损更多的依赖于企业交易的顺利完成,而购买传统证券的盈利或者亏损则依赖于对应的企业。决定投资者回报的主要因素是支付的价格与交易成功之后所获回报之间的差额。如果交易未能顺利完成,那么下跌风险就使这种证券的价格将回到之前的交易水平,通常这一价格将大幅低于收购价。

并购投资所具有的赚钱快和高风险特征吸引了许多个人投资者、投机者和专业的套利交易者。小投资者无法轻易克服那些拥有了规模最大的投资组合的套利交易者所拥有的优势。根据投资组合的规模,最大的套利交易者有能力聘请最好的律师、会计师和其他顾问来获取信息,其他投资者无法在获得信息的广度、深度以及实效性方面与他们相匹敌。

在诸如长期清算、拆分和大规模的善意股权收购这样的案例中,最大的风险套利者所拥有的信息优势并不非常突出。例如,在规模最大的善意企业收购中,专业的风险套利群体会以相对较快的速度消耗自己的购买力,从而将非常诱人的差价留给其他投资者。一个谨慎进行投资选择的小投资者也许能够从这样的机会中获利。有时投资者无法肯定是否存在风险套利机会的证券也可能会成为非常诱人的蛋糕。

**2. 风险套利的发展周期**

许多专业投资领域,如破产和风险套利等市场的参与者近些年来表现糟糕。理由之一是这些领域的投资者迅速增加。从某种意义上说,任何一种投资哲学或者市场缝隙中的投资结果都有周期性,因为一种投资方法会在某个特定的时期内相对受欢迎或者不受欢迎。

当风险套利或者破产投资这样的投资领域开始流行时,越来越多的资金会流入这一领域内专业人士的手中。增加的买盘推高了价格,提升了投资者短期内的回报,从某种程度上讲,也形成了一个自证预言。这种自证预言继续吸引更多的投资者投入这一领域,并进一步推高价格。尽管资金的流入帮助最早进入这一领域的投资者获得了非常丰厚的投资回报,但上涨的价格将降低未来的回报。

在这一领域取得出色投资表现的投资者多数是那些在这一领域尚未成为流行之前就加入的参与者。最终,出色的投资表现将走向终点,随之而来的是一段时间内平庸的或者糟糕的投资表现。因糟糕的投资表现持续出现,那些涌入这一领域的人幡然醒悟。就像几年前投入资金时一样,客户快速撤出了资金,赎回压力迫使投资经理人通过降低投资头寸来筹集现金。这样的卖出压力迫使价格下跌,从而恶化了糟糕的投资表现。最终,许多"热钱"离开这些领域,让留在这一领域中的多数投资者能挖掘现成的机会以及那些由于被迫抛售刚刚创造出来的便宜货,此时将经历另外一轮上升周期。

风险套利已经在过去的几年内经历了同样的周期。20 世纪 80 年代初,市场上只有几十名套利交易者,每个人都管理着相对较小的资金,他们不断获得的成功受到了大肆宣传,许多新套利组织相继成立。竞争的加剧并未马上摧毁风险套利的投资回报,因同期企业收购活动的加速增加了这类投资机会。

20 世纪 80 年代末,许多新参与者加入了风险套利的市场。那些经验相对有限的个人投资者和企业成为这一领域中重要的交易商。他们往往会推高价格,这会缩小股价与交易价值之间的"差价",最终会降低回报并承受更高的风险,那些原本可以从套利交易中获得的超额回报消失了。

长期来看这一领域依然充满吸引力,因为它会为投资者提供取得出色表现的正统机会。机会之所以会继续存在的原因之一就是所需分析的复杂性限制了有能力的参与者的数量。此外,风险套利投资者与追求短期相对表现的投资者的目标不一致,这类投资的回报通常与整个市场的表现无关。因为绝大多数投资者避免进行风险套利投资,有能力且愿意持之以恒的少数人从这种投资中获得诱人回报的可能性很大。

**3. 风险套利的风险**

风险套利不是完全无风险的,投资者至少要承担两方面的风险。

第一个风险是交易可能因种种变故不能达成,原因可能是监管问题、融资问题、公司业务异常变化、在审查期内被查出有所隐瞒、人员问题等。一旦交易破裂,被并购的公司也就是套利的标的股价常常会被打回原价,甚至更惨,而套利者难逃亏损的厄运。

第二个风险是时间风险。根据交易的性质和行业的不同,完成并购所需要的时间为1～18个月不等,交易完成后,套利者一般也就获得5%到10%的回报,但同时也要承担资金的时间成本,如果完成交易的时间拖得太长,回报低,就没有吸引力。比如一个10%的套利机会,如果用两年时间才能完成的话,那你的年化回报还不到5%,如果半年完成,年化回报就超过了20%。

尽管并购事件层出不穷,但竞争空前激烈。在反垄断顾问、证券律师、相关行业的投资专家的帮助下,这些公司整天跟踪并购事件的蛛丝马迹,他们辛勤工作的结果就使得个人投资者已经很难运用此策略来投资获利了。激烈的竞争已经大大压缩了股价和收购价之间的价差,如果考虑风险溢价,其获利就所剩无几了。因此对于并购套利要慎之再慎。

**4. 破产重组中的风险套利**

破产重组中的风险套利指套购处境困难公司证券的行为,常常发生在ST公司,ST公司是出现财务状况或其他异常状况的上市公司,ST是英文Special Treatment的缩写,意即"特别处理"。《上海证券交易所股票上市规则》(2023年8月修订)规定,上市公司出现下列情形之一的,上交所对其股票实施退市风险警示:

(1)最近一个会计年度经审计的净利润为负值且营业收入低于1亿元,或追溯重述后最近一个会计年度净利润为负值且营业收入低于1亿元;

(2)最近一个会计年度经审计的期末净资产为负值,或追溯重述后最近一个会计年度期末净资产为负值;

(3)最近一个会计年度的财务会计报告被出具无法表示意见或否定意见的审计报告;

(4)中国证监会行政处罚决定书表明公司已披露的最近一个会计年度经审计的年度报告存在虚假记载、误导性陈述或者重大遗漏,导致该年度相关财务指标实际已触及第(1)项、第(2)项情形的;

(5)本所认定的其他情形。

需要指出的是,特别处理并不是对上市公司的处罚,而只是对上市公司目前所处状况的一种客观揭示,其目的在于向投资者提示市场风险,引导投资者进行理性投资,如果公司异常状况消除,可以恢复正常交易。

ST公司的资产重组,通常伴随着超常的股票收益和令人难以置信的亏损。随着创业板注册制改革推进、退市力度加大、"面值退市"迈向常态化,2020年以后我国两市ST公司股价持续下行,重组日益困难,而壳资源的价值正是由于管制导致上市公司具有稀缺性造成的,只要畅通IPO通道,壳资源价值有望缩减或者消失。

**5. 兼并收购中的风险套利**

风险套利者常常投资于涉及兼并或者收购中的双方公司,在换股并购中,风险套利者通常做多被收购公司的股票,同时做空收购公司的股票;在现金并购中,风险套利者寻求收购价格与目标公司价格之间的差异。由于谈判存在不确定性以及监管部门的反垄断要求,并购可能失败。

美国法律严禁在并购中充当并购与反并购顾问的投资银行从事该项并购的风险套利。美国的各大投资银行为了避免指责和嫌疑,一般在并购意向向公众宣布之后,才开始进行风险套利活动。这种历史悠久的交易策略,自1940年起在投资银行的自营部门开始运行,给投行带来丰厚的收益。

## 5.4 投资银行的做市商业务

### 5.4.1 做市商制度

做市商(Market Maker)是指在证券市场上,由具备一定实力和信誉的证券经纪人作为特许交易商,不断地向公众投资者报出某些特定证券的买卖价格,并在该价位上接受公众投资者的买卖要求,以其自有资金和证券与投资者进行证券交易。买卖双方不需等待交易对手出现,只要有做市商出面承担交易对手方即可达成交易。

做市商通过做市制度来维持市场的流动性,满足公众投资者的投资需求。做市商通过买卖报价的适当差额来补偿所提供服务的成本费用,并实现一定的利润。做市商制度就是以做市商报价形成交易价格、驱动交易发展的证券交易方式。做市商制度是不同于竞价交易方式的一种证券交易制度,一般为柜台交易市场所采用。做市商为交易提供了资金,在交易中做市商要先用自己的资金买进股票,然后再卖出。这些做法使得市场的流通性大大增强,增加了交易的深度和广度。

**1. 做市商制度的特点**

(1)做市商对特定证券做市,就该证券做出买进或卖出报价,且随时准备在该价位上交易。做市商必须在看到委托单之前报出买卖价格,而投资者在看到报价后才会给出委托单。

(2)投资者的买进订单或卖出订单不直接匹配,均与做市商进行交易,证券成交价格的形成由做市商决定。所有客户委托单都必须由做市商用自己的账户买进卖出,客户委托单之间不直接进行交易。

(3)做市商从买进和卖出价格之间的差额中赚取价差。

(4)如果市场波动过于剧烈,做市商可以选择退市,不进行交易。

(5)大多数做市商市场,做市商的报价和投资者的买卖指令都是通过电子系统传送的。

**2. 做市商制度的作用**

做市商制度的特点决定了它具有三个方面的作用:

(1)做市

当股市出现过度投机时,做市商通过在市场上与其他投资者相反方向的操作,努力维持股价的稳定,降低市场的泡沫成分。

(2)造市

当股市过于沉寂时,做市商通过在市场上人为地买进卖出股票,以活跃市场带动人气,使股价回归其投资价值。

(3)监市

在做市商行使其权利、履行其义务的同时,通过做市商的业务活动监控市场的变化,以便及时发现异常及时纠正。在新兴的证券市场,这是保持政府与市场的合理距离,抵消政府行为对股市影响惯性的有益尝试。

**3. 做市商必须具备下述条件**

正因为做市商制度具有上述功能及调节买卖盘不均衡状况、随时保证提供买卖双向价格的特点,决定了其功能实现的前提条件是拥有高素质的做市商。只有那些运营规范、资金实力雄厚、自营规模较大、熟悉上市公司与二级市场运作,而且风险自控能力较强的券商才能担当。一般来说,做市商必须具备下述条件:

(1)具有雄厚的资金实力,这样才能建立足够的证券库存以满足投资者的交易需要。

(2)具有管理证券库存的能力,以便降低库存证券的风险。

(3)要有准确的报价能力,要熟悉自己经营的证券并有较强的分析能力。

**4. 做市商市场**

真正的做市商市场应该包括两个层次:第一层是做市商和投资者之间的零售市场,第二层是做市商和做市商之间的批发市场。

证券做市商市场,包括"复合型"证券交易市场和"单一型"证券做市商市场(OTC市场)两类,其中,"复合型"证券交易市场又可分为"混合型"证券交易市场(如纽约证券交易所)和"平行型"证券交易市场(如伦敦证券交易所)。

在新三板市场,根据《全国中小企业股份转让系统业务规则》(试行)的有关规定,挂牌股票可以采取协议方式、做市方式、竞价方式或其他中国证监会批准的转让方式进行交易。目前,新三板共设计和实施两种股票转让方式,即协议转让、做市转让。其中,挂牌股票采取做市转让方式的,须有两家以上从事做市业务的主办券商(以下简称"做市商")为其提供做市报价服务。

投资银行出于如下三个原因充当做市商:

(1)投资银行想从证券交易中获利。做市商在维持市场流通性的同时,可以从买卖报价中赚取价差,这是市场对做市商提供的服务的报酬。

(2)投资银行进入二级市场充当做市商是为了发挥和保持良好的定价技巧,辅助其一级市场业务的顺利开展。在二级市场上积累了丰富经验的投资银行,往往拥有娴熟的定价技巧,投资银行将这种技巧运用在一级市场新股发行中,便能在承销和分销中为发行公司订立一个较适当的发行价格。投资银行在定价方面声名鹊起,能够有效地为自己赢得更多的发行业务。

(3)发行公司希望自己的股票在二级市场上市后具有较高的流通性和较佳的股价走向,为此,发行公司要寻觅一个愿意为其股票"做市"的金融机构作为其主承销商。投资银行为了争取到发行业务,维系与发行公司良好的关系,一般都会在二级市场上为其发行的股票做市,以保持股价的大致稳定,直到有其他自营商进入该只股票,它才考虑退出。

## 5.4.2 做市商策略的影响因素

做市商制度是一种报价驱动制度,做市商根据自己的判断,不断地报出买入报价和卖出报价,以自有资金与投资者进行交易,做市商获取的收益就是买入价和卖出价的价差。做市商对做市股票进行双向报价,不但可以获得交易佣金,还可以靠买卖价差获取收益。而影响做市商买卖报价差额的决定性因素主要有以下几个方面:

(1) 证券品种的交易量

交易量越大,做市商赚取的差额趋向于越小。证券流动性的大小取决于交易量的大小,从某种程度上来说,交易量大的证券的流动性也大,缩短了做市商持有的时间,进而可以减小其库存股票的风险;同时,也有可能使做市商在交易时实现一定的规模经济,由此减少成本,因此报价差额也就相应缩小很多。

(2) 证券价格的波动性

证券价格波动性越大,其报价差额也会越大。因为在给定的证券持有期间内,波动性变动较大的证券对做市商所产生的风险大于变动小的证券,作为对这种风险的补偿,其价格差额自然也就越大。

(3) 证券品种的价格

从价差的绝对额看,做市价格高的证券,其价差会大于价格低的证券;而从比例价差看,证券价格越低,其比例价差就会越大。

(4) 证券市场竞争压力

市场上做市商的数量越多,竞争压力越大,各种约束力量就越是有力地限制着单个做市商报价差额的偏离程度,因而差额越小。做市过程中,做市商为了获得更多的做市价差收入,相互之间进行竞争,促使做市商千方百计地降低成本和利润,最终使得报价价差逐渐缩小。而且,证券拥有做市商的数量越多,证券交易越活跃,流动性越大,其中做市商的风险也就越小,作为风险补偿的差额也就越小。

做市商在双向报价赚取价差的同时,还可以通过协议转让或者定增方式取得挂牌企业库存股票,待股价上涨时获取收益。例如,新三板扩容后首批参与挂牌的金天地,其主营业务是电视剧的投资和发行,公司业绩良好并且最近三年净利润均超过 2 000 万元。在 2014 年 12 月 26 日转为做市商交易的当天,便出现涨幅 501.94% 的火爆局面,最终以 6.2 元的高价收盘。回顾同年 11 月的定向增发,6 家做市商对金天地的认购价仅有 4.5 元,因其基准价极低(仅 1.03 元),而以做市交易首日的收盘价 6.2 元计算,这些做市商获得近 38% 的浮盈。

另外,投资银行作为做市商,还大量参与大宗交易。大宗交易又称大宗买卖,是指达到规定的最低限额的证券单笔买卖申报,买卖双方经过协议达成一致并经交易所确定成交的证券交易。具体来说,各个交易所在它的交易制度中或者在它的大宗交易制度中都对大宗交易有明确的界定,而且各不相同。

在做市商交易模式下,做市商充当了大宗交易的流动性提供者,大宗交易的发起者直接或通过经纪商与某只股票的做市商进行协商。在价格和数量达成一致后,向做市商买进或卖出。通过做市商进行大宗交易这种模式的特点是信息搜索成本较低,但做市商交易在缺乏其他制度(如信息延迟披露制度)配合的情况下市场影响成本和做市商的风险很大。盘后交易模式即在正常的市场交易时间外设立盘后交易专场,做市商对大宗交易进行集中撮合。

上海证券交易所接受大宗交易的时间为每个交易日 9:30—11:30、13:00—15:30。但是在交易日 15:00 前处于停牌状态的证券,则不受理其大宗交易的申报。每个交易日的 15:00~15:30,交易所对大宗交易买卖双方的成交申报进行确认。大宗交易的成交价格,由买方和卖方在当日最高和最低成交价格之间确定。该证券当日无成交的,以前收盘价为成交价。买卖双方达成一致并由证券交易所确认后方可成交。2013 年 10 月 18 日起增加 16:00 至 17:00 的大宗交易时段,在该时段内可接受大宗交易的成交申报,所达成交易于次一交易日进入清算交割程序。

**时隔一年,中兴通讯再现大宗交易,折价甩货 15.6 亿**

2020 年 4 月 2 日,中兴通讯出现 15.6 亿元的折价大宗交易,引发市场对公司大股东中兴新通讯有限公司(以下简称"中兴新通讯")的减持猜测。

据深交所盘后的交易信息显示,中兴通讯 4 月 2 日成交了 31 笔大宗交易,成交金额合计约 15.6 亿元,成交价均为 38.16 元/股,较当日收盘价 42.7 元/股折价约 10.63%。从深交所披露的信息来看,大宗交易的卖方营业部均为国泰君安证券股份有限公司深圳华强北路证券营业部,买方多为机构专用席位。

而在 2019 年 3 月 28 日,中兴通讯也曾出现过大规模的大宗交易。彼时据深交所盘后的交易信息显示,当日中兴通讯出现 27 笔大宗交易,累计成交金额约 19.36 亿元。彼时的卖方席位中,除了两笔交易为国泰君安证券股份有限公司深圳香蜜湖路证券营业部,其余 25 笔的卖方均为国泰君安证券股份有限公司深圳华强北路证券营业部。

2019 年 4 月 2 日晚间,中兴通讯曾发布公告称,中兴新通讯于 2019 年 3 月 28 日通过深圳证券交易所交易系统以大宗交易方式合计减持公司约 8053.83 万股 A 股股票,约占公司总股本的 1.92%。经粗略计算,这一数据与当时的大宗交易数据几乎一致。

(资料来源:北京商报,记者刘凤茹,2020 年 4 月 2 日)

1. 证券交易的方式主要有哪些?
2. 证券交易市场有几种类型,它们的区别是什么?
3. 证券经纪业务的基本流程是什么?
4. 投资银行的自营商业务有哪些?
5. 投资银行如何在做市商业务中套利?

# 第6章 投资基金

思政园地

## 6.1 投资基金概述

### 6.1.1 投资基金的概念

证券投资基金是一种利益共享、风险共担的集合证券投资方式,是通过发售基金份额募集资金形成独立的基金财产,由基金管理人管理、基金托管人托管,以资产组合方式进行证券投资,基金份额持有人按其所持份额享受收益和承担风险的投资工具。

(1)证券投资基金以集资的方式集合资金用于证券投资。集资的方式主要是向投资者发行,将众多投资者分散的小额资金汇集成一个较大数额的基金,对股票、债券等有价证券进行投资。

(2)证券投资基金利用信托关系进行证券投资。所谓信托,就是将本人的财产委托给信赖的第三者,让其按照本人的要求加以管理和运用的行为。投资者将财产委托给专业机构进行证券投资,就是对该机构的信任,而该机构完全是按照投资者的要求进行管理和投资,并将收益分配给投资者,显然这是一种信托行为。

(3)证券投资基金是间接的证券投资方式。投资者购买基金份额后,基金以自己的财产投资于证券市场,显然投资者的证券投资是间接的。因此,投资者不能参与发行证券的公司的决策和管理。

### 6.1.2 投资基金的特点

根据证券投资基金的含义,我们可以看出其特点体现在以下几个方面:

**1. 证券投资基金是一种集合投资制度**

证券投资基金是一种积少成多的整体组合投资方式,它从广大的投资者那里聚集巨额资金,组建投资管理公司进行专业化管理和经营。在这种制度下,资金的运作受到多重监督。

**2. 证券投资基金是一种信托投资方式**

它与一般金融信托关系一样,主要有委托人、受托人、受益人三个关系人,其中受托人与委托人之间订有信托契约。但证券基金作为金融信托业务的一种形式,又有自己的特点。如从事有价证券投资主要当事人中还有一个不可缺少的托管机构,它与受托人(基金管理公司)不能由同一机构担任,而且基金托管人一般是法人;基金管理人并不对每个投资者的资金都分别加以运作,而是将其集合起来,形成一笔巨额资金再加以运作。

**3. 证券投资基金是一种金融中介机构**

它存在于投资者与投资对象之间,起着把投资者的资金转换成金融资产,通过专门机构在金融市场上再投资,从而使货币资产得到增值的作用。证券投资基金的管理者对投资者所投入的资金负有经营、管理的职责,而且必须按照合同(或契约)的要求确定资金投向,保证投资者的资金安全和收益最大化。

**4. 证券投资基金是一种证券投资工具**

它发行的凭证即基金券(或受益凭证、基金单位、基金股份)与股票、债券一起构成有价证券的三大品种。投资者通过购买基金券完成投资行为,并凭之分享证券投资基金的投资收益,承担证券投资基金的投资风险。

### 6.1.3 投资基金的起源与发展

投资基金起源于英国,却盛行于美国。第一次世界大战后,美国取代英国成为世界经济的新霸主,一跃从资本输入国变为主要的资本输出国。随着美国经济运行的大幅增长,日益复杂化的经济活动使得一些投资者越来越难以判断经济动向。为了有效促进国外贸易和对外投资,美国开始引入投资信托基金制度。1926年,波士顿的马萨诸塞金融服务公司设立了"马萨诸塞州投资信托公司",成为美国第一个具有现代面貌的共同基金。在此后的几年中,该基金在美国经历了第一个辉煌时期。到20年代末期,所有的封闭式基金总资产已达28亿美元,开放式基金的总资产只有1.4亿美元,但后者无论在数量上还是在资产总值上的增长率都高于封闭式基金。20年代每年的基金资产总值都有20%以上的增长,1927年的增长率更超过100%。

1929年全球股市的大崩盘,使刚刚兴起的美国基金业遭受了沉重的打击。随着全球经济的萧条,大部分投资公司倒闭,残余的也难以为继。但比较而言,封闭式基金的损失要大于开放式基金。此次金融危机使得美国投资基金的总资产下降了50%左右。此后的整个30年代中,证券业都处于低潮状态。

面对大萧条带来的资金短缺和工业生产率低下,人们投资信心丧失,再加上第二次世界大战的爆发,投资基金业一度裹足不前。危机过后,美国政府为保护投资者利益,1933年制定了《证券法》、1934年制定了《证券交易法》,之后1940年又专门针对投资基金制定了《投资公司法》和《投资顾问法》。《投资公司法》详细规范了投资基金组成及管理的法律要件,为投资者提供了完整的法律保护,为日后投资基金的快速发展奠定了良好的法律基础。现在,投资基金已风行世界各国。截至2022年末,全球公募基金总净资产达到60.1万亿美元,大部分集中在美国(48%)和欧洲(32%),亚太地区公募基金占比15%。(数据来源:《2023美国基金业年鉴》,Investment Company Institute 编撰)

### 6.1.4 投资基金的分类

**1. 按基金份额是否可变分为开放式基金和封闭式基金**

(1)开放式基金

开放式基金指基金管理公司在设立基金时,发行基金单位的总份额不固定,可视投资者的需求追加发行。投资者也可根据市场状况和各自的投资决策,或者要求发行机构按现期净资产值扣除手续费后赎回股份或受益凭证,或者再买入股份或受益凭证,增持单位份额。为了应付投资者中途抽回资金,实现变现的要求,开放式基金一般都从所筹资金中拨出一定比例,以现金形式保持这部分资产。这虽然会影响基金的盈利水平,但作为开放式基金来说,这是必需的。

(2)封闭式基金

封闭式基金指基金的发起人在设立基金时,限定了基金单位的发行总额,筹集到这个总额后,基金即宣告成立,并进行封闭,在一定时期内不再接受新的投资。封闭式基金又称为固定型投资基金。基金单位的流通采取在证券交易所上市的办法,投资者日后买卖基金单位都必须通过证券经纪商在二级市场上进行竞价交易。

封闭式基金的期限指基金的存续期,即基金从成立到终止的时间。决定基金期限长短的因素主要有两个:一是基金本身投资期限的长短,一般如果基金的目的是进行中长期投资(如创业基金),其存续期可长一些,反之,如果基金的目的是进行短期投资(如货币市场基金),其存续期可短一些。二是宏观经济形势,一般经济稳定增长,基金存续期可长一些,若经济波浪起伏,则应相对地短一些。当然,在现实中,存续期还应考虑基金发起人和众多投资者的要求来确定。基金期限届满即为基金终止,管理人应组织清算小组对基金资金进行清产核资,并将清产核资后的基金净资产按照投资者的出资比例进行公正合理的分配。

如果基金在运行过程中,因为某些特殊的情况,使得基金的运作无法进行,报经主管部门批准,可以提前终止。提前终止的一般情况有:

①国家法律和政策的改变使得该基金的继续存在为非法或者不适宜;

②管理人因故退任或被撤换,无新的管理人承继的;

③托管人因故退任或被撤换,无新的托管人承继的;

④基金持有人大会通过提前终止基金的决议。

(3)封闭式基金与开放式基金的区别

①期限不同。封闭式基金通常有固定的封闭期,通常在 5 年以上,一般为 10 年或 15 年,经受益人大会通过并经主管部门同意可以适当延长期限。而开放式基金没有固定期限,投资者可随时向基金管理人赎回基金单位。

②发行规模限制不同。封闭式基金在招募说明书中列明其基金规模,在封闭期限内未经法定程序认可不能再增加发行。开放式基金没有发行规模限制,投资者可随时提出认购或赎回申请,基金规模就随之增加或减少。

③基金单位交易方式不同。封闭式基金的基金单位在封闭期限内不能赎回,持有人只能寻求在证券交易场所出售给第三者。开放式基金的投资者则可以在首次发行结束一段时间(多为 3 个月)后,随时向基金管理人或中介机构提出购买或赎回申请,买卖方式灵活,除极少数开放式基金在交易所做名义上市外,通常不上市交易。

④基金单位的交易价格计算标准不同。封闭式基金与开放式基金的基金单位除了首次发行价都是按面值加一定百分比的购买费计算外,以后的交易计价方式不同。封闭式基金的买卖价格受市场供求关系的影响,常出现溢价或折价现象,并不必然反映基金的净资产值。开放式基金的交易价格则取决于基金每单位净资产值的大小,其申购价一般是基金单位资产值加一定的购买费,赎回价是基金单位净资产值减去一定的赎回费,不直接受市场供求影响。

⑤投资策略不同。封闭式基金的基金单位数不变,资本不会减少,因此基金可进行长

期投资，基金资产的投资组合能有效在预定计划内进行。开放式基金因基金单位可随时赎回，为应付投资者随时赎回兑现，基金资产不能全部用来投资，更不能把全部资本用来进行长线投资，必须保持基金资产的流动性，在投资组合上需保留一部分现金和高流动性的金融商品。

从发达国家金融市场来看，开放式基金已成为世界投资基金的主流。世界基金发展史从某种意义上说就是从封闭式基金走向开放式基金的历史。

**2. 按组织形式不同分为契约型基金和公司型基金**

(1)契约型基金

契约型基金又称为单位信托基金，是指把投资者、管理人、托管人三者作为基金的当事人，通过签订基金契约的形式，发行受益凭证而设立的一种基金。契约型基金起源于英国，在新加坡、印度尼西亚、中国香港等国家和地区十分流行。

契约型基金是基于契约原理而组织起来的代理投资行为，没有基金章程，也没有董事会，而是通过基金契约来规范三方当事人的行为。基金管理人负责基金的管理操作，基金托管人作为基金资产的名义持有人，负责基金资产的保管和处置，对基金管理人的运作实行监督。

(2)公司型基金

公司型基金是按照公司法以公司形态组成的，该基金公司以发行股份的方式募集资金，一般投资者则为了认购基金而购买该公司的股份，也就成为该公司的股东，凭其持有的股份依法享有投资收益。这种基金要设立董事会，重大事项由董事会讨论决定。

公司型基金的特点是：基金公司的设立程序类似于一般股份公司，基金公司本身依法注册为法人，但不同于一般股份公司的是，它委托专业的财务顾问或管理公司来经营与管理；基金公司的组织结构也与一般股份公司类似，设有董事会和持有人大会，基金资产由公司所有，投资者则是这家公司的股东，承担风险并通过股东大会行使权利。

(3)契约型基金与公司型基金的区别

①法律依据不同。契约型基金依照基金契约组建，信托法是其设立的依据，基金本身不具有法人资格。公司型基金是按照公司法组建的，具有法人资格。

②资金的性质不同。契约型基金的资金是通过发行基金份额筹集起来的信托财产；公司型基金的资金是通过发行普通股票筹集的公司法人的资本。

③投资者的地位不同。契约型基金的投资者购买基金份额后成为基金契约的当事人之一，投资者既是基金的委托人，即基于对基金管理人的信任，将自己的资金委托给基金管理人管理和营运，又是基金的受益人，即享有基金的受益权；公司型基金的投资者购买基金的股票后成为该公司的股东。因此，契约型基金的投资者没有管理基金资产的权利，而公司型基金的股东通过股东大会享有管理基金公司的权利。

④基金的营运依据不同。契约型基金依据基金契约营运基金；公司型基金依据基金公司章程营运基金。

由此可见，契约型基金和公司型基金在法律依据、组织形态以及有关当事人扮演的角色上是不同的。但对投资者来说，投资于公司型基金和契约型基金并无多大区别，它们的投资方式都是把投资者的资金集中起来，按照基金设立时所规定的投资目标和策略，将基金资产分散投资于众多的金融产品上，获取收益后再分配给投资者。

从世界基金业的发展趋势看,公司型基金除了比契约型基金多了一层基金公司组织外,其他各方面都与契约型基金有趋同化的倾向。

**3. 按投资对象的不同,证券投资基金可分为债券基金、股票基金、货币市场基金和指数基金**

(1)债券基金

债券基金以债券为主要投资对象,债券比例须在80%以上。

由于债券的年利率固定,因而这类基金的风险较低,适合于稳健型投资者。

通常债券基金收益会受货币市场利率的影响,当市场利率下调时,其收益就会上升;反之,若市场利率上调,则基金收益下降。除此以外,汇率也会影响基金的收益,管理人在购买非本国货币的债券时,往往还在外汇市场上做套期保值。

(2)股票基金

股票基金以股票为主要投资对象,股票比例须在60%以上。

股票基金的投资目标侧重于追求资本利得和长期资本增值。基金管理人拟定投资组合,将资金投放到一个或几个国家,甚至是全球的股票市场,以达到分散投资、降低风险的目的。

投资者之所以钟爱股票基金,原因在于可以有不同的风险类型供选择,而且可以克服股票市场普遍存在的区域性投资限制的弱点。此外,股票基金还具有变现性强、流动性强等优点。由于聚集了巨额资金,几只甚至一只基金就可以引发股市动荡,所以各国政府对股票基金的监管都十分严格,不同程度地规定了基金购买某一家上市公司的股票总额不得超过基金资产净值的一定比例,防止基金过度投机和操纵股市。

(3)货币市场基金

货币市场基金是以货币市场工具为投资对象的一种基金。货币市场基金通常被认为是无风险或低风险的投资。其投资对象包括银行短期存款、国库券、公司债券、银行承兑票据及商业票据等,一般期限在一年内。通常,货币市场基金的收益会随着市场利率的下跌而降低,与债券基金正好相反。

(4)指数基金(被动型基金)

指数基金是20世纪70年代以来出现的新的基金品种。为了使投资者能获取与市场平均收益相接近的投资回报,产生了一种功能上近似或等于所编制的某种证券市场价格指数的基金。其特点是:它的投资组合等同于市场价格指数的权数比例,收益随着当期的价格指数上下波动。当价格指数上升时基金收益增加,反之收益减少。基金因始终保持当期的市场平均收益水平,因而收益不会太高,也不会太低。

指数基金的优势是:

①费用低廉,指数基金的管理费较低,尤其交易费用较低。

②风险较小。由于指数基金的投资非常分散,可以完全消除投资组合的非系统风险,而且可以避免由于基金持股集中带来的流动性风险。

③以机构投资者为主的市场中,指数基金可获得市场平均收益率,可以为股票投资者提供更好的投资回报。

④指数基金可以作为避险套利的工具。对于投资者尤其是机构投资者来说,指数基金是他们避险套利的重要工具。指数基金由于其收益率的稳定性和投资的分散性,特别

适用于社保基金等数额较大、风险承受能力较低的资金投资。

混合基金主要指从资产配置的角度看,股票、债券和货币的投资比例没有固定的范围。

## 6.2 投资基金运作

### 6.2.1 投资基金的当事人

基金的当事人指依据基金合同设立的基金中的基金持有人、基金管理人与基金托管人等。

**1. 基金持有人**

基金持有人指购买并持有基金份额的个人或机构,也就是基金的投资者,他们是基金的实际所有者。基金持有人享有以下权利。

(1)分享基金财产收益。

(2)参与分配清算后的剩余基金财产。

(3)依法转让或者申请赎回其持有的基金份额。

(4)按照规定要求召开基金持有人大会。

(5)对基金持有人大会的审议事项行使表决权。

(6)查阅或者复制公开披露的基金信息资料。

(7)对基金管理人、基金托管人、代理销售机构损害其合法权益的行为依法提起诉讼。

**2. 基金管理人**

基金管理人指接受基金持有人的委托,凭借专门的知识与经验,运用所管理基金的资产,根据法律、法规及基金合同或章程的规定,按照科学的投资组合原理进行投资决策,谋求所管理的基金资产不断增值,并使基金持有人获取最大收益的机构。基金管理人应当履行下列职责。

(1)募集基金,代办其他机构基金的营销业务。

(2)办理基金备案手续。

(3)管理基金财产。

(4)确定基金收益分配方案,并及时分配。

(5)进行基金会计核算并编制基金财务会计报告。

(6)编制中期和年度基金报告。

(7)公告基金资产净值,确定基金申购、赎回价格。

(8)办理与基金财产管理业务活动有关的信息披露事项。

(9)召集基金持有人大会。

(10)保存基金财产管理业务活动的各项资料。

**3. 基金托管人**

基金托管人是为基金资产提供安全保管及清算交割等服务的机构。为了保证基金资产的安全,基金应按照资产管理和保管分开的原则进行运作,并由专门的基金托管人保管基金资产。基金托管人应当履行下列职责。
(1)安全保管基金财产。
(2)按照规定开设基金财产的资金账户和证券账户。
(3)对所托管的不同基金财产分别设置账户,确保基金财产的完整与独立。
(4)保存基金托管业务活动的记录、账册、报表和其他相关资料。
(5)按照基金合同的约定,根据基金管理人的投资指令,及时办理清算、交割事宜。
(6)办理与基金托管业务活动有关的信息披露事项。
(7)对基金财务会计报告、中期和年度基金报告出具意见。
(8)复核、审查基金管理人计算的基金资产净值和基金份额申购、赎回价格。
(9)按照规定召集基金持有人大会。
(10)按照规定监督基金管理人的投资运作。

**4. 注册登记机构**

办理注册登记的机构负责投资者账户的管理和服务,负责基金单位的注册登记以及红利发放等具体投资者服务内容。注册登记机构通常由基金管理人或其委托的商业银行或其他机构担任。

**5. 基金销售机构**

除基金管理人直接销售外,基金的销售可由证券公司、商业银行及其他中介机构代理完成,这些独立的销售机构专门为基金管理人提供销售服务,并收取一定的销售佣金和服务费。

**6. 注册会计师和律师**

注册会计师和律师作为专业、独立的中介服务机构,为基金提供专业、独立的会计、法律服务。如注册会计师为基金年报提供审计报告等。

基金当事人之间的相互关系建立在信托关系基础上:持有人与管理人之间的关系是委托人、受益人与受托人的关系;管理人与托管人之间的关系是委托人和受托人的关系;持有人与托管人之间的关系在公司型基金中是委托人与受托人的关系,在契约型基金中是受益人与受托人的关系。

## 6.2.2 基金交易与发行

基金交易是以基金为买卖对象,自我承担风险、收益而进行的流通转让活动。包括认购、申购、赎回、清算、定投等。

(1)认购

基金认购是指投资者在开放式基金募集期间、基金尚未成立时购买基金份额的过程。通常认购价为基金份额面值(1元/份)加上一定的销售费用。投资者认购基金应在基金销售点填写认购申请书,交付认购款项。

(2)申购

基金申购是指投资者到基金管理公司或选定的基金代销机构开设基金账户,按照规定的程序申请购买基金份额的行为。

(3) 赎回

赎回又称买回,它是针对开放式基金的,投资者以自己的名义直接或通过代理机构向基金管理公司要求部分或全部退出基金的投资,并将赎回款汇至该投资者的账户内。

(4) 清算

基金清算一般指封闭式基金。该类基金有年限,年限到期后,会进行净值清算,终止运行或转为开放式。

(5) 定投

基金定投是定期定额投资基金的简称,是指在固定的时间以固定的金额投资到指定的开放式基金中,类似于银行的零存整取方式。

证券投资基金发行指符合条件的证券投资基金发起人以筹集受托资金为目的,依照法定程序向社会投资人公开发售代表特定信托受益权的证券投资基金券的行为。《中华人民共和国证券投资基金法》和《公开募集证券投资基金运作管理办法》对证券投资基金发行的条件和程序做了明确规定。常见的基金发行方式有四种:

(1) 直接销售发行

基金不通过任何专门的销售部门直接销售给投资者。

(2) 包销方式

基金由经纪人按基金的资产净值买入,然后再公开转售给投资人。

(3) 销售集团方式

由包销人牵头组成销售集团,基金由销售集团的各经纪人代销。

(4) 计划公司方式

在基金销售过程中,有一公司(即计划公司)在基金销售集团和投资人之间充当中间销售人,以使基金能以分期付款的方式销售出去。

### 6.2.3 基金投资管理

基金投资管理是在基金投资目标和投资原则指导下,按照一定的投资规则和程序,把通过发行基金份额募集的资金,分散投资到证券、不动产、实业及实物等资产中,取得投资收益。基金资产管理是集现代会计、信息技术、工程技术为一体的高度综合的知识密集型投资活动。

基金投资管理必须遵循收益性、安全性和流动性原则,基金发起人在这三个原则的指导下确定投资目标,即确定基金的投资对象、投资收益和投资风险。不同性质的基金具有不同的投资目标,如收益型基金追求稳定的当期收入,而成长型基金注重资产的长期增值。

(1) 投资目标

基金投资组合管理最重要的要素即投资目标。不同的目标决定着不同的行为;没有目标,必然导致行为混乱。因此投资基金第一步就要明确投资组合管理目标。

(2)投资计划

有了目标后,基金应制订周密的投资计划。投资基金必须事先确定它准备承担多大风险,然后通过周密的计划使投资组合在这个风险水平约束下带来最大的收益。

(3)投资时机选择

时机选择是投资能否成功的另一重要因素。证券市场随着整个政治经济气候的变化而波动,所以基金必须选择恰当的时机执行投资计划,也就是尽量在证券价格最低时买进而在价格最高时卖出。

(4)投资理性主义

在进行投资决策时,基金应采取理性主义的态度。因为投资的一个重要方面是减少风险,同时应时刻为持有受益凭证的投资者着想,不能轻率地承担不必要的风险。风险是和收益成正比的,承担风险要有相应的收益做补偿,特别是收入型基金和平衡型基金更应注意这一原则。

(5)投资调整

基金在确定投资组合后,并非一劳永逸,一方面基金的目标会发生变化,另一方面各种证券也在不断发生变化。基金必须不断检查自己投资组合中的证券是否都是最理想的证券,并及时把自己不满意的证券卖掉,买进较理想的证券。

## 6.3 对冲基金

### 6.3.1 对冲基金的概念

对冲基金是一种私募的投资基金,以各种公开交易的有价证券和金融衍生工具为投资对象。对冲基金的投资策略包括一般投资基金所不具备的对冲套利操作,即具备多空双向运作机制,可灵活运用各种衍生金融产品、杠杆工具进行避险或套利。对冲基金的特点如下:

**1. 投资活动的复杂性**

结构日趋复杂、花样不断翻新的各类金融衍生产品如期货、期权、掉期等逐渐成为对冲基金的主要操作工具。这些金融衍生产品本为对冲风险而设计,但因其低成本、高风险、高回报的特性,成为许多现代对冲基金进行投机行为的得力工具。

对冲基金将这些金融工具配以复杂的组合设计,根据市场预测进行投资,在预测准确时获取超额利润,或是利用短期内中场波动而产生的非均衡性设计投资策略,在市场恢复正常状态时获取差价。

**2. 投资效应的高杠杆性**

典型的对冲基金往往利用银行信用,以极高的杠杆(Leverage)借贷,在其原始基金量的基础上几倍甚至几十倍地扩大投资资金,从而达到最大限度地获取回报的目的。对冲基金的证券资产的高流动性,使得对冲基金可以利用基金资产方便地进行抵押贷款。

一个资本金只有1亿美元的对冲基金,可以通过反复抵押其证券资产,贷出高达几十亿美元的资金。这种杠杆效应的存在,使得一笔交易后扣除贷款利息,其净利润远远大于仅使用1亿美元的资本金运作可能带来的收益。同样,也恰恰因为杠杆效应,对冲基金在操作不当时往往亦面临超额损失的巨大风险。

**3. 筹资方式的私募性**

对冲基金的组织结构一般是合伙人制。基金投资者以资金入伙,提供大部分资金但不参与投资活动;基金管理者以资金和技能入伙,负责基金的投资决策。

由于对冲基金在操作上要求高度的隐蔽性和灵活性,因而在美国对冲基金的合伙人一般控制在100人以下,而每个合伙人的出资额在100万美元以上(不同的国家,对于对冲基金的规定也有所差异,比如日本对冲基金的合伙人是控制在50人以下等)。

对冲基金多为私募性质,从而规避了各国法律对公募基金信息披露的严格要求。且由于对冲基金的高风险性和复杂的投资机理,许多西方国家都禁止其向公众公开招募资金,以保护普通投资者的利益。

为了避开美国的高税收和美国证券交易委员会的监管,在美国市场上进行操作的对冲基金一般在巴哈马和百慕大等一些税收低、管制松散的地区进行离岸注册,并仅限于向美国境外的投资者募集资金。

**4. 操作的隐蔽性和灵活性**

对冲基金与面向普通投资者的证券投资基金不但在基金投资者、资金募集方式、信息披露要求和受监管程度上存在很大差别,在投资活动的公平性和灵活性方面也存在很多差别。

证券投资基金一般都有较明确的资产组合定义,即在投资工具的选择和比例上有确定的方案,如平衡型基金在基金组合中股票和债券大体各半,增长型基金侧重于高增长性股票的投资;同时,共同基金不得利用信贷资金进行投资,而对冲基金则完全没有这些方面的限制和界定,可利用一切可操作的金融工具和组合,最大限度地使用信贷资金,以牟取高于市场平均利润的超额回报。

由于操作上的高度隐蔽性和灵活性以及杠杆融资效应,对冲基金在现代国际金融市场的投机活动中担当了重要角色。

## 6.3.2 对冲基金的结构

为了规避大多数证券法律,对冲基金通常被设计为有限合伙制结构。在有限合伙制中合伙人分为一般合伙人和有限合伙人。一般合伙人是对冲基金的发起人,负责对冲基金的所有交易和日常运营。有限合伙人贡献了大多数的资金,但不涉及交易或日常运营。

典型的对冲基金实体是一个有限责任合伙结构,如图6-1所示。

有限合伙协议包括下列内容:

(1)投资目标、策略和风险因素。

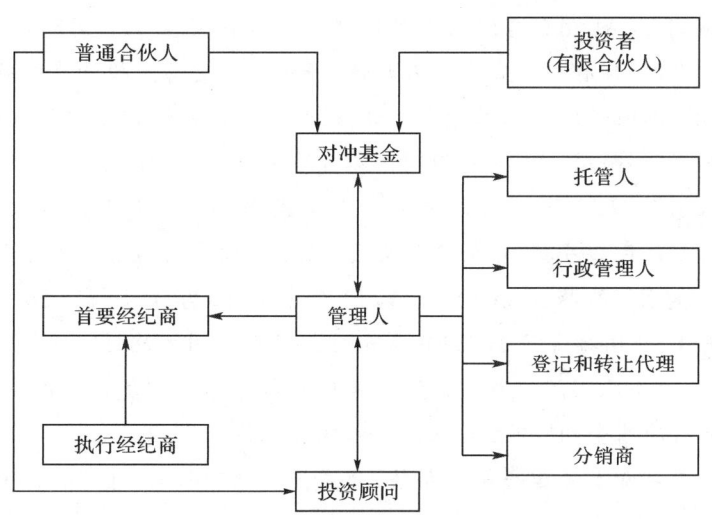

图 6-1 对冲基金的合伙结构

(2) 有限合伙人何时可以投资、增加投资和撤回资金。

(3) 管理费和激励费安排。

(4) 如何处理全额撤资。

## 长期资本公司(LTCM)事件

美国长期资本管理公司(LTCM)创立于1994年,主要活跃于国际债券和外汇市场,利用私人客户的巨额投资和金融机构的大量贷款,专门从事金融市场炒作。它与量子基金、老虎基金、欧米伽基金一起被称为国际四大"对冲基金"。

自创立以来,LTCM 一直保持骄人的业绩,公司的交易策略是"市场中性套利",即买入被低估的有价证券,卖出被高估的有价证券。LTCM 利用其独有的电脑数学自动投资系统模型,建立起庞大的债券及衍生产品的投资组合,进行投资套利活动,LTCM 凭借这个优势在市场上一路高歌。

1998 年亚洲金融危机爆发,使得俄罗斯的债券价格下跌过度了。如果是你,看到这种情况应该怎样来做交易呢?你可能会说,俄罗斯的债券价格现在太低了,那应该买入啊。但是,光买入这一种债券的话,只要价格不涨,你就亏损了,这样操作风险太大了。

此时,LCTM 观察到还有一种债券——德国债券,这种债券以前很好,但随着欧元的启动,德国债券的好处将不再明显,换句话说,德国债券现在价格有点高了。同理,不能单卖德国债券来获利,因为你不能确定德国债券的价格一定跌,只要价格没跌,你就亏损了。我们知道单赌俄罗斯债券价格涨,或者单赌德国债券价格跌,风险都比较大。所以 LCTM 将两者结合起来,比较保险的做法就是,在买入俄罗斯债券的同时,卖出德国债券。

1998年8月，LTCM没有算到的小概率黑天鹅事件发生了。国际石油价格下滑，俄罗斯经济不断恶化，俄政府突然宣布卢布贬值，停止国债交易。投资者纷纷从亚洲市场退出，转而持有美国、德国等发达国家债券。这导致LTCM两边都赌错了方向，原来买入的俄罗斯债券价格下跌，而原来卖出的德国债券价格上涨，套利失败！

LTCM从五月俄罗斯金融风暴到九月全面溃败，短短的150多天资产净值下降90%，出现43亿美元巨额亏损，仅余5亿美元，已走到破产的边缘。9月23日，美联储出面组织安排，以美林、摩根为首的15家国际金融机构注资37.25亿美元购买了LTCM90%的股权，共同接管了LTCM，从而避免了它倒闭的厄运。

该基金在2000年已倒闭清算。最终这家曾与量子基金、老虎基金、欧米伽基金一起被称为国际四大对冲基金的"四大天王"之一，就此解体。

(资料来源：长期资本管理公司十年祭，金立扬，《深交所》，2008年第09期)

## 6.3.3 中国基金行业情况

我国基金行业在经历了野蛮生长、严格监管规范以及次贷危机冲击等阶段后，到2020年末已经形成了监管规范化不断加强、公司格局完善的局面。在居民投资理念转变的背景下，基金行业规模稳步增长，发展空间有望持续扩大。从我国基金管理公司管理的基金表现来看，主动型公募基金的专业化得到认同，能够持续为投资者获得超额收益。

**1. 中国基金行业发展历程回顾**

萌芽期：1985—1990年。改革开放后，海外成熟的金融工具逐步被介绍到中国，而逐渐富裕起来的国人，对于理财也开始表现出朦胧的意向。

初创期：1991—1997年。1991年10月，我国第一批老基金"武汉证券投资基金"和"深圳南山风险投资基金"成立。

规范期：1997—2001年。1997年11月14日，国务院颁布《证券投资基金管理暂行办法》，标志着我国基金业从此进入一个规范化发展时期。

创新期：2001—2005年。"基金整风运动"后，我国基金业经历了相对平稳的五年成长期。

快速成长期：2005—2007年。2005年以前基金销售依靠政策性摊派，银行经常由员工由上而下分配比例认购基金。

徘徊期：2007—2014年。受次贷危机影响，我国证券市场出现震荡下跌，基金净值大幅度缩水，众多投资者纷纷赎回已投资份额，导致公募基金份额也大幅度缩水，2008年公募基金净值缩减至1.9万亿元。

新增长期：2014年—2015年上半年。2014年底新一轮牛市开启，基金行业迎来快速增长。

**2. 基金行业市场现状**

(1)稳健壮大，行业规模增速趋稳

公募基金公司业务可分为两类，一是公募类业务，二是专户类业务，专户业务又可分为主动管理型业务和通道业务。近年来,基金整体规模稳健发展壮大,截至2022年底,我国公募基金规模26.03万亿元,证券公司及其子公司私募资产管理业务规模6.87万亿元,基金管理公司及其子公司私募资产管理业务规模7.12万亿元,基金公司管理的养老金规模4.27万亿元,期货公司及其子公司私募资产管理业务规模3 147亿元,私募基金规模20.28万亿元,资产支持专项计划规模1.95万亿元。(数据来源:中国证券投资基金业协会2022年报)

公募基金作为基金管理行业的关键参与者,行业变革将驱动其升级优化,同时也为其打开广阔发展空间。

合资公募基金起步于中国加入WTO后,并在政策调整、市场发展等多个因素影响下,先后经历了起步、发展、繁荣和调整等四个阶段。当前,在金融市场和金融行业对外开放进程稳步推进背景下,公募基金行业开放进程正面临全面加速。2018年以来,监管部门释放积极信号,对外开放稳步推进。2019年7月,国务院金融稳定发展委员会将外资持股公募基金管理公司比例放宽至100%的时间由2021年提前至2020年。

(2)竞争加剧,市场集中度下滑

近几年基金市场集中度有所下滑。2007年证券市场迎来单边上涨行情,基金公司管理规模呈现井喷式增长,中小型基金公司迎头赶上,市场占有率排名前三和前十的基金公司的市场占有率大幅下降。2008—2014年行业徘徊期内,基金公司之间的竞争与博弈开始出现白热化态势,行业集中度稳中有降。2017年以来,受宏观环境影响,行业集中度呈现下滑趋势。

(3)完善优化,产品线持续丰富调整

中国基金行业发展过程中,一直伴随着较高份额换手率,每年申购赎回规模维持在高水平。2004—2007年,申购赎回规模超过了规模存量,2008—2011年,申购意愿有所回落,2012—2013年,申购赎回日渐活跃。2014年中国基金行业申购赎回频率不断提升,规模扩张近200%,货币基金不断发展与应用。中国基金行业的高申购和高赎回率一方面由货币型基金的情景支付功能导致,另一方面也由我国个人投资者基金持期短导致。近四成投资者单只基金持有期限为3个月至1年。在赎回基金的个人投资者中,三分之一是由于个人流动性安排问题需要赎回。当前市场短期流动需要及短线交易需求仍在,但投资风格渐趋价值投资,公募基金应前瞻性地看到市场需求变化端倪,在产品设计和投资策略上着力优化提升。

(4)完善优化,产品线持续丰富调整

国内公募基金产品线日趋完善。产品类别从最初的权益型逐步覆盖债券、货币、商品乃至海外市场资产。经过十多年发展,目前国内投资范畴已经覆盖了股票型、债券型、混合型、货币市场等多种类型,交易类型包含传统封闭式、ETF、开放式、LOF以及创新封闭式、分级基金等多种交易方式,投资区域覆盖国内外。跨界创新不断涌现,混合所有制改革、REITs、国企改革等是近年投资热点,公募基金公司正逐渐探索将投资范围拓展至全新领域。同时,资本市场工具创新也将带动基金公司产品创新。2018年12月初,股指期货在受限三年后获得松绑,令基金公司可继续布局量化对冲产品。2019年初,证监会发布公募基金投资信用衍生品指引,增加公募基金的投资标的,也将成为基金公司产品线布局中的新方向。未来,权益、固收、商品和外汇衍生品的持续发展,将丰富基金公司的投资品种和投资策略,成为产品创新的重要驱动。

### 思考题

1. 投资基金的分类有哪些,各自有哪些特点?
2. 证券投资基金各方当事人的职责是什么?
3. 证券投资基金的运作流程是什么?
4. 对冲基金的特点是什么?
5. 请简述中国基金行业的市场现状。

# 第 7 章 兼并收购

思政园地

## 7.1 兼并收购概述

### 7.1.1 兼并收购的本质

兼并收购的内涵非常广泛,一般是指兼并(Merger)和收购(Acquisition),兼并收购简称并购。

兼并又称吸收合并,指两家或者更多的独立企业、公司合并组成一家企业,通常由一家占优势的公司吸收一家或者多家公司。法律将公司合并分为两种形式,即吸收合并与新设合并。

吸收合并,指两个或两个以上的公司中,一个公司存续,其他公司解散,存续的公司吸收解散的公司,即 $A+B+C+\cdots=A$。

新设合并,两个或两个以上的公司中,各个公司解散,另外组建一个新公司,即 $A+B+C+\cdots=Z$。

收购指一家企业用现金或者有价证券购买另一家企业的股票或者资产,以获得对该企业的全部资产或者某项资产的所有权,或者获得对该企业的控制权。

资产收购指收购方根据自己的需要而购买目标公司部分或是全部的资产,如果收购目标公司全部资产,则目标公司办理注销手续。

股权收购指一家企业通过购买目标公司部分或是全部的股权,实现企业扩张和发展的一种投资行为,而收购企业按持股比例承担目标公司的权利与义务、资产和负债。

### 7.1.2 兼并收购的类型

**1. 按并购双方的产业关联程度划分**

(1)横向并购

横向并购的基本特征就是企业在国际范围内的横向一体化。近年来,由于全球性的行业重组浪潮,结合我国各行业实际发展需要,加上我国国家政策及法律对横向重组的一定支持,行业横向并购的发展十分迅速。

(2)纵向并购

纵向并购是发生在同一产业的上下游之间的并购。纵向并购的企业之间不是直接的竞争关系,而是供应商和需求商之间的关系。因此,纵向并购的基本特征是企业在市场整体范围内的纵向一体化。

**（3）混合并购**

混合并购是发生在不同行业企业之间的并购。从理论上看，混合并购的基本目的在于分散风险，寻求范围经济。在面临激烈竞争的情况下，我国各行各业的企业都不同程度地想到多元化，混合并购就是多元化的一个重要方法，为企业进入其他行业提供了有力、便捷、低风险的途径。

上面的三种并购活动在我国的发展情况各不相同。目前，我国企业基本摆脱了盲目多元化的思想，数据显示，横向并购在我国并购活动中的比重始终在50%左右。横向并购毫无疑问对行业发展的影响是最直接的。混合并购在一定程度上也有所发展，主要发生在实力较强的企业中，混合并购情况较多的行业都有着比较好的效益，但发展前景不明朗。纵向并购在我国比较不成熟，基本都集中在钢铁、石油等能源与基础工业行业。这些行业的原料成本对行业效益有很大影响，因此，纵向并购成为企业强化业务的有效途径。

**2. 按并购的支付方式划分**

（1）现金支付并购

现金支付并购指收购公司向目标公司的股东支付一定数量的现金而获得目标公司的所有权。现金收购存在资本所得税的问题，这可能会增加收购公司的成本，因此在采用这一方式的时候，必须考虑这项收购是否免税。另外，现金收购会对收购公司的流动性、资产结构、负债等产生影响，所以应该进行综合权衡。

（2）股权支付并购

股权支付并购指收购公司通过增发股票的方式获得目标公司的所有权。这种方式公司不需要对外付出现金，因此不至于对公司的财务状况发生影响，但是增发股票会影响公司的股权结构，原有股东的控制权会受到冲击。

（3）混合支付并购

混合支付并购指在收购过程中，收购公司支付的不仅仅有现金、股票，还有认股权证、可转换债券等多种方式的混合。这种兼并方式兼具现金收购和股票收购的特点，收购公司既可以避免支付过多的现金，保持良好的财务状况，又可以防止控制权的转移。

**3. 按并购双方的协作态度划分**

按并购是否取得目标企业的同意与合作，并购可划分为善意并购和恶意并购。

（1）善意并购（即友好并购）

善意并购指目标企业接受并购企业的并购条件，并承诺给予协助。

（2）恶意并购（即敌意并购）

恶意并购指并购企业在目标企业管理层对其并购意图不清楚或对其并购行为持反对态度的情况下，对目标企业强行进行的并购。

敌意并购包括狗熊式拥抱、公开购买和两步报价等。

①狗熊式拥抱。狗熊式拥抱（Bear Hug）是一种主动的、公开的要约。收购方允诺以高价收购目标公司的股票，董事会出于义务必须要把该要约向全体股东公布，而部分股东往往为其利益所吸引而向董事会施压要求其接受报价。一个CEO可以轻而易举地回绝收购公司的要约，但是狗熊式拥抱迫使公司的董事会对此进行权衡，因为董事会有义务给股东最丰厚的回报，这是股东利益最大化所要求的。

②公开购买。公开购买即狙击式公开购买,一般指在目标公司经营不善而出现问题或在其股票下跌的情况下,收购方与目标公司既不做事先的沟通,也没有警示,而是直接在市场上展开收购行为。狙击式公开购买包括标购、股票收购和投票委托书收购等形式。所谓标购就是指收购方不直接向目标公司董事会发出收购要约,而是直接以高于该股票市价的报价,向目标公司股东进行招标的收购行为。而股票收购则指收购方先购买目标公司一定额度的股票(通常是在国家要求的公告起点内,我国为5%),然后再考虑是否增持股份以继续收购行为。投票委托书收购系收购目标公司中小股东的投票委托书,以获得公司的控制权,完成收购的目的。狙击式公开购买最初通常是隐蔽的,在准备得当后才开始向目标公司发难。一般来说,采用这种手段针对的是公司股权相对分散或公司股价被明显低估的目标公司。

③两步报价。在企业收购目标公司股票的过程中,目标公司股票价格的大幅度上涨会增加收购成本,为继续收购带来困难,收购公司通常会采取两步报价的对策,即先以现金收购目标公司50%左右的股票,实现控股,再以较低的比价用本公司的证券换取目标公司的证券。

**4. 按交易条件不同划分**

按交易条件不同,并购可分为承担债务式并购、资产置换式并购和杠杆并购。

(1)承担债务式并购

承担债务式并购指在资产与债务等价的情况下,公司以承担被并购方债务为条件接受其资产,实现零成本收购。

(2)资产置换式并购

资产置换式并购指公司将优质资产置换到被并购企业中,同时把被并购企业原有的不良资产连带负债剥离,依据资产置换双方的资产评估值进行等额置换,以获得对被并购企业的控制权与经营管理权。

(3)杠杆并购

杠杆并购指收购公司利用目标公司资产的经营收入来支付兼并价金或作为此种支付的担保。收购公司不必拥有巨额资金,只需支付收购过程中必需的律师、会计师、资产评估师等的费用,加上以目标公司的资产及营运所得作为融资担保所贷得的金额,即可兼并任何规模的公司。

## 7.1.3 企业并购史

**1. 西方企业并购史**

美国的并购历史是西方并购历史的集中反映和代表。从1898年起,美国企业已经掀起了五次并购浪潮。

(1)第一次并购浪潮

这次并购浪潮发生在1898年到1903年。它以横向并购为特征,使资本主义迅速从自由竞争向垄断过渡,形成了一大批垄断企业。这五年间,美国的工业结构发生了重要的变化，100家最大的公司的规模增长了400%，并控制了全国工业资本的40%。这次浪潮终止的原因有二：第一，美国在1903年出现经济衰退，股市低迷，股价大跌，并购资金来源不足；第二，以《谢尔曼法》的制定为标志，美国国内掀起了反垄断运动的高潮，政府开始抑制导致垄断的并购行为。

(2) 第二次并购浪潮

这次并购浪潮发生在20世纪20年代，以1929年为高潮。第二次并购浪潮的最大特点是相当规模的纵向并购的出现。虽然横向并购仍为主流，但是纵向并购风行一时。这次并购浪潮主要发生在汽车制造业、石油工业、冶金工业及食品加工业，它比第一次并购浪潮更集中，也加强了企业之间的竞争程度。1929年爆发的美国经济危机导致该次并购浪潮终结。

(3) 第三次并购浪潮

这次并购浪潮发生在第二次世界大战以后的整个20世纪五六十年代，它以混合并购为最大的特点。通过这次跨部门和跨行业的混合并购，美国出现了一批多元化经营的大型企业。这次并购浪潮终结于70年代的石油危机。

(4) 第四次并购浪潮

这次并购浪潮从20世纪70年代中期持续到80年代末，以1985年为高潮。它有以下几个特点：

①高风险、高收益的"垃圾债券"这种新型的融资工具的出现，为杠杆收购(LBO)与经营者收购(MBO)创造了条件。杠杆收购与经营者收购的结合创造出一批全新的"积极投资者"。他们集投资者(委托人)和经营者(代理人)于一身，有更大的动力去追求股东利益最大化，从而降低了企业的代理人成本。

②分解式交易(Divestiture Transaction)为许多综合型大公司采用。通过分解式交易，母公司将其子公司作为一个独立的实体分离出去，或者把它出售给别的企业。据估计，此类交易占总交易量的1/3左右。通过这类交易，企业经营者甩掉了包袱，把主要精力放在最有效率的业务上，由此提高了企业的经营效率。

③敌意收购的比例较高。美国从1990年起开始陷入经济衰退，轰轰烈烈的第四次并购浪潮也进入暂时的低潮。

(5) 第五次并购浪潮

这次并购浪潮从20世纪90年代中期开始持续至今，以2000年至2001年高新技术领域的并购为高潮。它有如下特点：

①跨国并购风起云涌。比如美国得克萨斯公用事业收购英国能源集团，美国环球影城公司收购荷兰的波利格来姆公司，德国的戴姆勒收购美国的克莱斯勒，英国石油收购美国阿莫科石油。

②强强联手引人注目。比如美国花旗银行和美国保险巨子旅行者集团的合并金额高达725亿美元，成为全球业务范围涵盖最广的国际金融集团；埃克森以近790亿美元的价格收购了美国的美孚公司，缔造了全球最大的石油公司；美国在线公司和时代华纳公司组

建美国在线－时代华纳公司,交易案金额高达1 400多亿美元,打造了全球最大的网络传媒集团。

大多数企业逐渐放弃了杠杆收购、财务性收购,让位于战略性收购,企业开始更多地从自身发展的战略角度来考虑并购问题。

**2. 中国企业并购史**

并购在我国是改革开放之后才出现的事物,从1984年至今不到40年的时间,并购逐渐为人们所熟悉和接受。我国的并购历史可以分为以下几个阶段。

(1)探索阶段(1984—1987年)

1984年7月,保定纺织机械厂和保定市锅炉厂以承担全部债务的形式分别兼并了保定市针织器材厂和保定市鼓风机厂,拉开了中国企业并购重组的序幕。随后,并购开始在中国的各大城市展开。这一时期的并购有以下特点:第一,并购数量少,规模小,都在同一地区、同一行业进行;第二,政府以所有者身份主导并购,其目的是消灭亏损,减少财政包袱;第三,并购方式主要是承担债务和出资购买。

(2)第一次并购浪潮(1987—1989年)

1987年以后,政府出台了一系列鼓励企业并购重组的政策,促成了第一次并购高潮。据有关部门统计,80年代全国25个省、市、自治区和13个计划单列市共有6 226个企业兼并了6 966个企业,共转移资产82.25亿元,减少亏损企业4 095户,减少亏损金额5.22亿元。这段时间企业并购的特点如下:第一,出现了跨地区、跨行业的并购;第二,出现了控股等新的并购方式;第三,并购动因由单纯消灭亏损向提高企业经营活力、优化经济结构发展;第四,局部产权交易市场开始出现。

(数据来源:中国企业年鉴,北市交通大学并购重组研究中心编)

(3)第二次并购浪潮(1992—2001年)

1992年小平同志的南方谈话确立了市场经济的改革方向,促进了我国企业并购重组的进程。随着产权交易市场和股票市场的发育,上市公司出现,外资并购国企和中国企业的跨国并购不断涌现。这段时间的企业并购特点如下:第一,企业并购的规模进一步扩大;第二,产权交易市场普遍兴起,在企业并购重组中发挥了重要作用;第三,上市公司股权收购成为企业并购的重要方式;第四,以资本为纽带的混合式并购有所发展,涌现了一批优秀的企业集团;第五,民营企业和外资企业纷纷参与并购,并购的主体不再局限于国有企业。

(4)第三次并购浪潮(2002年至今)

2002年中国正式加入WTO,既反映了经济全球化的趋势进一步加强,又促进了中国与世界经济的接轨。中国政府制定、修订了一系列并购法规,如《中华人民共和国公司法》(1993)《中华人民共和国证券法》(1998)《关于外商投资企业合并与分立的规定》(2001)《国有企业清产核资办法》(2003)《关于外国投资者并购境内企业的规定》(2006)《上市公司重大资产重组管理办法》(2008)《关于规范上市公司重大资产重组若干问题的规定》(2008)《金融企业国有资产转让管理办法》(2009)《关于进一步明确非上市股份有限公司国有股权管理有关事项的通知》(2017)《上市公司国有股权监督管理办法》(2018)《中央企业混合所有制改革操作指引》(2019)和《关于进一步加强中央企业境外国有产权管理有关事项的通知》(2020)等。

## 7.2 企业并购动因及效应

### 7.2.1 并购的经济学解释

**1. 新古典经济学和产业组织理论对横向并购的解释**

从新古典经济学的角度来看,在给定生产函数、市场价格的情况下,企业经营者按利润最大化即成本最小化的原则对投入和产出水平做出选择。由于固定成本和变动成本的特性,固定成本在一定时期或规模内保持不变,产量的增加主要是通过变动成本的增加来实现的,从而相对降低了单位生产成本;或者另一种情况,企业并购后固定资本增加,生产能力增加,而传统的变动成本却相对成为常数,比如生产扩大而管理人员的数目不增,或对市场营销渠道进行某种程度的有效整合,或采取了新的技术等,均可以使得平均成本下降,这就是促进企业横向并购的重要动因——追求规模经济。

从产业组织理论的角度来看,主要从市场结构效应方面说明行业的规模经济。该理论认为,同一行业内的众多生产者应考虑竞争费用和效用的比较。竞争作为一种经济行为,有效益也有成本,如果生产同类产品的众多企业拥挤在同一市场上,面对有限的资源供给和有限的市场需求,付出昂贵的竞争费用是不可避免的。而通过横向并购,在行业内进行企业重组,从而达到行业特定的最优规模,实现行业的规模经济是可能的。

**2. 交易成本理论对纵向并购的解释**

新制度经济学中的交易成本理论揭示了企业存在的原因,即企业内部交易费用小于市场交易费用。

科斯认为,企业是市场机制的替代物,市场和企业是资源配置的两种可以互相替代的手段。企业通过并购形成规模庞大的组织,使组织内部的职能相互分离,形成一个以管理为主的内部市场体系。市场交易成本和企业内部管理成本之间的平衡关系决定了企业和市场的边界。

威廉姆森指出,交易所涉及的资产的专用性、交易的不确定性和交易发生的频率都对交易成本本身具有影响,交易成本的主要决定因素在于资产的专用性及其所造成的机会主义行为,这种机会主义行为造成了现货市场交易的高成本。这时企业会通过"合约"的形式来固定交易条件,但这种"合约"却往往会约束企业自身的适应能力。当这一矛盾难以解决的时候,通过并购将合作者变为内部机构,就可以消除上述问题。

格罗斯曼和哈特指出,合约的不完备性对交易成本起决定作用。完备的合约固然可以消除机会主义行为,但现实的世界中却充满了不确定性,而且将所有权益在合约中进行明晰的成本太高,所以合约不可能是完备的。纵向一体化能够消除或减少由于资产专用性所造成的机会主义行为,企业实际上就成为连续的生产过程中不完备的合约所导致的纵向一体化实体。

**3. 范围经济理论对混合并购的解释**

所谓范围经济就是企业在经营多种没有直接投入产出关系的产品时,带来的费用的节约和风险的降低。或者说如果同时生产几种产品的支出,比分别生产它们要更少,那么,就存在着范围经济。形成范围经济的原因有几点:

(1)某些生产要素具有多种经济价值,而这些生产要素又具有不可分性,要充分发挥其作用,就需要综合利用和一体化、系统化的经营。

(2)现代设备和生产线具有多功能的特点,具有多种生产的可能性。

(3)当不同的产品、技术或管理活动之间具有互补性的时候,就可以带来费用上的节约,即产生协同效应。若将生产活动不相关(或最好是负相关)的收益联系起来,就会减少该公司利润率的波动。

**4. 价值低估论**

价值低估论认为,企业并购的发生主要是因为目标企业的价值被低估。低估的主要原因有三个方面:目标企业的经营管理能力并未发挥应有的潜力;并购方有外部市场所没有的、有关目标企业真实价值的内部信息,认为并购会得到收益;由于通货膨胀等原因,造成目标企业资产的市场价值与重置成本之间存在差异,如果当目标企业的股票市场价格小于该企业的全部重置成本,并购的可能性大。价值低估理论预言,在技术变化快、市场销售条件及经济不稳定的情况下,企业的并购活动频繁。

**5. 市场势力理论**

市场势力理论又称市场力量理论、市场垄断力理论,认为企业并购同行业的其他企业的目的在于寻求占据市场支配地位,或者说兼并活动发生的原因是它会提高企业的市场占有份额。

根据这一理论,企业在收购一个竞争对手后,即产生了将该竞争者挤出市场的效应,可能会在削减或降低现有竞争对手的市场份额的同时,提高自己的市场地位和控制能力,从而可以提高其产品的价格和市场的垄断程度,获得更多的超额利润即垄断利润。

通常在三种情况下会导致以增强市场势力为目的的并购活动:

一是在需求下降、生产能力过剩的削价竞争状况下,几家企业合并,以取得对自身产业比较有利的地位。

二是在国际竞争使国内市场遭受外商势力的强烈渗透和冲击的情况下,企业间通过联合组成大规模企业集团,以对抗外来竞争。

三是由于法律变得严格使企业间的多种联系成为非法,通过并购可以使一些"非法"联系"内部化",达到继续控制市场的目的。

## 7.2.2 并购的效应分析

**1. 经营协同效应**

企业并购是否产生了协同效应,是人们判断并购是否成功的一个重要指标。所谓协同效应是指并购后企业的总体效益要大于并购前两个企业的效益之和,即 1 加 1 应大于 2,其主要表现为实现规模经济、节省交易费用、优势互补。

一般来讲,经营协同效应有规模经济、优势互补和市场势力三个来源。

(1) 规模经济

水平并购会带来工厂规模经济效应,它一般来源于资源的不可分性。企业规模的扩大,可以使用更大型和更有效率的机器设备,设备的规模成本指数降低。从整个企业经营的角度来说,水平并购会带来大规模采购的收益。采购量的增加增强了企业在要素市场上的地位,这种地位表现为企业讨价还价能力以及获取信息能力的增强等,从而带来采购上的规模经济。另外,水平并购还会使企业能够进行更专业化的分工,这样会提高效率和节约成本。

(2) 优势互补

并购可使企业在保持整体产品结构的情况下,在某一企业进行单一产品生产,达到专业化要求;同时可以有效解决由于专业化引起的各生产流程的分离。

(3) 市场势力

并购可使企业集中足够的经费用于研发,迅速推出新产品,采用新技术,提高企业的市场集中度,增强企业对市场的控制能力。

**2. 财务协同效应**

财务协同效应是指并购的发生在财务方面给企业带来收益,使企业在并购交易中获得税收优势、发展机会和降低资本成本等好处。在企业兼并发生后,通过将收购企业的低资本成本的内部资金,投资于被收购企业的高效益项目上,从而使兼并后的企业资金使用效益提高。那些发展时间较长,已进入成熟期或衰退期的企业,往往有相对富裕的现金流入,但是苦于没有合适的投资机会,所以其管理当局希望能从其他企业中找到有较高回报的投资机会。与此同时,那些新兴企业增长速度较快,具有良好的投资机会,但是其内部资金缺乏,而外部融资的资金成本较高,加之企业负债能力差,获取资金的途径非常有限,因此特别需要资金。

财务协同效应主要表现在:

(1) 现金流量重新分配,提高资金利用效率。

企业内部现金流入更为充足,在时间分布上更为合理。企业兼并发生后,规模得以扩大,资金来源更为多样化。被兼并企业可以从收购企业得到闲置的资金,投向具有良好回报的项目;而良好的投资回报又可以为企业带来更多的资金收益。这种良性循环可以增加企业内部资金的创造机能,使现金流入更为充足。就企业内部资金而言,由于混合兼并使企业涵盖了多种不同行业,而不同行业的投资回报速度、时间存在差别,从而使内部资金收回的时间分布相对平均,即当一个行业投资收到报酬时,可以用于其他行业的投资项目,待到该行业需要再投资时,又可以使用其他行业的投资回报。

(2) 合理避税,获取税收收益。

在推进并购重组工作过程中,税法对于企业的并购决策有着十分重大的影响,其中既包含国家给予企业税收方面的优惠,也包含企业利用科学的财务处理方式进行合法合理避税。对于一个发展前景良好且经济效益丰厚的企业,同亏损而无法维持正常经营的企业进行合并,充分利用盈亏互抵的优惠政策,可以帮助并购企业获得税收收益。

(3)企业资本扩大,破产风险相对降低,偿债能力和取得外部借款的能力提高。企业兼并扩大了自有资本的数量,自有资本越大,由于企业破产而给债权人带来损失的风险就越小。合并后企业内部的债务负担能力会从一个企业转移到另一个企业。因为一旦兼并成功,对企业负债能力的评价就不再是以单个企业为基础,而是以整个兼并后的企业为基础,这就使得原本属于高偿债能力企业的负债能力转移到低偿债能力的企业中,解决了偿债能力给企业融资带来的限制问题。另外那些信用等级较低的被兼并企业,通过兼并,使其信用等级提高到收购企业的水平,为外部融资减少了障碍。

(4)企业筹集资金的费用降低。合并后企业可以根据整个企业的需要发行证券融集资金,避免了各自为战的发行方式,减少了发行次数。整体性发行证券的费用明显小于各企业单独多次发行证券的费用之和。

(5)强化成本管控。兼并和重组后的财务整合工作,可以降低企业的生产成本,有效地整合企业之间过剩的管理能力和生产规模,促进生产规模的扩大,实现固定成本的分摊,降低成本。协调有关经济活动的计划,促进技术成本的转移,降低企业的经营成本和技术成本。

### 7.2.3 并购的风险

**1. 政治风险**

政治风险主要存在于跨国并购中。如果两国在经济上是合作伙伴与互利共赢关系,东道国就会对中国企业到其境内投资持欢迎态度;如果两国在经济上是竞争甚至是敌对关系,东道国便有可能对中国企业的投资行为百般阻挠和刁难。为了保障本国经济的发展以及国家安全,有些国家对于外资常常采取戒备的态度,如规定本国资源类企业不能被外国的国有企业收购,即使允许收购的,也要经过严格的审查和审批等。因此,进行海外并购,需要清楚地了解一些国家的敏感领域,比如能源、金融、先进技术,特别是军民两用的技术和基础设施等。

海外并购虽然对经济发展有很大的作用,但是由于我国现阶段的海外并购经验不成熟,会产生很多问题。海外并购涉及政治风险、法律风险、财务风险和整合风险。其中最严重的就是政治风险,海外并购关乎一个国家的安全,也会使别有用心的其他国家对中国的企业设置市场准入壁垒。今天,海外并购并不成熟,应该慎重考虑对国家安全的影响,来衡量海外并购的具体风险。

**2. 法律风险**

(1)信息不对称引发的法律风险

交易双方在并购前隐瞒一些不利因素,待并购完成后给对方或目标企业造成不利后果。现实中比较多的是被收购一方隐瞒一些影响交易谈判和价格的不利信息,比如对外担保、对外债务、应收账款实际无法收回等,等完成并购后,给目标企业埋下巨大的潜伏债务,使得并购企业付出惨重代价。

(2)违反法律规定的法律风险

这突出表现在信息披露、强制收购、程序合法、一致行动等方面,常常会导致收购失败。

(3)公司并购产生的纠纷

公司并购可能产生的纠纷主要有:产权不明、主体不具备资格导致的纠纷;行政干预纠纷;利用并购进行欺诈的纠纷;员工安置纠纷等。

**3. 财务风险**

企业并购财务风险,主要是指在并购活动中,并购企业为收购目标企业而制定的各种财务决策,受内部因素和外部环境以及突发状况的影响,导致企业财务状况恶化,造成财务危机。企业并购财务风险的类型主要有:

(1)定价风险

定价风险主要包括价值评估风险、关于财务报表的风险和商业谈判风险。

①价值评估风险。价值评估方法并不是单一的,主要有市场法、资产基础法和收益法,每种方法都有自己的计算路径,选择不同的方法对被收购企业进行估值时,实际数值就会因此受影响,造成价值评估风险,给并购带来负面影响。

②关于财务报表的风险。财务报表在企业并购过程中扮演着关键的角色。真实的财务报表可以为收购方提供很多核心的有用信息,而虚假的财务报表会导致收购企业估值有误,进而做出错误的决策,所以应做好对财务报表的审计工作,判断出是否真实可靠,否则容易给企业造成财务损失。

③商业谈判风险。主要是因为谈判双方获取的信息有偏差,此外谈判人员的水平、心理,双方企业的规模,对行业的熟悉程度等因素都会引起价格谈判风险。当被收购方具有优势时,会为了多收益而故意报价很高,此时收购方就会处于被动地位,形成商业谈判风险。

(2)融资风险

这种风险主要表现在资金的运行上。企业并购的融资方式主要包括内部融资和外部融资两种。内部融资对企业的盈利能力要求很高,由于一次性支出大笔资金,会给企业带来很大的财务压力。外部融资可能会面临巨大的债务,甚至会导致企业因偿还不了债务而破产。如果选择了错误的融资方法,不仅会延误企业的周转周期,还可能使其资金链断裂,放缓并购的进程。

(3)支付风险

支付风险主要包括现金交易风险、股票交易风险以及混合交易风险,这也是引起财务风险的重要因素。

①现金交易风险。在并购过程中,如果没有大量的现金来源,资金链断裂,会导致企业的正常运行遭到破坏,降低并购中企业的运营能力,无法及时应对问题,企业的财务风险也会因此增加。

②股票交易风险。在实施并购的过程中,在运用股票交易时,需要发行新股、调整盈

利和控制股票。发行股票需要时间,它不像现金那样方便,所以在这段时间里可能会丧失最好的时机,造成财务风险。

③混合交易风险。混合交易风险是前两者的特点兼而有之。虽然这种方法很灵活,但也有缺点,主要是难以实现连续使用多种交易方式,不利于并购后的管理,资本结构会出现问题。

(4)财务整合存在的风险

企业在并购完成以后,并购双方需要就各项事宜进行处理,尤其应重视财务整合。如果在对被收购企业进行整合的过程中有不恰当的行为,尤其是财务出错,潜在的财务风险就会涌现出来。此外,由于岗位设置和会计政策的差异,并购中可能会存在冲突,让并购企业蒙受损失。

**4. 操作风险**

一般而言,一些企业在并购意向上容易达成一致,但是在实际操作中,由于双方历史背景不同、产品特色不同、营销模式不同、利益取向不同,在企业并购向实质性方向推进时会出现各种阻力与困难,造成多方面的风险。

(1)并购双方的期望目标与实际操作的现实目标相差甚远。在并购中双方都不愿做出让步,相持不下,最终会影响谈判和并购的进度,严重的会使并购流产。

(2)有的并购本身是政府倡导的,但在并购中政府所希望的目标收益与企业所考虑的效益目标有一定差距,政府和企业在目标收益上不能达成共识,这时,政府和企业会站在不同的角度考虑,可能会阻碍并购向前推进。

(3)由于并购双方所隶属的行政主管部门可能有所不同,而并购会使被并购企业的行政主管部门的利益受到一定的影响,这些主管部门会以各种理由阻止并购,从而使并购难度增加。

(4)并购符合市场经济规律,符合企业快速发展的要求,但如果在某些方面影响了被并购企业领导人和部分职工的利益,这些人员会以种种理由阻挠并购的进行,尤其是非国有企业并购国有企业时,这种阻挠现象尤为严重,有的甚至会出现一些扰乱公共秩序和社会安定的现象。

(5)对于跨行业、跨地区的并购,如果并购企业不能及时了解和掌握新行业、新地区的特点和环境,并购前后都有可能出现磨合期加长和"水土不服"的现象,从而使并购大受影响。

**5. 整合风险**

并购整合风险是指根据产权的转让与重构协议,并购公司取得被并购公司的经营控制权,在接管、规划、整合过程中,所遇到的因管理、财务、人事等因素而出现的不确定性,以及由此而导致的并购失败的可能性。具体来讲,主要包括以下几个方面:

(1)战略协同风险

企业战略是企业根据对内外环境的各种制约因素、有利条件等方面的分析,从全局出发制定的较长时期内企业发展所要达到的目标。面对并购后企业内外部条件发生的变化,要保持企业与外部环境的动态平衡,必须对并购企业双方的总体战略进行整合,把目标企业目前运行状况及正在出现的新机会和潜在威胁纳入战略调整的考虑之内。否则,会因双方战略的不匹配导致并购后的企业经营范围过宽或过窄,影响企业的价值创造,导致企业目标模糊,经营方向迷失,企业的资源分散,并最终影响企业的利润,致使企业失去竞争优势。

(2) 财务协同风险

财务管理是公司管理体系的核心,财务整合是发挥企业并购的财务协同效应的前提,是实现并购目标的重要保障。同时,企业并购需要大量的资金,并购决策会同时对企业资金规模和资金结构产生重大影响。只有通过成功的财务整合,才能使并购后的企业集团获得最大限度的目标利润,实现企业内部的资源优化配置,给企业带来财务协同效应;才能使并购方对被并购方实施有效控制,保证并购战略意图如期实现。因此,并购企业必须不失时机地做好财务整合工作。

(3) 组织结构协同风险

组织结构的协同就是根据企业战略目标的需要,通过重新设计企业的组织结构,改变原有的经营管理模式,在有效分工的基础上达到各职位、各部门、各层次的协调运转。企业的并购必然要求企业组织结构进行相应的调整,以实现企业组织结构的相互协同,如果不能实现这一目标,并购后的企业运转效率就可能因此而受到影响,从而导致组织协同风险的出现。

(4) 人力资源协同风险

在企业的生产要素中,最重要因素的不仅包括资金,还包括人力资本,人力资本由于具有能动性和不确定性,决定了它很容易在并购过程中发生变异,这种变异包括通用人力资本资源和独特人力资本资源在并购中的转移,也包括因各种激励措施的变化、企业组织结构的破坏等导致人力资本价值的变化。人力资本价值的变化必然影响未来企业的收益,从而降低并购成功的可能性,产生人员协同风险。

(5) 文化协同风险

文化整合的任务是使来自两个不同企业的员工的文化相互融合,成为一个优秀的整体,消除原来两个不同企业之间的文化鸿沟。企业并购的文化整合风险主要表现在主并购者和被并购者之间的文化差距、文化对立以及两种文化融合的阻力,即取决于三个主要的方面:两个企业不同文化类型的整合难度;企业中主文化与分支机构亚文化的整合难度;企业决策者所采用的整合模式。

## 7.3 兼并收购的基本流程

兼并收购一般包括以下流程:自我评估、确定目标、组织合作伙伴、尽职调查、确定并购方案、执行并购以及并购后的整合。

### 7.3.1 并购方的自我评估

自我评估是并购操作的第一步。企业自我评估的目的在于结合企业的战略安排与财务状况,分析企业的兼并需求、目标和能力。主要回答以下问题:企业经营目前处于哪一个发展阶段?企业的发展潜力如何?企业的竞争地位及该地位今后的变化趋势如何?企业将面临哪些机遇和挑战?企业的发展是否要扩展到新的经营领域中去?有没有收购其他企业的必要?收购能不能增强企业的业务能力和竞争优势?企业有没有财力和管理能力去收购别人,会不会因此成为反并购的目标?等等。具体来说,并购方的自我评估包括以下方面:

(1)并购方自身的发展战略;
(2)国内外宏观经济背景,与并购方发展战略相关的地区经济形势;
(3)并购方拟进入产业的发展趋势以及所面临的机遇与挑战;
(4)并购方自身资金实力、融资能力以及并购后期望达到的各项财务目标;
(5)并购方与目标企业所在的国家或地区针对并购交易的法律法规。

自我评估起着非常重要的作用,我们已经谈到,兼并的经济效果其实并不如人们想象的那样美妙。许多公司,甚至是一些国际知名的大公司,就是因为不恰当的兼并收购导致元气大伤,大大减弱了其抵抗风险的能力和发展后劲,最后导致了破产。收购一般要花很大的代价,因为收购要占用很多的资金,从而使主并购企业的抗风险能力明显减弱,如果所收购的目标企业不能带来利润,不能增加现金流,那么,企业的资金周转就可能会受到很大的影响。许多企业因并购而导致失败,这与事前缺乏正确的自我评估不无关系。

### 7.3.2 确定并购目标

目标筛选,首先要考虑的是目标,要考虑企业是否符合主并购企业的战略需要。内容包括:

(1)目标企业所属的产业和所生产的产品是什么?产品的吸引力、竞争力如何?与主并购企业是否存在战略上的协同效应?
(2)目标企业的资产规模、销售量及市场份额,一方面,要了解对方的实力以及目标企业对收购以后成立的新公司在市场份额和提升公司竞争力方面所能做出的贡献;另一方面,如果目标企业的规模非常大,就可能超过主并购方的收购支付能力。
(3)目标企业的财务状况是否健全,这是尽职调查的重要内容。
(4)兼并双方之间组织文化整合的难易程度即能否比较容易地进行组织方面的整合或文化方面的整合,直接决定着兼并的效果。
(5)目标企业是否具有反收购的章程,开展反收购战的可能性有多大?因为反收购可能会大大增加兼并的成本,提高收购的难度,增加失败的风险。

### 7.3.3 组织合作伙伴

此阶段主要工作包括:

(1)确定可靠的合作伙伴或一致行动人。一致行动人指投资者通过协议或其他安排,与其他投资者共同扩大其所能支配的一个上市公司股份表决权数量的行为或者事实。狭义上是指在上市公司收购过程中,联合起来收购一个目标公司股份并就收购事项达成协议的两个或两个以上的人,也就是联合收购(Consortium Offer)人;广义上不仅包括联合收购人,还包括在证券交易和股东投票权行使过程中采取共同行动的人。

(2)聘请并购顾问。《上市公司收购管理办法》规定,收购方进行上市公司的收购,应当聘请在中国注册的具有从事财务顾问业务资格的专业机构担任财务顾问。收购方未按照该办法规定聘请财务顾问的,不得收购上市公司。《上市公司收购管理办法》还规定,收购方提出豁免申请的,应当聘请律师事务所等专业机构出具专业意见。在上市公司收购中,财务顾问为履行职责,可以聘请其他专业机构协助其对收购方进行核查,但应当对收购方提供的资料和披露的信息进行独立判断。

(3)成立并购工作小组,由收购方和并购顾问以及律师等组成。

### 7.3.4 尽职调查

信息不对称风险是并购与资本运作当中最重要的风险之一,尽职调查(或称审慎调查)是降低并购过程中的信息不对称风险的最主要手段,理所当然地应成为并购操作的重要一环。所谓尽职调查,就是从资产、负债、财务、经营战略和法律角度对目标企业进行一系列深入调查和核查,了解目标企业真实的经营业绩和财务状况以及目标企业所面临的机会和潜在风险,以对目标企业做出客观评价,帮助主并购方做出正确的收购决策。尽职调查通常分以下几个方面进行:

(1)业务市场调查。主要了解目标企业的行业状况、产品竞争力、市场现状、市场前景等。

(2)资产情况调查。主要了解目标企业的资产是否账实相符,了解其无形资产的大小,产权质押及是否有产权归属不明的问题。

(3)负债情况调查。主要了解目标企业的债权债务和义务,特别是或有负债的情况。

(4)财务方面的调查。主要了解目标企业的收支状况、内部控制、或有损失、关联交易、财务前景等。

(5)税务方面的调查。主要了解目标企业的纳税情况及有无拖欠税款的情形。

(6)法律事务调查。法律事务调查涉及目标企业一切可能涉及法律纠纷的方面,包括目标企业的产权纠纷,正在进行的诉讼事项,潜在的法律隐患等,这些调查结果可能会对并购的进行与否产生直接的影响。

### 7.3.5 确定并购方案

**1. 对并购目标估值**

并购估值就是并购交易双方确定目标企业的最终产权转让价格的过程,它是并购财务决策中最关键的问题,直接关系到并购双方的利益。估值包括账面价值、自由现金流折现、对比估值方面。

估值方法有重置成本法、清算价值法、现金流贴现法、未来收益法、市盈率估值法(P/E)和EVA(经济附加值法)等。

**2. 确定支付方式**

并购的支付方式有现金支付、股票支付和混合支付三种形式。用现金支付减少了出售方的不确定性,但增加了税收的影响;用股票支付使出售方的实际收入取决于股票所属公司的经营表现,但此时并购方财务压力较小并且出售方避免了即时的纳税;混合支付则兼有两种方法的优点。在选择支付方式的过程之中,需要考虑多方面的因素:目标方股东要求、并购方股东要求、税收因素、自由资金情况、证券市场行情等。

**3. 并购资金来源**

并购之中能否及时、足额、低成本地筹措到并购所需资金,并将其合理支付到有关方面,从而完成并购的法律程序,是决定并购成功与否的关键所在。并购的资金来源与企业普通的融资一样,有自有资金、金融机构贷款、股票融资和债券融资。其中比较特殊的有卖方融资、过桥贷款等融资方式。

**4. 并购后对目标企业的安排**

并购后对目标企业的安排包括:并购款项的支付进度,并购后目标企业的经营方向和发展战略,并购后目标企业的组织架构和运行机制,并购后目标企业董事会、监事会的人员构成,并购后目标企业管理层的人员组成以及并购后目标企业的员工安排、薪酬及退休金计划安排。

### 7.3.6 执行并购

**1. 谈判与签约**

尽管收购协议的当事人是收购方以及目标公司的股东,但是通常情况下,收购方进行收购之前会向目标公司董事会提出收购意见,双方就收购事项进行磋商和谈判,最终就收购事宜达成一致意见。在大多数情况下,这些工作是在收购方和目标公司之间秘密进行的。所以,协议收购一般都是善意收购。

**2. 要约收购问题的解决**

由于我国上市公司收购制度起步较晚,在该制度上还未建立完整、成熟的法律体系,在许多方面都存在着法律问题。为了发挥要约收购的真正价值,充分实现资本的有效配置,保护上市公司股东的利益,规范收购行为,遏制内幕交易的发生,必须对要约收购中存在的法律问题予以充分的重视。

**3. 目标公司对收购要约的批准**

如果股权转让协议涉及国家股或者国有法人股,必须向相应的国有资产管理部门提出报告,申请批准。

另外,有些特殊股份的转让还必须征得有关部门的批准。例如,在转让股份为外资股的情况下,必须获得外资管理部门的批准。如果出让的股份为非国有性质,那么股份持有人即其所有人,只需征得持股股东的同意即可。

### 7.3.7 并购后的整合

并购的整合阶段主要包括财务整合、人力资源整合、资产整合、企业文化整合等方面的事务。其中的主要法律事务包括:

(1) 目标公司遗留的重大合同处理;

(2) 目标公司正在进行的诉讼、仲裁、调解、谈判的处理;

(3) 目标公司内部治理结构的整顿(包括目标公司董事会议事日程、会议记录及与关

联公司的法律关系协调等);

(4)依法安置目标公司原有工作人员。

公司并购是风险很高的商业资产运作行为,操作得当可能会极大提升资产质量,提高公司的竞争力,带来经济收益,操作不当则会使当事人陷入泥潭而难以自拔。因此,公司在决定采取并购策略进行扩张之前,一定要经过审慎的判断和严密的论证;在并购的操作过程中,一定要仔细设计每一个并购阶段的操作步骤,将并购交易可能的风险降至最低。

## 7.4 投资银行在并购中的作用

### 7.4.1 并购活动的策划与实施

大多数投资银行都设有并购部门(一般从属于公司金融部)专门从事并购业务。这些部门平时致力于搜集有关可能发生的兼并交易的信息,包括查明有哪些持有超额(剩余)现金的公司可能想收购其他公司、哪些公司愿意被兼并收购、哪些公司有可能成为引人注目的目标公司等。也就是说,投资银行手里握有大量潜在产权交易的信息。由于信息和投资银行长年积累起来的并购技巧及经验等方面的优势,并购中的双方一般都会聘请投资银行帮助策划、安排有关事项。

例如,如果一个石油企业决定扩张到煤矿业,那么这个企业很可能要得到投资银行的协助,帮助它确定被兼并的煤矿,并组织谈判。同样,经营状况恶化的企业,其持有异议的股东也可能暗中要求投资银行帮助对该企业进行兼并。

当一家投资银行受聘为买方的财务顾问后,它所要进行的工作主要是:

(1)替买方寻找合适的目标公司并加以分析;

(2)提出具体的收购建议,包括收购策略、收购的价格与非价格条件、收购时间表和相关的财务安排等;

(3)和目标公司的董事或大股东接洽并商议收购条款;

(4)编制有关的并购公告,详述有关并购事宜,同时准备一份寄给目标公司股东的函件,说明收购的原因、条件和接纳收购程序等;

(5)提出一个令人信服的、买方有足够财力去完成的收购计划。

西方上市公司的收购行为中有一种独具特色的类型——上市公司私有化。所谓私有化(Privatization)是指由上市公司大股东作为收购建议者所发动的收购活动,目的是要全数买回小股东手上的股份,买回后撤销这家公司的上市资格,变为大股东本身的私人公司。在多数情况下,大股东和被私有化的股东都会聘请投资银行作为财务顾问。投资银行作为大股东的财务顾问,主要是向大股东提供以下建议:私有化的方式、私有化的价格及非价格条件、私有化成功的机会、编制有关私有化计划的文件。作为小股东的财务顾问,投资银行的工作主要是就私有化建议是否合理,向独立董事(与大股东没有关联)和小股东提供意见。

投资银行在提出它们的建议时,应考虑的因素主要是:公司近期股价的表现、私有化价格的市盈率和股息率、私有化价格对公司资产净值的溢价或折让水平、大股东发动公司私有化的动因及公司的前景等。

### 7.4.2 帮助并购方筹集并购资金

投资银行作为收购方公司并购的财务顾问的同时,往往还作为其融资顾问,负责其资金的筹措,这在杠杆收购中表现得最为突出。

与其他并购方式一般是"大鱼吃小鱼"不同,杠杆收购的最大特点就是通过增加公司的财务杠杆来达到"小鱼吃大鱼"的目的。根据调查,从事杠杆收购的美国公司的资本结构大致为:股本5%～20%、垃圾债券10%～40%、银行贷款40%～80%,杠杆比率一般是1:5到1:20。

投资银行依据杠杆收购中的买方主要使用债务资金"以债换权益"(Debt-for-Equity)和要求保密的特点,可从以下三方面去开展工作:

(1) 建议收购;
(2) 安排资金融通;
(3) 安排过渡性资金筹措——桥梁式融资(Bridge-Financing)。

在资金融通工作中,投资银行的主要作用体现在协助购买方设计和组织发行垃圾债券。垃圾债券简单说指的就是高收益高风险的投资级以下(从BB级到CCC级)的债券,最早起源于美国,在20世纪五六十年代主要作为小型公司筹集开拓业务之用的资金的融资工具。进入70年代以后,随着杠杆收购的兴起,垃圾债券的用途已从最初的拓展业务,逐步转移到公司的收购与兼并上来。利用垃圾债券举债收购最成功的例子是1988年底,亨利·克莱斯对雷诺烟草公司的收购。美国的德崇证券是一家专门为杠杆收购提供融资的公司,该公司在著名的"垃圾债券之王"迈克尔·米尔肯的率领下,曾经为美国上百家小公司的兼并,尤其是杠杆收购发行垃圾债券,提供收购的资金来源。为此,该公司获得了上亿美元的佣金收入,同时亦推动了80年代席卷美国的企业并购热潮。后来在1989年华尔街股市风波的冲击之下,德崇证券宣布破产,其他投资银行于是纷纷收缩这方面的业务,大举退出对杠杆收购的融资,市场萎靡不振。一直到1995年,此种业务才又重新活跃起来。

所谓桥梁式融资,指的是在长期债务资金筹措完成之前的临时短期资金借贷。投资银行在为并购方安排桥梁式融资时,有时亦会提供其自有资本;而在并购方偿还出现暂时困难或其他特殊情况下,亦可以将这种过渡性短期贷款转为中长期融资。

### 7.4.3 为目标企业实施反收购服务

在并购交易中,目标公司为了防御和抵抗敌意收购公司的进攻,往往请求投资银行设计出反兼并与反收购的策略来对付收购方,增加收购的成本和困难。常见的措施有寻求股东支持、股份回购、诉诸法律、白衣骑士、毒药丸子和驱鲨剂等。作为目标公司的代理或财务顾问,投资银行的工作主要是:

(1) 针对敌意的收购,和公司的董事会一起制定出一套防范被收购的策略,如向公司的股东宣传公司的发展前景,争取大股东继续支持公司的董事会和持有公司的股票等;

(2)就收购方提出的收购建议,向公司的董事会和股东做出收购建议是否公平合理和应否接纳收购建议的意见;

(3)编制有关的文件和公告,包括新闻公告,说明董事会对建议的初步反应和他们对股东的意见;

(4)协助目标公司董事会准备一份对收购建议的详细分析和他们的决定,寄给本公司的股东。

投资银行在进行上述工作时应考虑到:

(1)如果目标公司为上市公司,它的股价表现,包括股价近期有没有异常的变动、股票的交易状况等。

(2)市盈率。收购价的市盈率是否合理,这需要和市场上类似的公司相比较,同时亦应考虑目标公司未来的发展前景。

(3)股息率。收购价的股息率应和当时的市场利率和市场上类似公司的股息率做比较。

(4)公司的资产净值。收购价是高于还是低于公司的资产净值,公司资产净值的计算应包括有形资产和无形资产(专利、商誉等)。

(5)公司的发展潜力。收购价格是否反映了公司的前景,包括公司所处行业的前景、公司的竞争能力和公司管理层的素质等。

## 思考题

1. 兼并的实质和类型是什么?
2. 请简述兼并收购的基本流程。
3. 敌意并购的三种方式是什么?
4. 并购包含哪些基本流程?请简述每个流程的基本工作。
5. 请简述投资银行在并购中的作用。

# 第 8 章　资产证券化

思政园地

## 8.1　资产证券化概述

### 8.1.1　什么是资产证券化

资产证券化指以基础资产未来所产生的现金流为偿付支持,通过结构化设计进行信用增级,在此基础上发行资产支持证券(Asset-Backed Securities,ABS)的过程。它是以特定资产组合或特定现金流为支持发行可交易证券的一种融资形式。自1970年美国的政府国民抵押贷款协会首次发行以抵押贷款组合为基础资产的抵押支持证券——房贷转付证券,完成首笔资产证券化交易以来,资产证券化逐渐成为一种被广泛采用的金融创新工具并得到了迅猛发展,在此基础上,又衍生出风险证券化产品。若从技术角度定义证券化,则资产证券化是这样一个过程,首先将各个贷及其他债务工具打包,据之发行证券,对其进行信用升级后卖给第三方投资者。这样那些缺乏流动性的资产就转变成了具有流动性的可交易的证券,从而易于被投资者接受。资产证券化有狭义和广义之分。

**1. 广义的资产证券化**

广义的资产证券化指第二次世界大战后世界金融领域里的资本市场代替金融中介、直接融资代替间接融资的趋势,指某一资产或资产组合采取证券资产这一价值形态的资产运营方式。

美国证券交易委员会(SEC)定义资产证券是由特定的应收款资产池或其他金融资产池支持,保证偿付的一种证券。资产池中的金融资产的期限可以是固定的,也可以是循环周转的,在特定时期内可以产生现金流和其他权利。资产证券也可以由其他资产来保证服务或保证按期向证券持有人分配收益。美国学者格顿纳定义资产证券化是使储蓄者与借款者通过金融市场得以部分或全部匹配的一个过程或工具。在这种安排下,开放的市场信誉(通过金融市场)取代了由银行或其他金融机构提供的封闭的市场信誉。该定义强调资产证券化是一种以市场为基础的信用中介,与机构中介不同。"匹配"指以机构中介信用为基础形成的资产进行可转让性的转换处置。

广义的资产证券化包括以下四类:

(1)实体资产证券化,即实体资产向证券资产的转换,是以实物资产和无形资产为基础发行证券并上市的过程。

(2)信贷资产证券化,就是将一组流动性较差的信贷资产,如银行的贷款、企业的应收账款,经过重组形成资产池,使这组资产所产生的现金流收益比较稳定并且预计今后仍将稳定,再配以相应的信用担保,在此基础上把这组资产所产生的未来现金流的收益权转变为可以在金融市场上流动的、信用等级较高的债券型证券进行发行的过程。

(3)证券资产证券化,即证券资产的再证券化过程,就是将证券或证券组合作为基础资产,再以其产生的现金流或与现金流相关的变量为基础发行证券。

(4)现金资产证券化,指现金的持有者通过投资将现金转化成证券的过程。

**2. 狭义的资产证券化**

狭义的资产证券化指信贷资产证券化,是20世纪70年代产生于美国的一项金融创新。按照被证券化资产种类的不同,信贷资产证券化可分为住房抵押贷款支持的证券化(MBS)和资产支持的证券化(ABS)。资产证券化的本质是将金融机构或其他企业持有的缺乏流动性、但能够产生可预见的稳定的预期现金流的资产集结成资产池,通过一定的结构性安排,对资产池中资产的风险与收益进行重组,以资产池的预期现金流为信用支持发行证券进行融资的金融过程。

具体而言,它是指将缺乏流动性但能够产生可预见的稳定现金流的资产,通过一定的结构安排,对资产中的风险与收益要素进行分离与重组,进而转换成为可以在金融市场上出售的流通证券的过程。简而言之,就是将能够产生稳定现金流的资产出售给一个独立的专门从事资产证券化业务的特殊目的机构(Special Purpose Vehicles,SPV),SPV以资产为支撑发行证券,并用发行证券所募集的资金来支付购买资产的价格。其中,最先持有并转让资产的一方,为需要融资的机构,整个资产证券化的过程都是由其发起的,称为"发起人"(Originator)。购买资产支持证券的人被称为"投资者"。在资产证券化的过程中,为减少融资成本,在很多情形下,发起人往往聘请信用评级机构(Rating Agency)对证券信用进行评级。同时,为加强所发行证券的信用等级,会采取一些信用加强的手段,提供信用加强手段的人被称为"信用加强者"(Credit Enhancement)。在证券发行完毕后,往往还需要一个专门的服务机构负责收取资产的收益,并将资产收益按照有关契约的约定支付给投资者,这类机构被称为"服务者"。

在资产证券化开始阶段,政府扮演着十分重要的角色。1968年,美国由GNMA(政府国民抵押贷款协会)担保的抵押支持证券发行,是世界上第一支资产证券化证券。此后FNMA(联邦国民抵押贷款协会)及FHLMC(联邦住宅抵押贷款公司)都相继发行抵押贷款支持证券。1977年,所罗门兄弟和美洲银行发行了首例私人机构抵押支持证券。但是在开始阶段,私人机构抵押支持证券的发展遇到不少困难与障碍,直到政府在立法上进行了有关调整,有力地支持了私人机构抵押支持证券的发展。资产证券化发展大致分为四个阶段:

(1)1938—50年代中期以前为资产证券化的萌芽阶段,美国政府成立了联邦住宅管理局和退伍军人管理局,参与抵押的担保、保险,促进了抵押贷款标准化,降低了违约风险。

(2)1954—1968年是其发展阶段,美国在加强担保、保险活动的同时,进行违约抵押清算工作,并于1968年发行了第一笔抵押贷款债券。它一方面为抵押市场带来了前所未有的流动性,另一方面提供了尽可能低的利率。

(3)1968—80年代初期则是它的完备阶段,首先是美国国会颁布法令,进一步强化政府机构在二级抵押市场的作用,相继建立了政府国民抵押贷款协会(GNMA)、联邦国民抵押贷款协会(FNMA)和联邦住宅抵押贷款公司(FHLMC)等二级抵押机构;其次是发行了由政府机构担保的住宅抵押债券。

在完善阶段(80年代初期—90年代初期),证券化相关法律、法规已逐步完善。

(4)90年代初期进入产品创新及国际化阶段。随着资产证券化法律、法规的逐渐健全,投资银行充分利用信贷资产证券化原理,以套利交易为目的,在产品设计上不断创新。同时资产证券化成熟技术被各国采用,有了国际化发展的趋势。

## 8.1.2 资产证券化的特征和意义

根据证券化的基础资产不同,可以将资产证券化分为不动产证券化、应收账款证券化、信贷资产证券化、未来收益证券化(如高速公路收费)、债券组合证券化等类别。根据资产证券化发起人、发行人和投资者所属地域不同,又可将资产证券化分为境内资产证券化和离岸资产证券化。国内融资方通过在国外的特殊目的机构或结构化投资机构(Structured Investment Vehicles,SIV)在国际市场上以资产证券化的方式向国外投资者融资称为离岸资产证券化,融资方通过境内SPV在境内市场融资则称为境内资产证券化。根据证券化产品的金融属性不同,可以分为股权型证券化、债券型证券化和混合型证券化。值得注意的是,尽管资产证券化的历史不长,但相关证券化产品的种类层出不穷,名称也千变万化。最早的证券化产品以商业银行房地产按揭贷款为支持,故称为按揭支持证券(MBS);随着可供证券化操作的基础产品越来越多,出现了资产支持证券(ABS)的称谓;再后来,由于混合型证券(具有股权和债权性质)越来越多,干脆用CDOs(Colleteralized Debt Obligations,债务抵押证券)概念代指证券化产品,并细分为CLOs、CMOs、CBOs等产品。最近几年,还采用金融工程方法,利用信用衍生产品构造出合成CDOs。

资产证券化有三个特征:

(1)资产证券化是结构融资,对于银行贷款、发行证券等传统融资方式,融资者是以其整体信用作为偿付基础,而资产支持证券的偿付来源主要是基础资产所产生的现金流,而与发起人的整体信用无关。

(2)资产证券化是以资产为支持的融资,资产证券化作为一种结构性融资方式,主要体现在成立资产证券化的专门机构SPV、"真实出售"的资产转移和对基础资产的现金进行重组,基础资产的现金流重组可以分为过手型重组和支付型重组两种。

(3)资产证券化是表外融资,在资产证券化融资过程中,资产转移而取得的现金收入列入资产负债表的左边——"资产"栏目中。而由于真实出售的资产转移实现了破产隔离,相应地,基础资产从发起人的资产负债表的左边——"资产"栏目中剔除。这既不同于向银行贷款、发行债券等债权性融资,相应增加资产负债表的右上角——"负债"栏目;也不同于发行股票等股权性融资,相应增加资产负债表的右下角——"所有者权益"栏目。由此可见,资产证券化是表外融资方式,且不会增加融资人资产负债表的规模。

资产证券化的意义有以下几点:

**1. 增强资产的流动性**

从发起人(一般是金融机构)的角度来看,资产证券化提供了将相对缺乏流动性的、个别的资产转变成流动性高的、可在资本市场上交易的金融商品的手段。通过资产证券化,发起者能够补充资金,用来进行另外的投资。例如,商业银行利用资产证券化提高其资产流动性。一方面,对于流动性较差的资产,通过证券化处理,将其转化为可以在市场上交易的证券,在不增加负债的前提下,商业银行可以多获得一些资金来源,加快银行资金周转,提高资产流动性。另一方面,资产证券化可以使银行在流动性短缺时获得除中央银行再贷款、再贴现之外的救助手段,为整个金融体系增加一种新的流动性机制,提高了流动性水平。

**2. 获得低成本融资**

资产证券化还为发起者提供了更加有效的、低成本的筹资渠道。通过资产证券化市场筹资比通过银行或其他资本市场筹资的成本要低许多,这主要是因为发起者通过资产证券化发行的证券具有比其他长期信用工具更高的信用等级,等级越高,发起者付给投资者的利息就越低,从而降低筹资成本。投资者购买时考虑的是由资产支持证券构成的资产组合的整体信用质量,而不是资产支持证券发起者的信用质量。同时,资产证券化为发起者增加了筹资渠道,使他们不再仅仅局限于股票和债券两种筹资方式。

**3. 减少风险资产**

资产证券化有利于发起者将风险资产从资产负债表中剔除出去,有助于发起者改善各种财务比率,提高资本的运用效率,满足风险资本指标的要求。例如,根据《巴塞尔协议》和我国《中华人民共和国商业银行法》的要求,一个稳健经营的商业银行,资本净额占表内外风险加权资产总额的比例不得低于8%,其中核心资本不得低于4%。为了满足这一要求,许多银行必须增加资本或出售资产。由于增加资本是昂贵的,通过资产证券化交易出售资产就成为商业银行满足《巴塞尔协议》要求的有效途径。资产证券化可以将一部分资产从资产负债表中分离出去,减少分母资产数额,提高资本充足率,以更好地满足监管要求。

**4. 便于进行资产负债管理**

资产证券化还为发起者提供了更为灵活的财务管理模式,这使得发起者可以更好地进行资产负债管理,取得精确、有效的资产与负债的匹配。借短贷长的特点使商业银行不可避免地承担资产负债期限不匹配的风险,通过资产证券化市场,商业银行既可以出售部分期限较长、流动性较差的资产,将所得投资于高流动性的金融资产,也可以将长期贷款的短期资金来源置换为通过发行债券获得的长期资金来源,从而实现了风险合理配置,改善了银行的资产负债管理。同时,由于资产证券化允许将发起、资金服务等功能分开,分别由各个机构承担,这有利于体现各金融机构的竞争优势,便于确立金融机构各自的竞争策略。

一般而言,证券化产品的风险权重比基础资产的风险权重低得多。比如,美国住房贷款的风险权重为50%,而由联邦国民住房贷款协会发行的以住房抵押贷款为支持的过手证券却只占20%的风险权重,金融机构持有的这类投资工具可以大大节省为满足资本充足率要求所需的资本金,从而可以扩大投资规模,提高资本收益率。资本金所创造的压力已经成为银行等金融机构对资产支持证券进行投资的主要驱动力。投资者的风险偏好各不相同,资产证券化为投资者提供了多样化的投资品种,例如,有的投资者对风险比较厌恶,就会选择国债等风险较低的投资品种,相应会得到较低的收益。而有的投资者风险偏好较高,就会投资股票或金融衍生工具,当然要求的收益也较高。而资产支持证券丰富了投资品种的风险/收益结构,为投资者提供了更多的投资品种选择。现代证券化交易中的证券一般不是单一品种,而是通过对现金流的分割和组合,设计出具有不同档级的证券。不同档级证券具有不同的偿付次序,以"熨平"现金流波动,甚至将不同种类的证券组合在一起,形成合成证券,从而可以更好地满足不同投资者对期限、风险和利率的偏好。资产证券化技术可以提供无限证券品种和灵活的信用、到期日、偿付结构等,这样就可以"创造"出投资者需要的特定证券品种。这种多样性与结构的灵活性是资产证券化的优良特性,也是投资者最关注的性质。

对资产的原始权益人而言,资产证券化能够增加资产的流动性,提升资产负债管理能力,优化财务结构,增加低成本融资渠道,增加收入来源。对投资者而言,资产证券化可以提供多样化的投资品种,提供更多的合规投资品种,降低资本要求,扩大投资规模。对金融市场而言,资产证券化能够提供新的投融资途径,提高资本配置的有效性,并且提高金融系统的安全性。

## 8.2 资产证券化流程

概括地讲,一次完整的证券化融资的基本流程是:发起人将证券化资产出售给一家特殊目的机构(SPV)或者由 SPV 主动购买可证券化的资产,然后 SPV 将这些资产汇集成资产池(Assets Pool),再以该资产池所产生的现金流为支持在金融市场上发行有价证券融资,最后用资产池产生的现金流来清偿所发行的有价证券。资产证券化交易比较复杂,涉及的当事人较多,一般来说,一个完整的资产证券化融资过程的主要参与者有:发起人、特殊目的机构、托管人、信用增级机构或担保机构、信用评级机构、承销商等。

(1)发起人。发起人也称原始权益人,是证券化基础资产的原始所有者,通常是金融机构或大型工商企业。

(2)特殊目的机构(特定目的受托人)。这里指接受发起人转让的资产,或受发起人委托持有资产,并以该资产为基础发行证券化产品的机构。选择特殊目的机构或受托人时,通常要求满足所谓破产隔离条件,即发起人破产对其不产生影响。

(3)托管人,资金和资产存管机构。为保证资金和基础资产的安全,特殊目的机构通常聘请信誉良好的金融机构进行资金和资产的托管。

(4)信用增级机构或担保机构。此类机构负责提升证券化产品的信用等级,为此要向特殊目的机构收取相应费用,并在证券违约时承担赔偿责任。有些证券化交易中,并不需要外部增级机构,而是采用超额抵押等方法进行内部增级。

(5)信用评级机构。如果发行的证券化产品属于债券,发行前必须经过评级机构进行信用评级。

(6)承销商。承销商指负责证券设计和发行承销的投资银行。如果证券化交易涉及金额较大,可能会组成承销团。

(7)证券化产品投资者,即证券化产品发行后的持有人。

除上述当事人外,证券化交易还可能需要金融机构充当服务人,服务人负责对资产池中的现金流进行日常管理,通常可由发起人兼任。

通常来讲,资产证券化的基本运作程序主要有以下几个步骤:

(1)发起人(也即资金的需求方)根据自身的资产证券化融资要求,确定资产证券化目标,对自己拥有的能够产生未来现金收入流的信贷资产进行清理、估算和考核,明确其将要实施证券化的资产,根据历史经验数据对整个组合的现金流的平均水平有一个基本判断,决定借款人信用、抵押担保贷款的抵押价值等,并将应收和可预见现金流资产进行组合,对现金流的重组可按贷款的期限结构、本金和利息的重新安排或风险的重新分配等进行,根据证券化目标确定资产数,最后将这些资产汇集形成一个资产池,必要情况下也可以将多种相似资产进行剥离、整合组建成资产池。

(2)设立特殊目的机构作为证券的发行机构,并保证其能够实现和发起人之间的破产隔离。特设信托机构是一个以资产证券化为唯一目的的、独立的信托实体,有时也可以由发起人设立。注册后的特设信托机构的活动受法律的严格限制,其资本化程度很低,资金全部来源于发行证券的收入。特设信托机构是资产转化成证券的"介质",是实现破产隔离的重要手段。

(3)发起人将其欲证券化的资产或资产池转让给SPV,且转让必须构成真实出售。基础资产从发起人转移给SPV是结构性重组中非常重要的一个环节,这个环节会涉及税收和会计处理问题。资产转移的一个关键问题是,这种转移必须是真实出售(True Sale),其目的是实现基础资产与发起人之间的破产隔离,即发起人的其他债权人在发起人破产时对已转移的基础资产没有追索权。真实出售的资产转移要求做到以下两个方面:第一,基础资产必须完全转移到SPV手中,这既保证了发起人的债权人对已转移的基础资产没有追索权,也保证了SPV的债权人对发起人的其他资产没有追索权;第二,由于资产控制权已经从发起人转移到了SPV,因此应将这些资产从发起人的资产负债表中剔除,使资产证券化成为一种表外融资方式(也可以提高资产信用级别)。

(4)发起人或者第三方机构对已转让给SPV的资产或资产池进行信用增级。为完善资产证券化的交易结构,特设信托机构要完成与发起人指定的资产池服务公司签订贷款服务合同、与发起人一起确定托管银行并签订托管合同、与银行达成必要时提供流动性支持的周转协议、与券商达成承销协议等一系列的程序。同时,特设信托机构对证券化资产进行一定风险分析后,就必须对一定的资产集合进行风险结构的重组,并通过额外的现金流来源对可预见的损失进行弥补,以降低可预见的信用风险,提高资产支持证券的信用等级。

(5)由中立的信用评级机构对SPV拟发行的资产支持证券进行信用评级,资产支持证券的评级为投资者选择证券提供依据,因而是资产证券化的又一重要环节。评级由国际资本市场上广大投资者承认的独立私营评级机构进行,评级考虑因素不包括由利率变动等因素导致的市场风险,主要考虑资产的信用风险。

(6)SPV以特定的资产或资产池为基础,进行结构化重组,通过承销商采用公开发售或者私募的方式发行证券。信用评级完成并公布结果后,SPV将经过信用评级的资产支持证券交给证券承销商去承销,可以采取公开发售或私募的方式来进行。由于这些证券一般具有高收益、低风险的特征,所以主要由机构投资者(如保险公司、投资基金和银行机构等)来购买。这也说明,一个健全发达的资产证券化市场必须要有一个成熟的、达到相当规模的机构投资者队伍。

(7) SPV以证券发行收入为基础,向发起人支付其原始资产转让的款项,在信用提高和评级结果向投资者公布之后,由承销商负责向投资者销售资产支持证券,销售的方式可采用包销或代销方式。特设信托机构从承销商处获取证券发行收入后,按约定的购买价格,把发行收入的大部分支付给发起人。至此,发起人的筹资目的已经达到。

(8) 由SPV或其他机构作为服务商,对资产或资产池进行日常管理,收集其产生的现金流,并负责账户之间的资金划拨以及相关税务和行政事务。资产支持证券发行完毕到证券交易所申请挂牌上市后,即实现了金融机构的信贷资产流动性的目的。但资产证券化的工作并没有全部完成,发起人要指定一个资产池管理公司或亲自对资产池进行管理,负责收取、记录由资产池产生的现金收入,并将这些收款全部存入托管行的收款专户。

(9) 按照证券发行时说明书的约定,在证券偿付日,SPV以上述现金流为基础,委托受托人按时、足额地向投资者偿付本息。利息通常是定期支付的,而本金的偿还日期及顺序就要因基础资产和所发行证券的偿还安排的不同而异了。在全部偿付之后若还有剩余,则将剩余现金返还给发起人,资产证券化交易的全部过程也随即结束。

### 案例1

### 嘉实元和3月16日上市 再辟国企改革普惠新通道

2015年3月6日晚间,作为打响混改第一枪的中国石化发布公告称,已有25家投资者向销售公司缴纳了相应的增资价款共计人民币1 050.44亿元。随后3月11日,本次参与混改的公募基金——嘉实元和发布公告称,将于3月16日登陆上海交易所。至此,国内首只获准投资非上市公司股权的公募基金正式登陆二级市场,为更多普通投资者低门槛参与国企改革开辟了新通道。

2014年9月,得益于中石化引资"三优先"之"惠及公众优先原则",嘉实元和成为市场上首只直投重组后中石化销售公司未上市股权的公募基金。凭借大胆突破和坚持创新,嘉实元和在满足法律法规要求的原则下,突破了正常情形下基金投资单一证券不得超过资产净值的10%的限制,拟将不超过50%的资产参与中石化销售公司的增资扩股,剩余资产投资固定收益类产品。

从PRE-IPO到IPO再到上市交易,嘉实元和一共存在三次定价和两次溢价机会,同时从投资风险看,投资结果直接取决于中石化销售公司的表现。受益于市场对于重组改制并有上市预期的中石化销售公司的利好预期,以及社会公众参与国有企业混改的民意所归,虽然嘉实元和认购起点高达10万元,但是规模100亿元的发行份额发售当日即售罄,并且录得较大超额认购比例。如今,随着嘉实元和的上市,二级市场投资者参与门槛降低至1万元,为更多普通大众在国企改革的盛宴中分得一杯羹打开通道。

事实上,透过嘉实元和上市背后的投资机遇,市场更关注中石化"销售公司"的单独上市。业内人士普遍认为,中石化引入千亿元社会资本仅仅只是开始,国有资产证券化以获得更多社会资本用于开拓和发展新业务才是重点。而未来"销售公司"的上市,对中石化的估值与股价都会带来很大的想象空间。

(资料来源:证券时报,编辑:苏向杲,2015年3月12日)

## 不良资产证券化:中誉2016-1项目

中誉2016-1项目是我国在2016年宣布不良资产证券化业务重启后的第一单不良资产证券化试点产品,标志着不良资产证券化在我国的正式开启。中国银行于2016年5月19日在中央国债登记结算有限公司发布了项目发行说明书,其中指出中誉一期优先档资产支持证券以3.42%的利率在银行间债券市场发行,发行金额共计23 478万元,规模占比78%,评级为AAA,预计到期日为2019年3月26日,法定到期日为2021年3月26日。而次级档资产支持证券的发行规模为6 622万元,规模占比22%,预计到期日与法定到期日均为2021年3月26日,由中国信达资产管理股份有限公司投资持有。

(1)发起机构与贷款服务机构

中国银行是本次项目的发起机构与贷款服务机构。1905年,清政府建立户部银行,1908年改为大清银行,1912年改为中国银行。2004年8月26日,中国银行股份有限公司挂牌成立,中国银行的历史翻开了崭新的篇章。中国银行在我国金融市场中占据重要地位,是国内首家"A+H"发行上市的中国商业银行。2017年,中国银行在全球1 000家大银行中排名第四位,在全球银行品牌500强中排名第五位。

(2)受托机构

兴业国际信托有限公司是本项目的受托机构。兴业信托成立于2003年3月,是我国最具影响力的信托公司之一。自2012年底,兴业信托获得由银监会批复的担任特定目的信托受托机构资格以来,兴业信托从推动公司业务转型的高度出发,致力于专业能力和服务水平的提升。截至项目发行前,兴业信托共发行6单信贷资产支持证券,规模合计约为188.67亿元。

(3)主承销商

本项目的主承销商有两家,即招商证券股份有限公司和中银国际证券有限责任公司。招商证券拥有多层次客户服务渠道,曾以主承销商的身份成功参与金融机构信贷资产证券化产品的发行,掌握了信贷资产证券化项目的完整流程,具备强大的销售实力。中银国际经中国证监会批准于2002年2月28日在上海成立,再加上与中国银行的特殊关系,助力于此次项目的顺利发行。

(4)资金保管机构

本项目的资金保管机构是招商银行股份有限公司北京分行。该分行曾在多笔资产证券化项目中承担资金保管这一职能,具有非常丰富的经验。据不完全统计,该分行提供服务的证券化项目的规模高达百亿。

(5) 登记托管机构

本项目的登记托管机构是中央国债登记结算有限责任公司。它是经国务院批准设立的国内首家中央登记托管结算机构,属于国有独资的中央金融企业,现已发展成为各类金融资产的中央登记托管结算机构。

(6) 信用评级机构

本项目的评级机构为中债资信评估有限责任公司和联合资信评估有限公司。这两所评级机构都拥有专业且具有高度责任感的管理团队,并在金融产品的评级中有着丰富的经验。

中誉 2016-1 项目的入池不良贷款包括 42 个借款人及 72 笔贷款。在 2015 年第三季度末,入池资产未偿本金余额为人民币 123 256.20 万元,未偿利息余额为人民币 2 126.47 万元,未偿本息合计为人民币 125 382.67 万元。根据资产评估机构的评估,本期资产池中预计可回收现金合计为 42 155.53 万元。借款人分布在山东省九个市内,不良贷款所涉及行业 20 多个,包括批发业、化学原料与制品制造业、道路运输业等。本项目的资产池所涉及的贷款笔数与借款人数量较低,资产池合同初始金额的总额并不高,这也使得此次不良资产支持证券的发行额较低。究其原因,可能是中国银行在发行不良资产证券化产品中持谨慎态度,此次发行组建较小的资产池只是初步的尝试。另外,在选择入池资产方面,中誉 2016-1 项目的资产池没有损失类贷款,可疑类贷款也只占 3.31%,余下全部为次级类贷款,共计 71 笔,占比 96.69%。并且加权平均逾期期限为 2.44 月,加权平均贷款账龄 6.32 月。从这些数据中可以看出,中誉 2016-1 项目的资产池中较为优良的资产占比较大,中国银行对此次发行成功提供了全方位的保障。从地区分布角度来看,本次资产池的全部不良资产来自山东省,地区集中度高。其中,日照(47.19%)和德州(22.71%)在本项目中占据了很大一部分的不良资产,此次不良资产证券化的开展有利于减轻两地分行不良资产的压力。然而,地区集中度过高也会引起过高的地区风险。根据山东省近几年的 GDP 来看,经济增长速度呈缓慢下滑走势,整体经济的发展也会给不良资产的处置带来影响。

信用增级是证券化交易的基础,当资产池资产质量恶化时起到了保护投资者的作用。在中誉 2016-1 项目中,信用增级通过内外部两种方式来实现。内部信用增级是指在证券化交易的结构中不引入外部机构而进行的信用增级方式。中誉一期在证券化内部信用增级的方案设计中采用了最为常见的优先档、次级档分层结构。中誉一期的优先档资产支持证券发行金额共计 23 478 万元,规模占比 78%,评级为 AAA。而次级档资产支持证券的发行规模为 6 622 万元,规模占比 22%。从资产池回收的资金将会按照事先约定的现金流支付顺序支付,排序在现金流支付顺序最后面的证券档将承担最初的损失。所以,在现金流支付顺序中,排名在后的证券档就为高一级别的证券档提供了信用增级。具体来说,次级档资产支持证券为优先档资产支持证券提供了信用增级。另外,该项目在产品结构设计中安排了流动性储备账户,其金额为必备流动性储备金额,既可起到流动性支持的作用,又可在一定程度上保障投资者的利益。在外部增级方面,本次交易将根据资产支持证券的发行结果确定除发起机构以外,由信托设立时的次级档资产支持证券持有人担任本项目的流动性支持机构。按照《信托合同》的约定,如果流动性支持触发事件发生,由该机构提供约定金额的流动性支持款项并取得相应份额的特别信托受益权。如存在两个及以上的流动性支持机构,各流动性支持机构按照在信托设立时认购的次级档资产支持证券的份额比例承担差额补足义务。因此,流动性支持机构的设置方式降低了中誉2016年第一期不良资产支持证券的风险,为其本息的偿付提供了保障。

(资料来源:不良资产证券化试点重启:机理、案例与改进思路,杨迪川,《南方金融》,2016年第10期)

## 案例3

### 不良资产证券化:华侨城欢乐谷入园凭证资产证券化

2012年12月4日,华侨城A(000069.SZ)发行的18.5亿元的欢乐谷主题公园入园凭证专项资产管理计划(以下简称"欢乐谷ABS"),是国内首单以入园凭证为基础资产的ABS项目。目前,欢乐谷ABS产品已于2017年12月4日完成清算。欢乐谷作为中国最早一批主题公园的代表,亦是旅游类资产证券化产品中"第一个吃螃蟹"者,5年时间的ABS专项计划已经走完,通过该计划,不仅可一窥欢乐谷背后的部分金融运作模式,更可见近年来国内主题公园竞争的激烈程度。华侨城A发布公告称:公司第五届董事会第八次会议审议通过了关于设立欢乐谷主题公园入园凭证专项资产管理计划并授权总裁办理相关事项的议案,并于当日正式成立在深交所挂牌交易。这意味着公司筹备多时的资产证券化产品发行成功,这一产品也是我国第一单基于入园凭证现金流的专项资产管理计划。根据方案,该资产证券化的基础资产是华侨城旗下的深圳、北京和上海欢乐谷主题公园5年内特定期间(5月~10月)的入园凭证,合计募集资金18.5亿元,共设优先级受益凭证和次级受益凭证两种受益凭证。其中,优先级受益凭证分为华侨城1至华侨城5共5档,期限分别为1年至5年,募集资金17.5亿元,由符合资格的机构投资者认购;次级受益凭证规模为1亿元,由原始权益人之一的华侨城A全额认购。

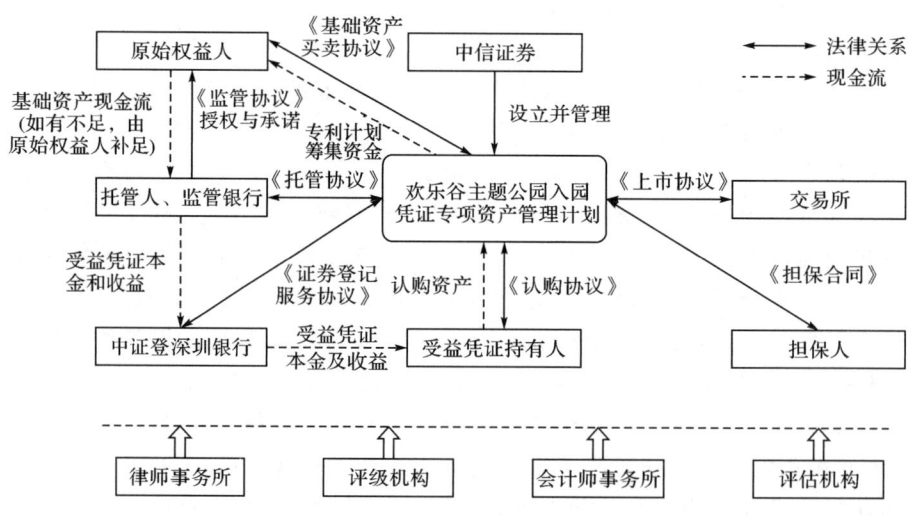

图8-1 欢乐谷主题公园入园凭证专项资产管理计划交易架构图

由图8-1可以看出,华侨城是原始权益人,原始权益人将"欢乐谷主题公园入园凭证专项资产"信托给中信证券设立的特殊目的机构(SPV)"欢乐谷主题公园入园凭证专项资产管理计划"。然后SPV向投资者(受益凭证持有人)发行优先级受益凭证和次级受益凭证,则实现了资产证券化的过程。因此,在资产证券化中,原始权益人、SPV和投资人(受益凭证持有人)是核心的三个主体。

华侨城将欢乐谷入园凭证证券化的基本程序是:华侨城向中信证券旗下的资产管理公司(SPV)提供基础资产,资产管理公司将以这部分资产未来的现金流为偿付来源,面向投资者发行资产支持受益凭证(资产支持票)。"资产支持受益凭证"类似有担保的债券,具有确定的预期收益率和期限,并按照约定的时间和方式还本付息,同时在上交所或深交所交易流通。根据前述案例数据,募集资金将分为优先级受益凭证和次级受益凭证。其中优先级受益凭证募集资金17.5亿元,次级受益凭证规模为1亿元,本次募集额合计为18.5亿元。欢乐谷ABS是因建设和运营欢乐谷主题公园而获得的专项计划,在成立之次日起5年内特定期间(5月1日—10月31日)华侨城A及下属两家子公司拥有的欢乐谷主题公园入园凭证为基础资产,合计募集资金18.5亿元。欢乐谷ABS优先级资产还本付息方式为按年付息,到期偿还本金。次级资产不设预期收益,各期资金兑付优先级本息后,剩余资金全部兑付次级。联合信用给予欢乐谷ABS优先级资产支持证券AAA级的评级,次级不做评级。信用评级等级越高,所发行的证券风险越低,发行人的成本越低。

欢乐谷ABS主要增信措施如下:优先级/次级结构分层:本期受益凭证采用优先级/次级顺序偿付的结构,优先级/次级的偿付顺序为优先级受益凭证的兑付提供了一定的保障支持;本期优先级受益凭证项下五个期限产品逐年偿还各档优先级受益凭证到期的本金规模,每年以固定利率支付预期收益;原始权益人差额支付承诺:华侨城A为本专项计划提供无条件不可撤销的差额支付义务;华侨城集团保证担保:华侨城集团对原始权益人的差额支付承诺提供不可撤销的连带责任保证担保。华侨城集团共持有华侨城A53.47%的股份,为其控股股东,最终控制人为国务院国资委。作为担保人的华侨城集团行业地位稳固,收入和利润保持增长,整体实力较强,其所提供的差额补足担保,对专项计划所涉及的优先级受益凭证具有很强的保障作用。欢乐谷ABS项目预期完成情况与实际对比,三家欢乐谷都较好地完成项目预期。欢乐谷ABS项目在5年的信用评级中,中诚信都维持了优先级资产支持证券AAA信用等级。

欢乐谷ABS项目并不是华侨城第一次触摸ABS。早在2006年,"资产证券化"已被华侨城前总裁任克雷列入2006—2010五年计划,并在2006年有所尝试,后被搁浅。除欢乐谷ABS项目外,2017年3月28日,华侨城地产与中国工商银行深圳分行和中信信托投资有限公司就"华侨城租赁收益权直接融资项目"签约,融资金额6.5亿元。该项目是华侨城地产以其深圳本部的部分收益型物业,包括商铺、写字楼、厂房和国际公寓等物业的未来5年租金收益委托中信信托发行财产信托产品,托管银行和监管银行均为工商银行深圳分行。该资金的主要投向,除支持外地公司的购置土地费用以外,还有外地的股权投资费用,以及部分用于偿还短期银行贷款。就华侨城欢乐谷主题公园入园凭证资产证券化而言,作为一种融资方式,不仅为欢乐谷,也为其他主题公园建设者拓宽了融资渠道,提高了资产流动性,优化改善了资本结构。在解决主题公园融资难问题的同时,提升了其持续融资的空间。

(资料来源:欢乐谷入园凭证资产证券化案例简析,李岩,《科技经济导刊》,2018年第12期)

## 8.3 典型的资产证券化产品

根据产生现金流的证券化资产的类型不同,资产证券化可分为住房抵押贷款证券化(Mortgage-Backed Securitization,MBS)和资产支持证券化(Asset-Backed Securitization,ABS)。

### 8.3.1 住房抵押贷款证券化

住房抵押贷款证券化指金融机构(主要是商业银行)把自己所持有的流动性较差但具有未来现金收入流的住房抵押贷款汇聚重组为抵押贷款群组,由证券化机构以现金方式购入,经过担保或信用增级后以证券的形式出售给投资者的融资过程。这一过程将原先不易被出售给投资者的缺乏流动性但能够产生可预见性现金流入的资产,转换成可以在市场上流动的证券。住房抵押贷款支持证券的类型包括抵押贷款传递证券、担保抵押贷款证券和切块抵押货款证券。住房抵押贷款支持证券诞生于20世纪70年代的美国,美国政府部门推动了住房抵押贷款的发展,在美国政府的推动下,MBS在美国迅速发展起来。MBS在美国的成功,迅速推广到欧洲、美洲、亚洲和大洋洲国家。

2005年3月,经国务院批准,中国人民银行会同有关部门成立了信贷资产证券化试点工作协调小组,信贷资产证券化试点正式启动。2005年至2008年底,共11家境内金融机构在银行间债券市场成功发行了17单、总计667.83亿元的信贷资产证券化产品。2011年,经国务院同意继续试点,共6家金融机构发行了6单、总计228.5亿元的信贷资产证券化产品。试点以来,信贷资产证券化的基本制度初步建立,产品发行和交易运行稳健,发起机构和投资者范围趋于多元化,取得积极成效。2013年8月28日,国务院召开常务会议,决定在严格控制风险的基础上,进一步扩大信贷资产证券化试点。此次扩大试点的基本思路和原则是:坚持真实出售、破产隔离;总量控制,扩大试点;统一标准,信息共享;加强监管,防范风险;不搞再证券化。扩大信贷资产证券化试点,一是有利于调整信贷结构,促进信贷政策和产业政策的协调配合,在已有授信内支持铁路、船舶等重点行业改革发展,加大对消费、保障性安居工程等领域的信贷支持力度。二是有利于商业银行合理配置核心资本,降低商业银行资本消耗,促进实体经济通过资本市场融资。三是有利于商业银行转变过度依赖规模扩张的经营模式,通过证券化盘活存量信贷,提高资金使用效率,降低融资成本,提高中间业务收入。四是有利于丰富市场投资产品,满足投资者合理配置金融资产的需求,加强市场机制作用,实现风险共同识别。2014年11月20日,中国银监会下发《关于信贷资产证券化备案登记工作流程的通知》,宣布信贷资产证券化业务将由审批制改为业务备案制,不再针对证券化产品发行进行逐笔审批,这意味着我国信贷资产证券化业务进入常态化的发展阶段。

我国首单住房抵押贷款支持证券产品——"建元2005-1"就是由中国建设银行作为发起机构,委托中信信托在银行间债券市场发行的。另外,我国还没有SPV方面的专门立法,但《金融机构信贷资产证券化试点监督管理办法》(以下简称《监管办法》)对SPV的市场准入做出了严格的规定。《监管办法》第9条规定,信托受托机构应当"根据国家有关规定完成重新登记3年以上;注册资本不低于5亿元人民币,并且最近3年年末的净资产不低于5亿元人民币。"同时,《监管办法》第8条规定:"特定目的信托受托机构是指在信贷资产证券化过程中,因承诺信托而负责管理特定目的信托财产并发行资产支持证券的机构,受托机构由依法设立的信托投资公司或银监会批准的其他机构担任。"这意味着我国的SPV的主体将是信托投资公司,但也不排除其他机构担任SPV的可能;投资主体只限于机构投资者。现阶段,我国MBS只能在银行间债券市场交易。《监管办法》第47条规定:"金融机构按照法律、行政法规和银监会等监督管理机构的有关规定可以买卖政府债券、金融债券的,也可以在法律、行政法规和银监会等监督管理机构有关规定允许的范围内投资资产支持证券。"这一方面是汲取我国股票市场的教训,由于我国住房抵押贷款证券化处于起步阶段,相关的法律金融制度不完善,逐步向个人投资者开放MBS业务,可以积累经验,保护中小投资者的利益,避免市场过度的非理性行为;另一方面,MBS在我国是一种全新的固定收益证券,其风险收益特征与普通企业债券、其他固定收益类证券不同,对风险管理能力要求高,而机构投资者在这一方面比较成熟,从而能够保证国内住房抵押贷款证券项目的顺利实施。

我国向个人投资者开放MBS业务只是时间上的问题。从成熟市场的资产证券化实践来看,只有切实保护中小投资者的利益,才能真正推动资产证券化的发展,这就需要进一步健全和完善相关法律法规和制度;信用增级的形式灵活多样,政府不为MBS提供信用担保。信用增级是指在住房抵押贷款证券化交易结构中通过合同安排所提供的信用保护。信用增级的方式可以分为外部法和内部法:外部法是指第三方根据相关法律文件中所承诺的义务和责任,向信贷资产证券化交易的其他参与机构提供一定程度的信用保护,并为此承担相应的风险;内部法是指通过重新安排证券获得偿付的优先次序,提高优先级证券的信用级别,或通过发起人提供更多的连带责任提高证券的信用级别。我国MBS的信用增级形式可以是内部法和外部法,但是不能由政府提供信用担保。《监管办法》第30条规定:"信用增级可以采用内部信用增级和/或外部信用增级的方式提供。内部信用增级包括但不限于超额抵押、资产支持证券分层结构、现金抵押账户和利差账户等方式。外部信用增级包括但不限于备用信用证、担保和保险等方式。"这无疑为我国住房抵押贷款证券化的外部增信提供了法律上的支撑。

住房抵押贷款证券化有以下优势:

**1. 有利于拓宽商业银行的融资渠道**

实行住房抵押贷款证券化,将银行持有的住房抵押贷款转化为证券,在资本市场上出售给投资者,银行可以将这部分变现资金用以发放新的住房抵押贷款,从而拓宽银行的筹集渠道,扩大银行的资金来源,进而增强银行的资产扩张能力。20世纪90年代,美国每年住房抵押贷款的60%以上是通过发行MBS债券来提供的。在我国,随着住房抵押贷款规模的扩大、资本市场的完善以及资产证券化技术的发展,住房抵押贷款证券化必将成为我国商业银行筹集长期性信贷资金的一条主渠道。

**2. 有利于降低商业银行的经营风险**

我国商业银行发放的住房抵押贷款的期限可长达20~30年,借款人一般又以分期支付的方式偿还银行贷款债务。而我国商业银行的负债基本上是各项存款,在各项存款中绝大部分又是5年期以下的定期存款和活期存款,资产与负债的期限不匹配,加大了银行的运营风险。随着住房抵押贷款业务的发展和占银行贷款总额比重的提高,这种"短存长贷"的结构性矛盾将日趋突出,并有可能使银行陷入流动性严重不足的困境,给经济发展和社会稳定造成不良影响。通过住房抵押贷款证券化,将低流动性的贷款转化为高流动性的证券,在提高银行资产流动性的同时,还可以将集中在银行的风险转移、分散给不同偏好的投资者,从而实现银行风险的社会化。

**3. 有利于提高商业银行的盈利能力**

实行住房抵押贷款证券化,不仅可以扩大银行的资金来源,增强银行资产的流动性,还可以为银行创造新的利润增长点。

(1)银行对已证券化的住房抵押贷款仍可继续保留服务职能。包括收回贷款本息、贷款账户记录、组织贷款抵押物拍卖以及其他相关贷款服务,并收取服务费,从而可以给银行带来费用收入。

(2)银行也可以作为证券包销商,为住房抵押贷款支持证券的销售提供服务,从中收取一定的手续费。

(3)住房抵押贷款产生的现金流在支付证券本息及各项费用后,如有剩余,银行还有权参与对剩余现金流量的分配。

可见,住房抵押贷款证券化使银行的收入突破了传统存贷款利差的局限,开发了新的收入来源。同时,由于上述各项业务并不反映在银行的资产负债表上,因而不需要增加银行的资本,从而提高银行的盈利能力。

**4. 有利于加强商业银行的资本管理**

按照《巴赛尔协议》中有关商业银行资本充足比率的规定,各国商业银行资本与加权风险资产的比率最低应为8%(其中核心资本成分为4%)。而资本充足比率偏低一直是影响我国商业银行改革与发展的一个突出问题。通过运用资产证券化技术,将住房抵押贷款证券化,并将这部分从银行的资产负债表中移出,可以相应减少银行的风险资产数量,从而可以提高银行的资本充足比率并相应提升银行的信用等级。因此,我国商业银行要加强资本充足比率管理,提高资本充足比率,除采取"分子对策",即通过内源、外源两条渠道充实资本外,还可以采取"分母对策",即通过信贷资产证券化来提高资本充足比率,以充足的资本支持贷款规模的适度扩张,增强银行的风险承受能力。

**5. 有利于完善中央银行的宏观金融调控**

公开市场业务是中央银行调控货币供应量的基本工具之一。而中央银行在公开市场上买卖的有价证券除政府债券、国库券外,住房抵押贷款证券作为一种流动性强、收益率高的优质债券也可以成为中央银行买卖证券的对象。随着我国资本市场的完善和住房抵押二级市场的扩大,中央银行通过在金融市场买卖住房抵押贷款证券,扩大了交易对象,加大了操作力度,从而可以在广度、深度上对商业银行的流动性进行适时调节,进而有效调节货币供应量。

**6. 有利于推动我国资本市场的发展**

根据货币市场与资本市场的内在关联性,住房抵押贷款证券化要以完善的资本市场为条件,而通过住房抵押贷款证券化又会促进资本市场的发展与完善。一方面,实行住抵押贷款证券化,可以为资本市场提供投资风险小、现金收入稳定的新型投资品种和融资工具,促进储蓄向投资的转化,实现货币市场与资本市场的对接,成为货币市场与资本市场的联结器、金融深化的助推器;另一方面,由于住房抵押贷款证券化是一项系统工程,涉及银行、特设信托机构、信用评级机构、证券公司、资产管理公司以及机构和个人投资者诸多方面,其成功运用不仅要有以上众多参与主体的协调配合,而且要有相应的政策环境和法规体系。因此,实行住房抵押贷款证券化有利于推动我国资本市场的发展。

## 8.3.2 资产支持证券化

资产支持证券化的含义是资产支持证券,典型商品是汽车贷款证券和信用卡证券。与 MBS 不同,ABS 的商品没有从政府那里得到担保,而是通过统计手法测算出风险后,再由信用级别高的银行提供部分担保,或进行优先/滞后部分安排,对滞后部分的风险进行控制,优先部分取得高信用评级后卖给一般投资者。

ABS 日益受到重视的原因是:通过资产证券化手段融资,对这部分资产进行账外处理,原始权益人的资产负债率等财务指标将得到改善。ABS 融资模式是以项目所属的资产为支撑的证券化融资方式,即以项目所拥有的资产为基础,以项目资产可以带来的预期收益为保证,通过在资本市场发行债券来募集资金的一种项目融资方式。资产支持证券是由受托机构发行的、代表特定目的信托的信托受益权份额。受托机构以信托财产为限向投资机构承担支付资产支持证券收益的义务。其支付基本来源于支持证券的资产池产生的现金流。项下的资产通常是金融资产,如贷款或信用卡应收款,根据它们的条款规定,支付是有规律的。资产支持证券支付本金的时间常依赖于涉及资产本金回收的时间,这种本金回收的时间和相应的资产支持证券相关本金支付时间的固有的不可预见性,是资产支持证券区别于其他债券的一个主要特征,是固定收益证券当中主要的一种。可以用作资产支持证券抵押品的资产分为两类:现存的资产或应收款,将来发生的资产或应收款。前者称为"现有资产的证券化",后者称为"将来现金流的证券化"。

资产支持证券是在西方国家融资证券化、直接化的金融大环境下应运而生的,最早出现在 20 世纪 70 年代的美国金融市场,随后被众多成熟市场经济国家接受和采用,近年来又在许多新兴市场国家得以推行,对提高资产流动性、分散信用风险、推动金融市场发展起到了积极作用。目前,美国和欧洲的资产支持证券市场规模较大,其他地区相对较小,我国则刚刚起步。资产支持证券最初采用的基础资产为住房抵押贷款,随着证券化技术的不断提高和金融市场的日益成熟,用于支持发行的基础资产类型也不断丰富,目前还包括汽车消费贷款、信用卡应收款、学生贷款、住房权益贷款(Home Equity Loan)、设备租赁费、厂房抵押贷款、贸易应收款等。2005 年 12 月 8 日,国家开发银行和中国建设银行在银行间市场发行了首批资产支持证券,总量为 71.94 亿元。

**1. 商用房产抵押证券化**

商用房产抵押贷款是指向借款人发放的,以其自有(包括自行开发或收购所得)的商用房产作为抵押物,并以该商用房产的经营收入和借款人其他合法收入作为还本付息来源的贷款,贷款主要用于商用房地产的建设或购置,以中长期为主,还款的现金流将主要来自借款人出租房产的租金收入。商用房产抵押贷款适用于借款人在商用房产经营期的资金需求,贷款用途不得违反国家有关规定。此处的商用房产是指已竣工验收并投入商业运营、经营管理比较规范、经营利润较为稳定、现金流量较为充裕、综合收益较好的商业营业用房和办公用房,包括写字楼、星级宾馆酒店、商场、综合商业设施等形式。

商用房产抵押贷款证券化(Commercial Mortgage-Backed Securitization,CMBS)是指以上述抵押贷款作为支持发行证券的过程。商用房产抵押担保证券是一种证券化的创新融资方式,在现阶段适度从紧的货币政策下,是拓宽融资渠道的有效途径。商用房产抵押担保证券作为一种不动产证券化的融资方式,将多种商业不动产的抵押贷款重新包装,通过证券化过程,以债券形式向投资者发行。该项产品具有发行价格低、流动性强、充分利用不动产价值等优点,因此问世以来,在全球不动产金融市场迅速成长,成为传统银行贷款之外,地产开发商筹资的新选择。以美国为例,商用房产抵押担保证券占商用房产融资市场的三分之一。房地产商开发多元化融资渠道主要通过四种方式,股权融资、项目融资、房地产投资信托(Real Estate Investment Trusts,REITs)和商用房产抵押担保证券。

**2. 贸易应收款证券化**

贸易应收款证券化包括贸易应收款及其证券化,基础资产池,资产的转让循环期、摊还期和提前摊还。保理融资是保理商和供应商之间的融资方案,保理商根据签订的保理合同的金融方案进行包括融资、信用风险管理和应收账款管理以及后续催收服务等为供应商提供的第三方服务。我国自2012年以来,商务部陆续启动了在天津、上海等地的试点工作。商业保理融资也在之后的几年中进入资本市场。但是值得注意的是,由于商业保理属第三方服务介入,其服务功能与服务费用普遍是各界较为关注的重点。随着最近两年融资功能的逐步发展,商业保理已经成为市场重要的融资方式。商业保理业务中,应收账款的筛选处于核心位置。应收账款资产证券化在保理业务中十分常见。选择合适的资产进行入池并打包出售给特殊目的机构,使发起人的破产风险与拟证券化应收账款进行隔离成为行业共性话题。业务中,单个发起人可以选择把自己的应收账款一次性销售给SPV(项目公司);也可以选择多个企业联合把应收账款出售给SPV,后者发行成本较低。在资产证券化业务中,项目公司将应收账款组成资产池,再由增信机构进行信用增级,评级机构进行评级,然后由承销机构发行给投资者,发行方式可为公募或者私募。但是由于保理业务中应收账款的期限普遍较短,项目公司多会采用循环结构,由SPV回收的应收账款现金流不会先用于偿付证券的本金,而是去购买新的应收账款,用以维持资产池的规模。在增信环节,内部增信和外部增信相结合更为有利。SPV将从承销商处获得的发行款优先支付给发起人,再支付相关中介机构的费用,最后由资产服务机构对应收账款进行管理,SPV来负责支付证券的本息。

**3. 信用卡应收款证券化**

信用卡应收款证券化是以信用卡应收款为抵押,由特定的信托机构发行固定收益投资工具的一种债券融资形式,是信贷资产证券化模式之一。它是由信用卡应收款资产池的现金流提供支持所发行的证券,指金融机构把信用卡应收款组合成贷款,由证券化机构购入后以证券形式出售给投资者的融资过程。现金流包括收取的融资成本,基于借款人在还款宽限期后尚未清偿的余额而收取的周期性利息;费用包括迟到付款费和年费;利息按一定周期支付给债券持有人(如月度、季度、半年度),利率是固定的或浮动的。信用卡应收款属于不分期还款资产,因此具有循环结构。在锁定期内,由信用卡借款人所支付的本金都由受托机构保留并用于再投资其他的应收款,用以维持资产池的规模。锁定期在

18个月到10年不等。在锁定期内,支付给债券持有人的现金流依赖于融资成本和费用。锁定期后是分期还款期,此时本金不再用于再投资,而是支付给债券持有人。信用卡应收款支持证券规定在特定情况下可提前分期还款,称提前分期还款规定(或快速分期还款规定),目的是保证交易结构的信用质量。改变本金现金流的唯一方式是启动提前分期还款规定。如果应收款在三个月内的平均超额利差降到零点或更低水平时,允许快速归还本金。在提前分期还款时,各债券类别按信用等级从高到低依次偿还。信用卡应收款是资本市场上非常重要的证券化资产,大部分亚洲国家和地区,包括日本、韩国、泰国、新加坡和中国香港都有信用卡应收款证券化发行的案例。

**4. 汽车贷款证券化**

汽车贷款证券化(汽车消费贷款证券化)是将多个汽车贷款群组起来,通过法律架构、现金流量及信评机制的安排,加以包装组合后,发行受益证券给投资人。在证券化过程中,创始机构(卖方)会从所有车贷组合中,按一定的筛选标准(申请资格)挑选出适合做证券化的车贷组合,筛选标准对贷款人的年龄、缴款纪录、车子种类、贷款成数、贷放期等均有所限制,然后再对证券化的资产组合进行风险评估及现金流量模拟,并做信用分组,将资产切割成多组不同信用评级的受益证券,经评级机构评级确认,再经主管机关核准后,方能正式发行。一般而言,车贷证券化在架构上可采静止式(静态类型)或循环式(循环类型),只看创始机构的需求,亦即在证券化期间,资产组合中可新增或不新增新的汽车贷款。而车贷资产的风险评估主要着重于贷款人违约风险、贷款人提前还款风险、贷款人行使抵销权的风险等,再经由信用增级方式,降低投资人风险。汽车贷款证券化的思路和运作方式与住房抵押贷款证券化完全一致,也是盘活自身资产、获取新资金来源的手段。在证券化之前,企业贷款的资金几乎完全由汽车金融服务公司和银行等机构提供,而其中有四分之三的资金是通过资本市场、依靠发行资产保证证券来支撑的。也就是说整个汽车销售市场中,超过四分之三的信贷应收账款由汽车金融服务公司拥有并被证券化,为发行公司带来最优的成本收益。汽车贷款证券化交易中的信用风险主要在于资产池入池贷款的拖欠和违约所引致的现金流的匮乏:有赖于交易结构的安排和资产池抵押品的表现,如果源自资产池应收款的现金流难以保障及时的债务兑付,则将引发流动性风险;如果源自资产池应收款的现金流难以保障债务的最终偿付,则引发违约损失风险。信用支持手段,包括准备金、优先级/次级结构、信用证、债券保险、超额利差以及超额担保等用于缓释此类风险。

## 鹏华前海万科 REITs

2019年6月8日,鹏华基金管理公司申报的"鹏华前海万科REITs封闭式混合型发起式证券投资基金"正式完成注册。鹏华前海万科REITs是鹏华基金今年4月底正式被证监会受理的国内首只公募REITs基金。公募基金就是公开募集用于投资证券市场、货币市场、债券市场的基金。在市场的解读里,这俨然已代表着公募基金投资范围拓展到不动产领域。鹏华前海万科REITs是中国首只投资REITs项目的公募基金,于2019年6

月8日正式获批并完成注册,6月26日限量发行。在市场人士看来,房企联合基金公司设立REITs在公开市场募集资金,然后用于商业地产的开发培育获取租金收益,然后将租金收入以分红的形式分给投资者。REITs作为一种融资渠道,优化了房企的资本结构,缓解了资金压力。不过,市场人士仍然指出,国内运作REITs的环境依然不成熟,税收、监管等问题一直未得到改善,鹏华前海万科REITs的注册并不意味着REITs推广的条件已然成熟。

什么是REITs呢?REITs(Real Estate Investment Trusts)是房地产投资信托基金的英文简称。这是一种以发行收益凭证的方式汇集特定多数投资者的资金,由专门投资机构进行房地产投资经营管理,并将投资综合收益按比例分配给投资者的一种信托基金。REITs的魅力在于通过资金的"集合",为中小投资者提供了投资于利润丰厚的房地产业的机会,公募型产品还可以提高民间金融资金的利用率;专业化的管理人员将募集到的资金用于房地产投资组合,分散了房地产投资风险;投资人所拥有的股权可以转让,具有较好的变现性。REITs的特点在于其收益主要来源于租金收入和房地产升值,相比于股市,其收益更加稳定并且回报率较高。同时它收益的大部分将用于发放分红。在我国,REITs对很多投资者以及房地产商来说,都是一个陌生的名词。2009年初,中国人民银行会同有关部门形成了REITs初步试点的总体构架,但由于我国相关法律法规仍不完备,REITs一直未能正式启动。在随后的几年中,国内市场虽然也出现了一些房地产信托产品,但是这些产品主要集中在市政建设项目、危改小区项目等基础建设项目上,纯房地产项目的信托产品很少。首先,这些产品几乎都是私募型,只有为数不多的专业投资者参与其中,运营模式较单一,规模较小,利率缺少弹性,期限较短,流动性较差,广大普通投资者对其仍不了解。其次,我国还没有一个真正的房地产投资信托基金法出现,对基金的资产结构、资产运用、收入来源、利润分配和税收政策等没有明确界定和严格限制,致使国内的房地产投资基金大多处于较为散乱的发展阶段,缺乏统一的标准和经营守则。

鹏华前海万科REITs的基金管理人是鹏华基金,托管人是浦发银行。基金标的前海企业公馆项目位于深圳前海自贸区内,是万科与前海管理局采用BOT模式(建设、经营、移交模式)建设的商业项目。其中万科出资约8亿元建设项目,通过8年的运营来回收投资,并在8年后无偿移交给前海管理局。前海企业公馆项目也是万科在产业地产上迈出的第一步。项目总占地面积约9万平方米,总建筑面积约为6万平方米。项目分为特区馆区及企业公馆区,包含一座约为1万平方米的特区馆、36栋建面200～1 600平方米不等的企业公馆、一座约3 300平方米的商务中心、约3 000平方米的商业配套以及约6 000平方米的半地下停车场。万科透露,本次进行资产证券化的对象是前海企业公馆未来8年的租金收入,可能但不限于会议中心以及写字楼租户,还有从其他固定收益资产投资中获得的收益。据其介绍,前海企业公馆可租面积5.5万平方米,目前每月每平方米的收益为250元,出租率已达到100%。收益方面,该封闭式混合型公募REITs预期投资回报率达8%,接近香港上市REITs约7%的收益率。在退出机制设置上,按照万科的计划,投资期届满时,将由万科深圳分公司或其关联方回购项目公司股权。

从国外发展经验看,REITs被海外投资者定义为股票、债券、货币之外的第四类资产。相关数据显示,从1995年到2011年,富时美国股权类REITs指数增长574%,MSCI美国REITs指数增长553%,而同期标普500总收益指数仅增长387%。相比之下,中国探索REITs由来已久,但由于法律建设、上市交易和退出机制不完善等问题,时至今日REITs仍迟迟未能全面推行。早在2019年,中信证券开发出"中信启航"等两只私募领域的REITs产品,但获得的市场关注度并不算高。当时市场分析认为,这主要是私募基金的关系,募集范围较小,流通性也没那么好,没能将REITs的市场价值很好地体现出来。而随着鹏华前海万科REITs的注册成立,公募REITs的发行又一次受到关注。

(资料来源:万科资产证券化怎么做?国内首支公募REITs基金注册,观点网,2015年6月9日)

### 思考题

1. 什么是资产证券化?
2. 资产证券化有哪些特征?
3. 资产证券化包含哪些基本流程?
4. 请简述投资银行在资产证券化中的作用。

思政园地

# 第9章 风险投资

## 9.1 风险投资的概念、起源和特征

### 9.1.1 风险投资的概念和起源

风险投资(Venture Capital),也称创业投资,主要指向初创企业提供资金支持并取得该公司股份的一种融资方式,是私人股权投资的一种形式。风险投资公司作为专业的投资公司,由一群具有科技及财务相关知识与经验的人组合而成,通过直接投资获取被投资公司股权的方式,提供资金给需要资金者(被投资公司)。风投公司的资金大多用于投资新创事业或是未上市企业(虽然现今法规已大幅放宽资金用途),并不以经营被投资公司为目的,仅提供资金及专业上的知识与经验,以协助被投资公司获取更大的利润为目的,所以是一个追求长期利润的高风险高报酬事业。

根据全美风险投资协会的定义,风险投资是由职业金融家投入到新兴的、迅速发展的、有巨大竞争潜力的企业(特别是中小型企业)中的一种股权资本;相比之下,经济合作和发展组织(OECD)的定义则更为宽泛,即凡是以高科技与知识为基础,生产与经营技术密集的创新产品或服务的投资,都可视为风险投资。风险投资是由专业投资机构在自担风险的前提下,通过科学评估和严格筛选,向有潜在发展前景的新创或市值被低估的公司、项目、产品注入资本,并运用科学管理方式增加风险资本的附加值。

美国传统的、严格意义上的风险投资有如下特征:从投资期看,它只包括导入期或起始期、增长期、成熟期。从投资额度上看,它所投资本金只局限于 100 万到 1 000 万美元。从投资性质上看,它的投资对象只限于创新项目或创新企业,尤其是高科技企业。然而,风险投资这种严格的古典意义正在改变。近些年来,风险投资正在向非风险投资靠近——激烈的市场竞争迫使风险投资走出传统的投资范围,向私人权益资本的其他领域扩张。风险投资和非风险投资之间的界限已经越来越模糊,从某种意义上说,广义上的风险投资资本可以基本囊括私人权益资本的全部投资项目。风险投资家所追逐的目标是创造高额收益的机会,而风险投资是一个不断向新兴企业注入资金的过程,是一种长期的、流动性低的权益资本,平均投资时间 5 年到 7 年。一般情况下,风险投资家不会将风险资本一下全部投入风险企业,而是随着企业的成长不断地分期分批地投入资金。这样做既可以减少风险又有助于资金周转。风险投资的高收益是对两种东西的回报:高风险性、低流动性。

风险投资之所以被称为风险投资,是因为在风险投资中有很多的不确定性,给投资及其回报带来很大的风险。一般来说,风险投资都是投资于拥有高新技术的初创企业,这些企业的创始人都具有很出色的技术专长,但是在公司管理上缺乏经验。另外一点就是一种新技术能否在短期内转化为实际产品并为市场所接受,这也是不确定的。还有其他的一些不确定因素导致人们普遍认为这种投资具有高风险性,但是不容否认的是风险投资的高回报率,因为一旦成功,投资人可能获得巨大的收益。

风险投资的起源可以追溯到19世纪末期,当时美国一些私人银行通过对钢铁、石油和铁路等新兴行业进行投资,从而获得了高回报。1946年,美国哈佛大学教授乔治·多威特和一批新英格兰地区的企业家成立了第一家具有现代意义的风险投资公司——美国研究发展公司(ARD),开创了现代风险投资业的先河。但是由于当时条件的限制,风险投资在20世纪50年代以前的发展比较缓慢,真正兴起是从70年代后半期开始的。1973年随着大量小型合伙制风险投资公司的出现,全美风险投资协会宣告成立,为美国风险投资业的蓬勃发展注入了新的活力。目前,美国的风险投资机构已接近2 000家,投资规模高达600多亿美元,每年约有10 000个高科技项目得到风险资本的支持。风险投资在美国兴起之后,很快在世界范围内产生了巨大影响。

1945年,英国诞生了全欧洲第一家风险投资公司——工商金融公司。但英国风险投资业起步虽早,发展却很缓慢,直至20世纪80年代英国政府采取了一系列鼓励风险投资业发展的政策和措施后,风险投资业在英国才得以迅速发展。其他一些国家如加拿大、法国、德国的风险投资业随着新技术的发展和政府管制的放松,也在20世纪80年代有了相当程度的发展。日本作为亚洲的经济领头羊,其风险投资业也开展得如火如荼。到1996年,日本的风险投资机构就有100多家,投资额高达150亿日元以上。但与美国不同的是,日本的风险投资机构中有相当一部分是由政府成立的,这些投资机构也大多不是从事股权投资,而是向高技术产业或中小企业提供无息贷款或贷款担保。

我国的风险投资业20世纪80年代才蹒跚起步。1985年3月,《中共中央关于科学技术体制改革的决定》提出,"对于变化迅速、风险较大的高技术开发工作,可以设立创业投资给以支持"。这是中国首次提出以风险投资的方式支持高科技产业的开发,为中国风险投资业的发展提供了政策上的依据和有力的保证。1985年9月,以国家科委(后改称科技部)和中国人民银行为依托,国务院正式批准成立了我国第一家官方性的风险投资公司——中国新技术创业投资公司,注册资本金为2 700万元。通过投资、贷款、租赁、财务担保和咨询等方式为高新技术风险企业的发展提供支持。1998年6月22日,中国人民银行责令其停业关闭。1986年,国家科委在《科学技术白皮书》(1986年经国务院批准,国家科委决定公开发布《中国科学技术政策指南》(第1号),这是中国第一次以政府部门的名义出版的科学技术白皮书,公布党和国家在科学技术方面制定的政策)中首次提到了发展风险投资事业的战略方针。1991年,国务院《国家高新技术产业开发区若干政策的暂行规定》提出,"有关部门可以在高新技术产业开发区建立风险投资基金,用于风险较大的高新技术产业开发,条件比较成熟的高新技术开发区,可创办风险投资公司"。1996年国务院分别在《关于加速科技进步的决定》和《关于"九五"期间深化科技体制改革的决定》中,强调要发展科技风险投资。国际风险投资进入中国的开路先锋是美国国际数据集团(IDG),1992年美国太平洋技术风险投资基金进入中国,分别在北京、上海和广州设立分公司。IDG技术创业投资基金对搜狐、百度和金蝶等创业企业实现了成功投资。1998年"政协1号提案"即《关于尽快发展我国风险投资事业提案》提出,此后连续两年形成"风险投资热",一批新的风险投资机构纷纷成立,以上市公司为主的民间资本开始进入风险投资领域。2000年,新浪、网易、搜狐等一系列门户网站,在外资风投支持下,掀起中国互联网行业上市第一波浪潮。2007年2月,财政部、国家税务总局发布《关于促进创业投资企业发展有关税收政策的通知》,规定了对创业投资企业的优惠政策。经过30多年的发展,我国风险投资从无到有,不断做大做强,已经成为推动科技创新和经济发展的一支重要力量,并迅速成长为全球新兴风险投资中心。第一,我国风险投资在全球风险投资市场的份额和影响迅速上升。我国风险投资已占据全球近1/4的市场份额,北京、上海已成为引领亚洲乃至全球投资热点的国际投融资中心。第二,风险投资本土化发展迅速,人民币融资能力不断提升。从风险投资机构对比来看,最初是外资居于主导,其后本土风险投资机构迅速成长,外资机构也加速本土化进程,中资机构已成为中流砥柱,占比在70%以上。第三,产业巨头与风险投资融合,对科技创新形成有效支持。从风险投资投向来看,初步发挥了对科技创新的引领支持作用。2019年,风险投资前五的行业是IT、互联网、生物技术/医疗健康、半导体及电子设备、机械制造。尤其是在金融科技领域,形成了以阿里巴巴、腾讯为首的一批有世界影响力的公司创投,并主导投资了一批有影响力的独角兽企业。

风险企业(Venture Firm)是20世纪60年代前后伴随新技术革命浪潮不断高涨而产生的一批新型企业。与一般企业不同,这种企业专门在风险极大的高新技术产业领域进行开发、生产和经营,主要为微电子技术、生物工程、计算机、空间技术、海洋技术、医药、新型材料、新能源等方面。它们以高新技术项目、产品为开发生产对象,使之快速实现商品化、产品化,并能很快投放占领市场,获得一般企业所不能获得的高额利润。从20世纪50年代末起,风险企业初见雏形。进入70年代,风险企业如雨后春笋,不断涌现。90年代以后,风险企业如日中天。风险企业的发展带动了风险投资公司的创立和发展,风险投资公司为了获取高额利润,不断在资金上给予风险企业支持。风险企业的迅速发展离不开风险投资的支持。风险企业不断使高科技成果商品化、产业化,为自己带来巨额利润;风险投资公司也借此获得巨额的经济收益。二者互相依托,互利互惠,各得其所。风险投资收益率较高,一般都在30%以上,风险投资极高的收益率又促使风险投资额在各国不断增加,反过来又促进了风险企业的发展。风险投资公司数量很多,其类型又不尽相同。如美国主要可分为三种类型:一是私人风险投资公司,其投资额一般较小;二是小企业投资公司,其一般以资金、设备等股份形式予以支持;三是银行、保险公司等,其投资额一般较大,成为风险企业投资的主要来源。

有组织地进行募集、管理风险资本,寻求、挑选投资项目,投资并监督、扶助风险企业的人则被称作风险资本家(Venture Capitalist)。人们通常把风险投资家勾画为一个想要资助新生公司的富有的金融家。事实上,风险投资公司和私人资产净值投资公司才是资金的载体,其组织形式为有限合伙企业,运作方式是向那些5至7年内有高回报机会的公司投资。风险投资家不是被动的金融家,他们通过参与所投资公司的管理、组织市场战略和制订业务计划来培育公司的成长。风险投资家以获得红利或出售股权获取利益为目的,其特色在于甘冒风险来追求较大的投资报酬,并将回收资金循环投入类似的高风险事业。风险投资家筹建风险投资公司,招募专业经理人,从事投资机会评估并协助被投资事业的经营与管理,促使投资收益早早实现,降低整体投资风险。风险投资活动的早期,20世纪50年代和60年代,个人是最初的风险投资者。随后,虽然现代的投资公司成为风险投资的主要载体,但是这种个人投资并未完全销声匿迹。风险投资家参与企业管理的时间通常并不多,有时候他会为所投资企业选择新的管理人才。有可能企业家是一个机会主义者,存在道德风险的可能性;因此风险投资家总是通过价值评估来加强对企业的监控。风险投资家通过阶段性投资来定期对所投资企业进行评估,从而实现风险控制。风险投资家既是投资者又是经营者,一般都有很强的技术背景,同时他们也拥有专业的经营管理知识,这样的知识背景帮助他们很好地理解高科技企业的商业模式,并且能够帮助创业者改善企业的经营和管理。在风险投资中,风险投资家与企业家实际上是在共同创业。从风险投资家与企业家达成初步投资协议时开始,双方就是一种合作关系,共同策划融资方案,寻找尚缺资金,以求最终实现投资;此后双方继续紧密合作,共同的目标只有一个——让企业顺利成长并促其最终成熟,使企业家圆其创业梦,风险投资家也得以撤出投资获得高额回报。随着投资过程的逐步进展,双方关系越来越紧密。

风险资本市场是一个与一般资本市场相对应的概念,是资本市场中一个具有较大风险的子市场。一般资本市场是政府和较为成熟的大中型企业筹集长期资本的市场,它包括了通常意义上的证券市场、私人股份融资市场和项目融资市场等,而风险资本市场则是处于成长期的新生高新技术企业进行股份融资的市场,是风险资本筹集和流通的市场。从市场的开放程度和所参与企业的发展阶段来划分,风险资本市场又包含了三个子市场:非正式的私人风险投资市场(Informal Business Angel)、风险资本(Venture Capital)和专门为中小高成长性企业设立的证券市场(Small Stock Market)。

非正式的私人风险投资市场是一个没有中介的市场,它是富裕的家庭和个人直接向企业进行股份投资的市场,投资项目的选择、投资过程的管理、投资后的监控和投资的收获等均由投资者完成。因此,私人风险投资又称为没有中介咨询的风险资本,它是资本市场企业形成最初阶段(零阶段)的主要融资方式。在风险资本市场的三个组成部分中,非正式的私人风险投资和风险资本都属于资本市场中的私人股份融资市场(Private Equity Market)的范畴。它们具有私人股份融资市场的属性,其股份都是由买卖双方在市场上私售私买,不是一个公开的公众市场。但是,风险资本市场上股份融资的主体是具有高风险的新生高新技术企业,因而私人风险投资和风险资本在运作机制上又显著有别于一般的私人股份融资市场。

同样,专门为中小高成长性企业设立的小盘股市场与通常意义上的股票市场一样,属于公共资本市场(Public Capital Market)的范畴,具有公共资本市场的属性与特征,但由于其服务对象的特殊性,它在运作和监管上又与一般的公共资本市场不同。因此,风险资本市场是资本市场中一个具有特殊性的子系统。

综上所述,风险资本市场是一个具有严格内涵和外延的概念。它是资本市场的重要组成部分,又有别于一般资本市场,是一个具有内在运动规律的系统。它之所以被称为风险资本市场,是因为这一市场中存在着比一般资本市场更高的风险。这种风险来源于市场中的信息不完全和信息不对称,是由新生高新技术企业本身的特点所决定的,它与资本市场上衍生产品的风险有本质区别。衍生产品所具有的风险是由本身运作上的复杂性和市场的杠杆放大作用所带来的,而风险资本市场的风险来源于发行股份的高新技术企业的不确定性。

## 9.1.2 风险投资的特征

风险投资有以下几点特征:

**1. 对投资项目的选择**

风险投资的目的主要是开发新技术、新产品,投资对象是那些风险大、但潜在效益高并掌握最新技术的企业;风险投资的对象通常是处于初创或未成熟时期,但可能发展迅速、未来有望具有良好发展前景的中小企业;风险投资企业必须对投资项目进行广泛、深入而又仔细的调查筛选。经验表明,这一过程所花费的时间和精力远远大于银行所进行的借贷业务。

**2. 风险投资的长期性、过渡性与定期性**

风险投资将一项科学研究成果转化为新技术、新产品,要经历研究开发、产品试制、正式生产、扩大生产到盈利规模、进一步扩大生产和销售等阶段,到企业股票上市、股价上升时投资者才能收回风险投资并获得投资利润。这一过程少则需要 3～5 年,多则要 7～10 年。因此风险投资的长期性是相对而言的,它是指风险投资家并不要求风险企业在短期内(如两三年内)有任何偿还或分红,如此得以使风险企业采取长期行为,这是风险投资与借贷等融资方式的重要区别。过渡性与定期性是指风险资本只是辅助风险企业成长的资本。通常来说,在投资之初它就已计划好了撤出时间,一般为 3 到 7 年。尽管企业成功上市或并购之后持有其有价证券的风险较小,但风险投资家一般并不眷恋于此。在撤出资金后,他们将把套现获得的本利投入到新一轮的风险投资中。

**3. 资金投资以权益资本的形式为主,无担保性**

风险企业拥有的宝贵财产通常是智慧与技术,通常没有足够可供担保的实物资产。由于借贷融资需要偿还本利,风险企业上市筹资又过于年轻,因此,难以以传统方式进行融资。而风险投资正好弥补了这一资金缺口,它以权益资本或准权益资本的方式注入资金,从而使风险企业得以安心长期发展。

**4. 以资本增值方式实现获利**

风险投资家一般并不要求风险企业在足够长的期限之前分发股利或偿还利息。相反,他们采取零利润的方式,着眼于企业的长期增值,在适当的时候通过出售所持风险企业股份撤出投资,以资本增值的方式实现获利。

**5. 单项投资成功率低、单项投资回报率高,综合投资回报率高**

风险投资项目的成功率非常低,一般来说,每 10 项投资有两项是彻底失败的,投资全部损失;还有 3 项是部分损失,有 3 项是不赢不亏,只有两项是能够成功的。不过一旦成功的话就会给风险投资家带来丰厚的回报。它不但足以弥补其他失败项目的亏损,还能有丰厚的综合投资回报率。

**6. 重视运用激励、约束机制**

无论是投资者对风险投资家,还是风险投资家对风险企业的管理人员,都十分重视运用激励与约束机制。在前一种情况下,为了有效地保证作为代理人的风险投资家忠诚、高效地运用投资者的资金,一般要求风险投资家也成为风险基金的出资者,并给予他们高额的管理费用以及丰厚的利润分成。在后一种情况下,为了约束和鼓励管理人员尽心尽力为风险企业的成长而奋斗,一般使用带转换权的优先股等投资工具,并采取给予管理人员一定份额的公司股份或购买选择权以及相应的强制赎回条款等方式。

## 9.2 风险投资业务流程

企业向银行求助,求的是资金,而向风险投资求助,求的是增长、是增值。企业申请风险投资是一举两得。一方面,他们需要资金;另一方面,他们也需要风险投资家的管理经验。他们要的不仅是钱,也是人,或者说,更重要的是人。他们选择风险投资家时,十分重视后者的个人素质与背景、管理风格与技巧。他们知道风险投资家会给他们带来价值——增大的价值。为了赢得风险投资家的参与,他们宁可"引狼入室",放弃对企业的部分所有权。风险投资家在风险企业持有的股份有时达到30%以上,他们自身的利益与风险企业的利益紧密相连,利益上的一致使得风险投资公司与风险企业的命运连在一起。风险投资家不仅参与企业长期的或短期的发展规划、企业生产目标的制定、企业营销方案的建立,还参与企业的指标运营过程,甚至参与企业重要人员的雇佣、解聘。

风险投资公司在风险企业所投的权益资本一般有两种构成:可转换优先股和普通股。在风险投资公司的投资过程中,前者远比后者广泛得多。二者的区别是:在收益变现时,前者被优先支付。从投资者利益上看,可转换优先股有两个重要的优点。其一,它可以大大减少风险投资公司的风险。其二,它可以刺激企业的经营管理。因为风险企业的经理人员大都持有普通股。如果企业只是刚好盈利,在支付风险投资者以后,企业就所剩无几,经理人员手中的股票也相对价值降低。风险投资的附加值体现在,可使风险企业在同行业或不同行业内与多个企业成为兄弟企业,这些企业的风险投资商是同一家,可使风险企业获得更多的投资价值;大的风险投资商本身就是一种品牌象征,对风险企业的包装更为有利;不同的风险投资公司由专门人员进行评估、研究,这种经验对风险企业有很大帮助。平均来说,一家风险投资公司接到的每一项目平均只有1%的可能性能得到认可,最终成功机会只有0.2%。风险投资家寻找能使他们获得高额回报(35%以上的年收益率)的公司或机会,其运作流程如下:

**1. 初审**

风险投资家所从事的工作包括:筹资,管理资金,寻找最佳投资对象,谈判并投资,对投资进行管理以实现其目标,并力争使其投资者满意。以前风险投资家用60%左右的时间去寻找投资机会,如今这一比例已降低到40%,其他大部分时间用来管理和监控已投资的资金。因此,风险投资家在拿到经营计划和摘要后,往往只用很短的时间走马观花地浏览一遍,以决定在这件事情上花时间是否值得。必须有吸引他的东西才能使其花时间仔细研究,因此第一感觉特别重要。

**2. 风险投资家之间的磋商**

在大的风险投资公司,相关的人员会定期聚在一起,对通过初审的项目建议书进行讨论,决定是需要进行面谈还是回绝。

**3. 面谈**

如果风险投资家对企业家提出的项目感兴趣,他会与企业家接触,直接了解其背景、其管理队伍和企业,这是整个过程中最重要的一次会面。如果进行得不好,交易便告失败。如果面谈成功,风险投资家会希望进一步了解的有关企业和市场的情况,或许他还会动员可能对这一项目感兴趣的其他风险投资家。

**4. 责任审查**

如果初次面谈较为成功,接下来风险投资家便会开始对企业家的经营情况进行考察以及尽可能多地对项目进行了解。他们通过审查程序对意向企业的技术、市场潜力和规模以及管理队伍进行仔细的评估,这一程序包括与潜在的客户接触、向技术专家咨询并与管理队伍举行几轮会谈。风险投资对项目的评估是理性与灵感的结合,其理性分析与一般的商业分析大同小异,如市场分析、成本核算的方法以及考察经营计划的内容等与一般企业基本相同。

**5. 条款清单**

审查阶段完成之后,如果风险投资家认为接到的项目前景看好,那么便可开始进行投资形式和估价的谈判。通常企业家会得到一个条款清单,概括出涉及的内容。因为企业家可能并不了解谈判的内容,比如他将付出多少,风险投资家希望获得多少股份,还有谁参与项目,他以及现在的管理队伍会发生什么等。对于企业家来讲,要花时间研究这些内容,尽可能将条款减少,这个过程可能要持续几个月。

**6. 签订合同**

根据切实可行的计划,风险投资家对风险企业未来3至5年的投资价值进行分析,首先计算其现金或收入预测,而后根据对技术、管理层、技能、经验、经营计划、知识产权及工作进展的评估,决定风险大小,选取适当的折现率,计算出其所认为的风险企业的净现值。基于各自对企业价值的评估,投资双方通过谈判约定最终成交价值。

**7. 投资生效后的监管**

多数风险投资家在董事会中扮演着咨询者的角色。他们通常同时介入好几个企业,所以没有时间扮演其他角色。作为咨询者,他们主要就改善经营状况以获取更多利润方面提出建议,帮助企业物色新的管理人员(经理),定期与企业家接触以跟踪了解经营的进展情况,定期审查会计师事务所提交的财务分析报告。为了加强对企业的控制,在合同中通常加有可以更换管理人员和接受合并、并购的条款。

**8. 风险投资道德风险的防范与控制**

风险投资家从投资者那里筹集资金,再分散投入到各风险企业中去,形成投资者和风险投资家、风险投资家和风险企业的双重委托代理风险。委托人的利益要靠代理人的行动来实现,投资者一般不参与风险资本的投资运作和管理决策,而风险投资家虽然参与了风险资本的管理,但也不可能像风险企业家那样参与企业的日常经营管理,这就给了代理人向委托人隐瞒信息的机会。

## 9.3 风险投资激励机制

风险投资激励机制的形成与设计是风险投资业务运作中十分必要和关键的要素。风险投资激励机制主要运用的手段一般包括有限合伙制的激励机制、经理层的激励机制、对创业者的激励机制和退出的激励机制。

**1. 有限合伙制的激励机制**

有限合伙制对风险企业中的风险投资方的激励机制具体体现在两个方面：一是风险投资方对风险企业债务所承担的无限责任。由于风险投资方对风险企业的债务承担无限责任，所以风险企业如果经营不善，所造成的超过风险投资基金数额的亏损将完全由风险企业中的普通合伙人承担。所以从强化理论的角度看，不利的结果将弱化风险投资方降低企业经营业绩的行为。在有限合伙制的规则下，风险投资方将努力经营企业并避免亏损，从而形成了对风险投资方的激励。二是风险投资方获得远远多于其出资比例的投资收益。风险投资方以1%的出资获得利润的15%～30%，这种与投资不成比例的利润分配，实际上是对风险投资管理者劳动的充分肯定，这种有利的结果将强化风险投资方努力经营的行为。由于风险企业利益与风险投资方利益的一致性，这种机制将激励风险投资方追求股东利益的最大化以实现自身利益的最大化。从强化理论的角度看，有限合伙制规则构成了同时包含强化与弱化过程的激励机制，本文称之为"强化—弱化激励机制"。由于普通合伙人（风险企业的风险投资方）对亏损承担无限责任，因此起到了对于风险投资方的惩戒作用，这种不利的结果不断弱化风险投资方的"道德风险"和"逆向选择"。

**2. 经理层的激励机制**

经理层的激励机制主要包括以股票期权为特征的薪酬制度的激励机制以及经理人市场的荣誉激励机制。

（1）经理人股票期权激励

在美国，经理层的薪酬包括四个基本组成部分：首先是基本薪资；其次是短期激励收入，主要是奖金；三是长期激励收入，主要是股票期权；最后是额外收入。根据调查，一般来说，在美国经理人员的报酬结构中，固定工资、年末奖金和股票期权的比例大约为4：3：3左右，美国86家大公司的行政总裁收入的54%来自股票期权，平均达到了500万美元。风险企业的经理层通常采用以股票期权为核心的薪酬体系，典型的组合为"较低的基本薪资＋较高的股票期权"。自1952年美国瑞辉制药公司第一个推出股票期权计划后，经理人股票期权逐渐盛行，20世纪90年代以来在经理层薪资构成中扮演重要角色。股票期权给那些管理能力出众、创新能力突出、经营业绩良好的企业高级管理人员提供丰厚的回报，并起到了良好的激励效果。股票期权不但具有巨大的升值潜力，而且以经理层长期服务于企业为前提条件，所以被称为经理人员的"金手铐"。赋予风险企业经理层期权的做法也可能产生一定副作用，持有较大比例股权或期权的经理层往往偏好从事收益很高但风险很大的项目，可能产生对风险投资方利益的背离。因此，在双方签订的风险投资协议中，一般含有专门的经理层雇佣条款，即赋予风险投资方解雇、撤换经理层的权力，并使企业能够从离职经理层那里购回股份，以此来惩罚那些业绩不佳的经理人员，限制其偏好风险的倾向。防止被解雇也是激励经理层努力工作的原因之一。根据美国的一项研究，风险投资方解雇管理层主要有三个原因：战略分歧、能力不足和代理问题。因与风险投资方存在战略分歧而被解雇的情况占被解雇总数的37%，能力不足占47%，代理问题占16%。在因代理问题而被解雇的经理人员中，有16%是因为追求个人利益最大化，84%是由于其他原因。该研究还发现，经理层的投机行为与其持有企业股份的比例呈正相关关系。

(2)经理人市场的荣誉激励机制

经理人市场的荣誉激励机制在于:经理人业绩、经历与聘任与解聘密切相关,风险企业的经理层为谋求自身职业生涯的发展,具有维持良好声誉的动机,激励其为实现风险企业股东利益最大化而努力工作。

**3. 创业者的激励机制**

创业者的激励机制主要包括可中断分期投资策略的激励机制、可转换优先股的激励机制以及对创业者的精神激励机制。

(1)可中断分期投资策略的激励机制

可中断分期投资策略是对创业者的一个重要激励机制。在风险投资方可中断分期投资策略的威胁下,创业者为了从风险投资方获得生存发展所必需的后续投资,必须提高公司的运营效率,改善公司的经营管理。他们中的成功者将获得风险企业发展所必需的追加投资,从而发挥了可中断分期投资策略对创业者的激励作用,形成了对创业者的激励机制。

分期投资策略在苹果电脑公司和联邦快递的案例中得到充分体现。对苹果电脑公司的风险投资分为三期,第一期发生于1978年1月,以每股9美分的价格投入了51.8万美元;第二期发生于1978年的9月,以每股28美分的价格投入70.4万美元;第三期发生于1980年12月,以每股97美分的价格投入233.1万美元。对联邦快递公司的风险投资也分为三期,第一期发生于1973年9月,以每股204.17美元的价格投入了1 225万美元;第二期发生于1974年3月,以每股7.34美元的价格投入640万美元;第三期发生于1974年9月,以每股63美分的价格投入388万美元。在两个分期投资的案例中,投资的股票价格一个随着企业价值的增长而提高,这是符合投资规律的,另一个却随着企业的价值增长而降低,这多少有点令人费解。经有关专家介绍,这主要是因为风险投资的股票定价参考股票的市场价格,在对联邦快递投资的过程中,正好遇上股票市场价格"大跳水",所以对联邦快递投资时股票作价越来越低。

(2)可转换优先股的激励机制

风险投资方通常以可转换优先股向风险企业投资。一般意义上的可转换优先股是指发行时定下可转换条款,允许持有人在某种情况下转换为普通股,转换比例可以根据优先股与普通股的价格比例事先确定,持有人一般不享有投票权。优先股的优先权是相对于普通股而言的,具体体现在两个方面:一方面是在企业有赢利时,优先股优先于普通股获得股利;另一方面是在企业破产清算时,优先股获取剩余财产的次序优先于普通股。当企业有赢利时,优先股股东可以按事先规定的股息在普通股之前优先取得公司分配的股利,而且股息通常是固定的,不受公司经营状况和赢利水平的影响,这一点类似于债券。根据股利发放情况的差别,优先股又可以分为可累积优先股和不可累积优先股。可累积优先股是指股利固定并且股息可以累积,公司经营不善时未分发股利可以累积到公司经营状况改善时,一起付给优先股持有者。不可累积优先股到了期限没有支付的股利则不可以累积至以后各期。

按照《中华人民共和国企业破产法》，企业破产清算的顺序如下：①清算所需各项费用；②拖欠工人的工资、有关保险与福利支出；③企业所欠税款；④抵押债券；⑤一般债券；⑥优先股；⑦普通股。由企业破产清算的顺序可以看出，优先股获取剩余财产分配的权利优先于普通股，因此其风险较普通股较小。此外，优先股根据是否可以由公司收回，分为可收回优先股与不可收回优先股。优先股的收回通常用于调整公司的资本结构。根据优先股是否可以参与多余赢利的分配，分为参与优先股与非参与优先股。参与优先股除获取固定股利外，在普通股股利高于优先股股利时，可以参与股利的分配，其数额相当于每股普通股与优先股股息差别，非参与优先股则没有这种待遇。一般优先股股东不享有投票权。

在风险投资中，可转换优先股有两个特点：①风险企业中可转换优先股股东，即风险投资方，不仅享有投票权，而且在企业决策中一般占据主导地位。②可转换优先股的转换比例可以调整，其依据是企业经营业绩，企业业绩越好则转换比例越低。风险企业可转换优先股对创业者的激励作用来自两个方面：①风险投资方持有可转换优先股，而创业者持有普通股，在企业剩余财产分配上，可转换优先股比普通股具有优先权，所以若风险企业经营不当，必然使创业者遭受更大的损失，从而激励创业者努力提高企业的经营绩效。②风险投资协议中一般规定：可转换优先股的转换比例随企业经营业绩的提高而递减。所以风险企业创业者为了获取更多的股份，防止对企业的控制权被削弱，必须努力提高风险企业的经营绩效，避免风险投资方过高的转换比例，由此对创业者构成了激励机制。

（3）对创业者的精神激励

创业者创业可以带来高额的经济回报，然而，经济收益并非激励创业者的唯一因素，甚至不是最重要的因素。英国就创业动机进行了一项研究，其中98%的创业者将个人成就感列为重要的原因，在这98%的创业者中又有70%将其列为非常重要的原因；有88%的人将"能够按自己的方式做事"列为重要原因，87%的人将"采取长远观点的自由"列为重要或非常重要的原因。所以，追求个人成就感是企业家创业的最重要原因。根据马斯洛的需求层次理论，该调查说明满足"自我实现"是创业者重要的需求，因此创业并经营好风险企业本身就对创业者构成激励。应当指出，精神激励对于社会的发展与进步有着重要作用，特别是在艰苦的创业活动中，它对于创业者的作用远非物质激励可比，风险投资事业诞生的历史就是精神激励的典型案例。

**4. 退出的激励机制。**

退出的激励机制源于退出收益的经济激励。风险投资不同退出方法的收益有较大差别，但是良好的经营业绩是获取高额退出收益的必要条件。由于有限合伙制的利润分享机制，风险投资的退出实现了风险投资方个人利益最大化与风险企业股东利益最大化之间的统一，对个人利益的追求激励着风险投资方追求股东利益的最大化。有限合伙制通常规定，普通合伙人（风险投资家）出资1%，而取得风险投资基金收益的20%，有限合伙人（投资者）出资99%，而取得风险投资基金收益的80%。这种制度安排充分考虑了对风险投资家的利益激励，为了追求自身利益，风险投资家将尽全力争取成功。同时，有限合伙制规定，只有普通合伙人可以参与基金管理，有限合伙人不直接干预经营活动，这就保证了风险投资家在管理活动中的独立地位，有利于其不受外界干预发挥自己的经营管理才能。

## 9.4 风险投资获取方法

要想找到风险投资,先看自己需要的资金量,通常风险投资是不会投资过于小的项目的,因为投入产出比实在不是很合适,一般而言,几十万的项目可以利用众筹等融资方式。如果需要的资金量足够多,自己的项目也做得很好,那么可以找风险投资作为自己的投资渠道。最直接的找风险投资的方法就是去查风险投资公司的网站,网站里有明确的联系方式,可以电话咨询。此外,风险投资公司的确切办公地址在网站上也是可以找到的,如果方便的话,可以直接面谈咨询,切记要带着项目计划书等资料去,如果碰上合适的机会,可能就能有下一步的进展了。风险投资公司通常在自媒体上有自己的账号,可以关注他们并进行咨询,如果他们对你的项目感兴趣,是会约你进行洽谈的。有朋友认识风险投资从业人员,可以拜托其为你牵线搭桥,通过人脉的力量结识风险投资公司的人。也可以通过参加创业大赛,展示自己的项目和能力,也是获得风险投资关注的一个很好的方法,因为创业大赛通常的关注度都非常高,尤其是取得的名次比较好,或者表现特别突出时,是很容易遇到对你感兴趣的风险投资的。

好的创意欲寻求风险投资的支持,最重要的是让风险投资者相信这是一个有良好发展前景的项目,并有一批优秀的技术人才和经营者能够确保此项目的实施。对风险投资者来说,人的因素至关重要,仅凭创意就想取得资金的想法是不可行的。风险投资者对融资企业的管理十分注重。风险企业的发展一般要经过三个阶段:第一阶段是风险企业的初创阶段,即把科学上的新发现变成一个小企业;第二阶段是风险企业的成长阶段,即把一个小企业发展成为正规的公司;第三阶段是风险企业的扩展阶段,即从一个中型企业成为大型的国家级或世界级的公司。启动资金和后续资金的充沛与否已经成为风险企业创业成败的关键因素。那么,风险企业如何才能获得风险投资呢?

**1. 谁有资格**

(1)企业成功的条件

任何一家公司都不会选择那些不具备成功条件的企业进行投资。通常,企业成功的条件是:有较高素质的企业家,他必须有献身精神、有决策能力、有信心、有勇气、思路清晰、待人诚恳、有出色的领导水平,并能激励下属为同一目标而努力工作;要有既有远见又符合实际的企业经营计划,这个计划要阐明所创办企业的价值,明确企业的发展目标和发展趋势,明确企业的市场和顾客,明确企业的优势和劣势,同时指明创办或发展企业所缺少的资金;有市场需求或有潜在的市场需求的新技术、新产品,有需求,就会有顾客,有顾客,就会有市场,有市场就有了企业生存发展的空间;要有经营管理的经验和能力,有技术人员和营销人员配备均衡的管理队伍,有较高效的组织机构;有资金支持,任何没有资金支持的企业只能是空想。

(2)高科技公司

风险投资者特别偏爱那些在高科技领域具有领先优势的公司,比如软件、药品、通信技术领域。如果企业家能有一项受保护的现成技术或者产品,那么他的企业就会引起风险投资公司更大的兴趣。这是因为高科技行业本身就有较高的利润,而领先的或受保护的高科技产品或服务使风险企业很容易进入市场,并在激烈的市场竞争中立于不败之地。

因此,这些企业可以融到足够的资金以渡过难关。

(3)亚企业

仅仅依靠新思想、新技术是不能形成一个风险企业的。事实上,只有极少数的项目在资金投入前就已经有了实际的收入,即具备初步经营条件。风险投资公司并不会单给一项技术或产品投资。风险投资家资助的是那些"亚企业",即只有那些已经组成了管理队伍,完成了商业调研和市场调研的风险企业才可能获得投资。

(4)区域因素

一般的风险投资公司都有一定的投资区域,这里的区域有两个含义:一是指技术领域,风险投资公司通常只对自己了解的技术领域进行投资。二是指地理区域,风险投资公司所资助的企业大多分布在公司所在地的附近地区。这主要是为了便于沟通和控制,一般地,投资人自己并不参与所投资企业的实际工作,他们更像一个指导者,不断地为企业提供战略指导和经营建议。

(5)小公司

大多数风险投资者更偏爱小公司,首先,小公司技术创新效率高,有更多的活力,更适应市场的变化。其次,小公司的规模小,需要的资金量小,风险投资公司所冒的风险也就有限。而且,小公司规模小,其发展的余地更大,同样的投资额可以获得更多的收益。此外,可以帮助某些人实现他们的理想。

(6)经验

现在的风险投资行业越来越不愿意和一个缺乏经验的风险企业家合作,尽管他的想法或产品非常有吸引力。在一般的投资项目中,投资者都会要求风险企业家有从事该行业工作的经历或成功经验。如果一个风险企业家声称他有一个很好的想法,但他几乎没有在这一行业中工作的经历,投资者会怀疑其建议的可行性。

**2. 筛选与接洽**

(1)筛选

寻求风险投资的企业应先了解风险投资市场的行情。风险企业可以去查阅风险投资公司的相关资料,了解这些风险投资公司的偏好、本行业中那些即将上市企业的投资者名录,或直接访问本行业中企业或公司的管理者。此后,风险企业可以根据本企业的特点和资金需求量筛选出若干可能的投资公司。在筛选时,风险企业所要考虑的因素包括企业所需投资的规模、企业的地理位置、企业所处的发展阶段和发展状况、企业的销售额及盈利状况,企业的经营范围等。通常在此过程中,律师和会计师要起到很大的作用。

(2)主要投资者

在募集风险投资基金的过程中,有时风险企业家需要找到一个主要投资者。这个主要投资者会和企业家一起推动、评价、构建这笔交易。此外,这个主要投资者还会把周围的投资者组织起来形成一个投资者集团。风险企业家从最有实力的投资者中选择他的主要投资者。

(3)接触

多数情况下,与风险投资家的接触可以通过电话开始,只是探讨一下新的想法是否和风险投资公司的业务范围相符合。由于寻求资金的人很多,风险投资公司也需要一个筛选的过程,如果风险企业家能得到一位令风险投资公司信任的律师、会计师或行业内"权威"的推荐,那么他获得资助的可能性就会提高很多。

**3. 项目评估**

在与风险投资公司接触时,首先需要了解对方是否对项目所在行业有兴趣,在了解风险投资人的投资标准或要求的同时,创业者或融资企业要对自身是否符合这些要求进行评估:一是评估项目或企业业务的竞争优势和成长性;二是评估项目或企业管理层每一位主要成员的资历及承担任务的能力;还要评估项目建设成功的可能性,以及评估项目实施的难易程度。影响项目成功可能性的风险因素包括:企业战略对投资项目的需求、决策层的态度、投资项目的准备情况以及企业投资项目建设的现状。投资项目之所以能够成功,在于业务的驱动力大小。如果企业的业务对于投资项目要求迫切,决策层大力支持,项目准备充分,投资项目成功启动的可能性就大大增加了。

接下来,我们再来分析一下有哪些因素导致了项目的实施难易程度不同。主要包含以下七个方面的因素:

(1)企业的投资规划能力

投资规划其实就是给出了投资建设的一个宏观计划,给出了一个企业未来投资的蓝图。通过投资规划,能够更加明确投资建设的目标,并且就此目标企业上下达成一致,投资究竟能为企业带来什么?解决怎样的问题?企业应该做哪些工作?如何来完成这些工作?如果一个企业的投资规划能力非常强的话,那么企业在进行项目的时候就会非常了解自己现在的业务需求,并清楚现在的定位和目标。合理的投资规划,可以理清企业搞投资项目的思路,做出合理的期望,也就相应地降低了投资项目建设的风险。

(2)企业的信息资源化水平

企业信息资源化水平主要是指企业信息管理规范的完善程度,如企业的编码体系是否完善、数据管理是否规范、信息安全管理是否规范、软件开发管理体系是否健全等。企业信息资源化的完善程度以及利用水平直接影响到投资项目实施的难易程度。

(3)企业的业务流程水平

企业进行投资项目应用往往都是通过投资项目与业务流程的紧密结合来提高企业的业务运作效率和管理水平。因此在投资项目应用过程中,企业往往都会对相应的业务流程进行梳理和优化。如果企业的业务流程相对规范和科学,那么这种调整工作的难度就不大;如果企业原来没有一套清晰合理的流程,那么在投资项目应用过程中就需要大量的工作来完善相关的流程。

(4)企业的组织结构情况

企业的业务流程与组织结构必须能够与投资系统相匹配。在投资项目应用过程中有效的组织保证对于投资项目的实施是至关重要的。因此企业的组织结构状况也在某种程度上决定了项目实施的难易程度。

(5)员工

在投资项目应用过程中,人是非常关键的一个因素。这里讲到的人不仅包括企业员工的素质,还包括员工对于投资项目的认识,对于投资项目的支持程度,员工是否有乐于变革的心态等。因为投资项目系统一旦上线,原有的业务操作模式就会有所改变,这要求员工能够很快地适应这种新的手段的应用。如果他们不能应用,那么无论实施方与企业做了多大的努力,投资作为工具的效用也是无法发挥的。因此,"意识决定一切"这句话充分反映了人的因素对于投资项目成功实施的重要作用。

(6) 现存应用系统情况

企业现存应用系统的好坏直接影响到后续项目开展的难易程度。有一个比较优良的系统,并且预留了与未来系统的接口,比那些信息孤岛要好处理得多。

(7) 企业经营业绩

企业经营业务对于项目实施也是非常重要的。因为企业有了资金的大力支持才能保障项目的顺利进行,良好的经营业绩保障了项目资金的充足。

**4. 准备相关文件**

在访问风险投资家之前,风险企业家应该准备好所有的必要文件。投资家们会通过这些文件的准备以及风险企业家的应对情况来评价这一项目。这些文件包括:业务简介,一份关于风险企业的管理者、利润情况、战略定位以及退出的简要文件;经营计划,关于公司情况的详细文件,包括经营战略、营销计划、竞争对手分析、财务文件等;综合调查与分析或审慎的调查分析,关于公司、管理队伍以及行业的背景分析和财务可靠性分析;营销资料,一切直接或间接与公司的产品/服务有关的文件。在所有这些文件中,最重要的是风险企业的经营计划,该计划除了简明扼要、表达明确、突出财务状况并附有有关数据外,还应该表现出管理者的能力与远见。经营计划的篇幅一般应在30页至40页,应该由熟悉企业业务的律师或会计师草拟,其主要内容包括:公司背景、所需金额及用途、公司组织机构、市场情况、生产状况、财务状况等。经营计划要就融资项目的先进性和成熟度、市场状况和预测、生产及营销可行性、经营团队和管理、成本构成和投资利润等进行详述。要确保技术或产品的新颖独特,有广阔的市场前景。技术的新颖独特必须以存在足够的市场需求为前提,开发新产品,务必要考虑目标市场客户的消费习惯和理解力。另外,产品的独特性应能使得产品在相当长的时间内保有市场,且不被仿冒。即使是专利产品,其技术核心也有因稍做调整即可改头换面的风险。产品的市场容量要足够大。种子产品的开发,即科研成果的转化,通常需要相当长的时间,且开发成本很高,如果市场容量不够大,风险企业就很难收回投资成本。

**5. 对团队建设及人力资源有全面设想**

如果创业者在人力资源方面关注雇佣关键人才,录用互补型人才,录用专业经理人,投资人会认为你具备管理认识和团队精神。企业的关键人才可分为两种:一种是具有技术和营销等独特职业技能的人才;另一种是具有管理技能的人才。最理想的情况是这些关键人才还有过创业成功的管理经验。

**6. 与投资顾问交流**

投资顾问会提高融资的成功率,专家们可以帮助企业家迅速超越其竞争对手,同时也可使企业家在风险投资人面前看起来显得更专业一些。企业家要表明愿意接受建议,风险投资人通常希望风险企业认真考虑其建议。如果融资人在引资时对投资人的建议不重视的话,他们会认为在资金到位后该企业更不会接受其建议。

**7. 会谈**

在接到风险企业家提供的文件之后,风险投资家常需要用几周的时间做出反应。如果投资者初步审查文件后认为有谈判的价值,他们就会决定与资金申请者进行会谈。整个会谈需要举行几次会议。在多数会议的过程中,风险投资家和风险企业家将会一直围绕经营计划而进行。对风险投资家来说,了解风险企业的产品或服务是非常重要的,因此在会谈时带上一件产品或原型会对投资者了解产品和服务有很大帮助。在会谈过程中,风险企业家应该遵循"六要"和"六不要"。"六要"指企业家要对公司的产品和服务保持主动和热情;要了解自己所出的最低价,并在有必要时坚决离开;要牢记自己和风险投资家之间要建立的是一种长期的合作伙伴关系;要了解这些风险投资家(谈判对手)的个人情况;要了解风险投资公司之前资助过哪些项目,了解风险投资家目前投资项目的结构组合;要对自己可以接受的交易进行谈判。"六不要"指不要回避问题;不要答案模糊;不要隐藏重要问题;不要期望对方立即做出决定;不要把交易的价格定死;不要带律师参加会议,以免在细节上过多纠缠。

### 8. 价格谈判

谈判实质上是会议内容的一个重要组成部分。双方在初次会谈成功后,就要对项目价格进行谈判。由于风险投资家和风险企业家对投资前公司价值的评价会有很大差异,因此,项目的评估过程常常需要经过双方多次的交锋,每一方都会试图用各种各样的方法去说服别人接受自己的观点。风险投资家在考虑每个投资项目的交易价格时,必须补上其他交易的损失。一般的,由于风险初创企业的失败率较高,风险投资家对风险初创企业所期望的回报率常常要求达到10∶1,而对非初创企业所期望的回报率则为5∶1。此外,在风险投资家心目中,仅有一个想法的公司又要比已经产生销售额和利润的公司的价格低,而仅具备了管理人员的公司比已产生销售额和利润的公司的价格低。随着企业的成长和企业风险的降低,风险企业在新资金投入者面前的价值也不断地上升。显然,风险企业的阶段越早,其投资前的价值也越低,这时,风险投资进入的盈利潜力越大。在对投资项目的价值进行评估时,风险投资者应着重考虑如下因素:风险企业资本增值的能力,对风险投资家来说,无论投资规模的大小,最终的资本获利能力必须要达到投资费用的几倍才行;风险企业资本流动的潜力,资本增值本身并不能保证风险投资家能顺利地收回投资;风险投资家决定投资前必须要看好出售股份的途径,因为风险投资家的最终目的并不是为了拥有公司,而是为了取得投资回报;风险企业未来的资本需求,对风险企业未来的资本需求的预测,可以帮助投资者估计自己要在投资期内保持一个主要投资者的地位所需要的资本量,并帮助投资者为自己的投资取得合乎需要的股份;企业家能力对企业经营的好坏常起到关键的作用。为了在谈判过程中取得有利的地位,风险企业家应该和多家风险投资公司面谈已经掌握的市场行情。风险企业家在决定是否和投资者达成交易时,除了要考虑对方的出价是否合适外,还必须要考虑投资者的资金能否帮助企业将来获得成功以及是否适应本企业未来发展的需求。一旦投资者和企业家双方都对投资条件感到满意,双方就可以终止谈判而进入到下一步程序。

### 9. 签署文件

投资者和企业家双方签署有关文件标志着风险企业家争取投资过程的结束,同时也标志着双方建立长期的合作伙伴关系的开始。在投资合同书中,风险企业家和投资者双方必须明确下面两个基本问题:一是双方的出资额与股份分配,其中包括对风险企业的技术开发和最初研究成果的股份评定;二是创建企业的人员组织和双方各自担当的职务。为了保护投资者的权利,合同通常还要有以下规定:风险企业定期向投资家提供财务报告和其他重要的经营情况的报告;风险投资家应在公司董事会中占有一定的席位;风险投资家有拒绝进一步投资的权利和出售股份的权利;风险投资家有参与企业年度业务计划、审批重大开支和管理人员工资的权利;风险投资家有要求企业的创始人和首席执行官(CEO)等核心人物进行人身保险的权利;有的风险投资家还会要求企业以已有的资产为抵押。

一项高新技术的产业化,通常划分为四个阶段:技术酝酿与发明阶段、技术创新阶段、技术扩散阶段和工业化大生产阶段。每一阶段的完成和向后一阶段的过渡,都需要资金的配合,而每个阶段所需资金的性质和规模都是不同的。

**1. 种子期(种子阶段)(Seed Stage)**

种子期指技术的酝酿与发明阶段,这一时期的资金需要量很少,从创意的酝酿,到实验室样品,再到粗糙样品,一般由科技创业家自己解决。有许多发明是工程师、发明家在进行其他实验时的"灵机一动"。但这个"灵机一动"在原有的投资渠道下无法变为样品,也无法进一步形成产品,于是发明人就会寻找新的投资渠道。这个时期的风险投资称作种子资本(Seed Capital),其来源主要有:个人积蓄、家庭财产、朋友借款、申请自然科学基金等,如果还不够,则会寻找专门的风险投资家和风险投资机构。要得到风险投资家的投资,仅凭一个"念头"是远远不够的,最好能有一个样品。然而,仅仅说明这种产品的技术如何先进、如何可靠、如何有创意也是不够的,必须对这种产品的市场销售情况和利润情况进行详细的调查、科学的预测,并形成报告,将它交给风险投资家。一个新兴企业的成功不能仅凭聪明的工程师、睿智的发明家,还要有懂得管理企业,并对市场营销、企业理财有相当的了解的管理人员。经过考察,风险投资家同意出资,就会合建一个小型股份公司。风险投资家和发明家各占一定股份,合作生产,直至形成正式的产品。这种企业面临三大风险,一是高新技术的技术风险,二是高新技术产品的市场风险,三是高新技术企业的管理风险。风险投资家在种子期的投资在其全部风险投资额中的比例是很少的,一般不超过10%,但却承担着很大的风险。这些风险一是不确定性因素多且不易测评,二是离收获季节时间长,因此也就需要有更高的回报。

**2. 导入期(创建阶段)(Start-up Stage)**

导入期指技术创新和产品试销阶段。这一阶段,完成企业规划与市场分析,进一步解决技术问题,排除技术风险;企业管理机构组成;产品进入市场试销,听取市场意见,但产品试销仍未有收益;开始构思最终产品。这一阶段的资金称作创业资金,所需资金投入显著增加。由于在这一阶段虽已完成了产品原型和企业经营计划,但产品仍未批量上市,管理机制尚不健全。因此,风险投资公司主要考察风险企业经营计划的可行性以及产品功能与市场竞争力。如果风险投资公司觉得投资对象具有相当的存活率,同时在经营管理与市场开发上也可提供有效帮助,则会进行投资。这一阶段的风险主要是技术风险、市场风险和管理风险。

**3. 成长期(Expansion Stage)**

成长期指技术发展和生产扩大阶段。这一阶段的资本需求相对前两个阶段又有增加,一方面是为了扩大生产,另一方面是为了开拓市场而需要增加营销投入,最后,企业达到基本规模。这一阶段的资金称作成长资本(Expansion Capital),主要来源于原有风险投资家的增资和新的风险投资的进入。另外,产品销售也能回笼相当的资金,银行等稳健资金也会择机而入。这也是风险投资的主要阶段,这一阶段的风险已不是技术风险,因为技术风险在前两个阶段应当已基本解决,但市场风险和管理风险加大。由于技术已经成熟,竞争者开始效仿,会夺走一部分市场。企业领导多是技术背景出身,对市场营销不甚熟悉,易在技术先进和市场需要之间取舍不当。企业规模扩大,会对原有组织结构提出挑战。如何既保持技术先进又尽享市场成果,这都是市场风险和管理风险的来源。为此,风险投资机构应积极评估风险,并采取派员参加董事会、参与重大事件的决策、提供管理咨询,选聘更换管理人员等手段排除、分散风险。这一阶段的风险相比前两个阶段而言已大大减少,但利润率也在降低,风险投资家在帮助增加企业价值的同时,也应着手准备退出。

**4. 成熟期(Mature Stage)**

成熟期指技术成熟和产品进入大工业生产阶段,这一阶段的资金称作成熟资本(Mature Capital)。该阶段资金需要量很大,但风险投资已很少再增加投资了。一方面是因为企业产品的销售本身已能产生相当的现金流入,另一方面是因为这一阶段技术成熟、市场稳定,企业已有足够的资信能力去吸引银行借款、发行债券或发行股票。更重要的是,随着各种风险的大幅降低,利润率也已不再诱人,对风险投资不再具有足够的吸引力。成熟阶段是风险投资的收获季节,也是风险投资的退出阶段。风险投资家可以拿出丰厚的收益回报给投资者了。风险投资在这一阶段退出,不仅因为这一阶段对风险投资不再具有吸引力,而且也因为这一阶段对其他投资者,如银行、一般股东具有吸引力,风险投资可以以较好的价格退出,将企业的接力棒交给其他投资者。风险投资可以选择多种方式退出,但必须退出,不可犹疑。

## 苹果公司吸引风险投资

1976年4月1日,21岁的史蒂夫·乔布斯(Steve Jobs)、26岁的史蒂夫·沃兹奈克(Steve Wozniak)和41岁的罗·韦恩(Ronald Wayne)签署了长达10页的合同,创立了苹果电脑公司,三人的股权比例依次为45%、45%和10%。苹果电脑公司设在美国加利福尼亚库比提诺市(Cupertino),这是硅谷的中心地带,一片创业的沃土。苹果电脑公司在成立初期,资金来源匮乏,乔布斯卖掉了他的大众汽车,沃兹卖掉了他的惠普计算机,他们一共筹集了1 250美元,开始了生产苹果电脑的征程,当时的产品是Apple I主板。

成立后不久,苹果电脑公司就接到一个50台电脑的订单。乔布斯和沃兹开始风风火火地干起来。但年长20岁的韦恩发现公司一下子背起了沉重的债务——乔布斯以公司的名义借了5 000美元现金和价值15 000美元的零部件。韦恩意识到,一旦这个合伙公司倒闭,债务也会压到他的身上。就这样,他毅然提出退股要求。最后,乔布斯用800美元买下他的10%股份。当时是1976年4月12日,此时距苹果电脑公司成立仅12天。这对于本来就缺乏资金的苹果电脑公司来讲无疑是雪上加霜。

乔布斯四处寻找投资人。经人介绍,乔布斯认识了红杉资本的投资人唐·瓦伦丁。唐·瓦伦丁觉得乔布斯当时看上去简直就像个"人类的叛逆",苹果的创业计划幼稚得就像孩子过家家,因此没有投资。不过,唐·瓦伦丁又推荐了麦克·马库拉(Mike Markkula)。马库拉曾在英特尔公司任市场经理,并在该公司的首次公开发行募股中以自己的职工优先认股权获得了巨大回报,成为硅谷有名的年轻百万富翁。此时的马库拉38岁,刚从英特尔退休,过着悠闲的生活,正四处寻找投资机会。

乔布斯的激情很快就被马库拉看中。旋即,1976年8月,马库拉决定以个人名义投资9.1万美元,并和乔布斯联合向美洲银行申请了25万美元的银行贷款,马库拉做担保。此外,在马库拉的帮助下,他们制订了一份非常全面的苹果电脑研制生产计划。他们带着这份计划书到风险资本家那里游说,筹集到60多万美元。其中,著名的风险投资家阿瑟·罗克一人就投资了5.76万美元。这样,苹果就有了100万美元的创业资金。

1977年1月3日,新的苹果电脑有限公司注册成立,股权比例调整为史蒂夫·乔布斯、史蒂夫·沃兹奈克以及马库拉各占30%,工程师罗德·霍尔特(Rod Holt)占10%。然而,在引进风险投资资金后,各方均衡的股权结构也为后来乔布斯被逐出苹果家门埋下了伏笔。新公司成立后,乔布斯任董事长,沃兹任研发副总裁,马库拉任副董事长,并外聘了国家半导体公司的行政主管迈克尔·斯科特出任苹果电脑公司首任CEO。作为苹果电脑公司早期的重要人物,马库拉不但为苹果电脑公司带来资本支持,还为苹果电脑公司提供了重要的商业经验,并在1981年至1983年担任苹果电脑公司的CEO职务。在新的公司架构下,苹果电脑公司有了生产AppleⅡ电脑所需要的资金。此时,公司启用了沿用至今的新苹果标志,只是在1998年去掉了彩虹颜色。1977年4月16日,完整的苹果Ⅱ电脑首次面世,引起轰动,并最终赢得如今我们所知的"个人电脑"的声誉。苹果Ⅱ电脑风靡一时,销量数百万台。

1979年夏末,苹果电脑公司决定进行一轮上市前的对外私募融资(即夹层融资)。通过唐·瓦伦丁和马库拉的关系,融资很快成功,包括施乐公司、罗斯柴尔德(LF Rothschild)、Untenberg、Towbin、Brentwood资本公司以及一些个人投资者等共计16个投资人,以每股10.5美元的价格认购了苹果电脑公司的股份,苹果电脑公司此次共融资727万美元。施乐公司当时就设有专门的风险投资部门,施乐公司以100万美元购买了将近10万股股份。施乐公司投资后,准许苹果参观其神秘的帕洛阿尔托研究中心,据说,"乔布斯像个孩子一样东看西看,观量着各种新技术,欣喜若狂"。有了这轮融资,苹果电脑公司终于有了大公司的迹象。

1980年12月12日,苹果电脑公司在华尔街首次公开发行股票,公开发行价格为22美元/股,460万股股票一抢而空,此次共募集资金1亿多美元。苹果电脑公司公开募集的资金比1956年福特公司上市以来其他公司的IPO都要多,为1956年福特公司上市以来最大规模的IPO。苹果电脑公司当日收盘价为29美元/股,公司市值达到17.78亿美元。经过股权稀释后,25岁的乔布斯持股比例为15%,但仍为苹果电脑公司的最大股东,其个人身家因苹果电脑公司的上市而超过2亿美元,成为媒体追逐的"宠儿",也是全美最富有的40位大亨中最年轻的一个。第二大股东马库拉持有的700万股,价值也超过2亿美元,按计算,马库拉四年前投资的9.1万美元增值了2 200多倍。沃兹的400万股价值则超过1亿美元。在公司上市前,沃兹制订了一个名为Woz Plan的职工认股权计划,允许员工最多能够购买2 000股股份,而价格却很低。通过这个计划,大约有80多名员工都手持苹果电脑公司股票。因为苹果电脑公司的上市,40多位员工一夜之间从普通职员变成百万富翁,苹果电脑公司创造的百万富翁超过了此前历史上的任何一个公司。

（资料来源：资本市场的苹果公司——玩转风险投资，方辰，《东方企业文化》，2012年第5期）

## 思考题

1. 什么是风险投资？
2. 风险投资有哪些特征？
3. 风险投资包含哪些基本流程？请简述每个流程的基本工作。
4. 请简述投资银行在风险投资中的作用。

# 第 10 章 投资银行风险管控

思政园地

## 10.1 投资银行风险管理概述

### 10.1.1 投资银行面临的风险

何为风险？风险是指由于事物的不确定性而遭受不利结果或经济损失的可能性。对于任何群体和个人，不可能规避所有可能面对的风险，投资银行亦是如此。投资银行的风险就是指由于种种不确定的因素使得投资银行的实际收益与预期收益发生偏离，从而蒙受损失或减少收益的可能性。

可以根据诱发风险的具体原因、投资银行不同业务所面临的风险划分投资银行所面临的风险类型。

**1. 根据诱发风险的具体原因来分**

投资银行面临的风险可以分为政策风险、法律风险、系统风险、市场风险、信用风险、流动性风险、操作风险。

(1) 政策风险

投资银行的发展和其所在国资本市场的成熟程度直接相关，因此受国家经济政策影响较大。从事投资银行业务的管理者必须熟悉国家最新的政治经济形势，了解国家金融管理部门制定的相关政策，使投资银行不至于因为运行滞后于政策而招来巨大的风险。

(2) 法律风险

法律风险来自交易一方不能对另一方履行合约的可能性。投资银行面临的法律风险主要有两种：一是法律变动对投资银行经营范围和经营品种的限制；二是合约潜在的非法性以及对手无权签订合同的可能性。

(3) 系统风险

系统风险是指因单个公司倒闭、单个市场的混乱而在整个金融市场产生"多米诺骨牌效应"，导致金融机构相继倒闭的情形以及由此引发整个市场周转困难的投资者"信心危机"。

(4) 市场风险

这是金融体系中最常见的风险之一，通常指市场变量，如价格、利率、汇率等市场因素的变化给金融机构带来的风险。

(5) 信用风险

信用风险是指合同的一方不履行义务的可能性，包括贷款、掉期、期权及在结算过程中的交易对手违约带来损失的风险。

**(6) 流动性风险**

流动性风险往往是指投资银行持有的资产流动性差和对外融资能力枯竭而造成的损失或破产的可能性。投资银行属于高杠杆经营的企业，一旦由于财务结构不合理导致资产负债期限不匹配，一方面没有能迅速变现的资产，另一方面又不具备足够的外部短期融资能力，投资银行将陷入债务危机中。流动性风险可用戴维·阿斯金在1994年3月损失6亿美元的例子加以说明。阿斯金擅长投资于担保抵押债券，这些债券因具有很高的信用和利率风险而在华尔街被称为"有毒垃圾"。当利率猛升时，这些债务的交易停止，因没有交易对手，阿斯金无法以接近当初购买的价格脱手，只能大幅降价甩卖，导致损失发生。

**(7) 操作风险**

操作风险指的是金融机构由于内部控制机制或者信息系统失灵而造成意外损失的风险。这种风险主要是由人为错误、系统失灵、操作程序的设计或应用发生错误等原因引起的，主要有财务风险、决策风险、人事管理风险以及信息系统风险。

巴塞尔委员会将典型操作风险事件分为七大类，分别是：①内部欺诈；②外部欺诈；③雇佣合同以及工作状况带来的风险事件；④客户、产品以及商业行为引起的风险事件；⑤有形资产的损失；⑥经营中断和系统出错；⑦涉及执行、交割以及交易过程管理的风险事件。

**2. 根据投资银行不同业务所面临的风险来分**

投资银行面临的风险可以分为承销风险、经纪风险、证券自营风险、兼并收购风险。

**(1) 承销风险**

证券承销风险指投资银行在承销股票、债券、金融衍生工具等经营活动中，由于不能在规定时间内按事先约定的条件完成承销发行任务而造成损失的可能性。承销风险包括发行方式风险、竞争风险、违法违规操作风险等。

为了应对承销风险，可以使用以下防范措施：加大行业研究的人力投入，掌握各行业的发展状况和有代表性公司的详细资料，做到知己知彼、百战百胜；在发行价格的制定过程中，认真做好二级市场调研，摸清同类型股票的市盈率，有的投资银行还通过问卷调查的方式，了解投资者对发行价格的承受能力；根据股票发行规模，组织承销团分散风险，承销团各成员根据协议确定各自余额包销比例，并选择股票发行与上市的适当时机以降低风险；针对单据错号、漏号、重号问题，严把印刷质量关；对排队拥挤、统计数据泄密及成本增大问题，应加强组织管理和领导监督。

**(2) 经纪风险**

证券经纪风险是指投资银行在接受客户委托，代理交易股票、债券、金融衍生工具的时候所面临的风险。常见的经纪风险包括开户规模风险、交易保障风险、交易差错风险、信用交易风险和电脑处理风险。

开户规模风险是指开户规模和投资银行自身条件不相适应而带来的风险。交易保障风险是对突发事件应急处理能力差、效率低，造成不必要的经济损失和机会的丧失。交易差错风险表现在股市行情好的时候，交易柜台前挤满了下单的客户，操作人员往往可能忙中出错，发生操作失误、反向操作或委托内容不全等事故，产生业务纠纷，给投资银行造成损失。信用交易风险是投资银行在代理客户买卖过程中向客户融资融券带来的风险，这种风险主要是当客户无力偿还或故意不还保证金而投资银行又无法通过法律途径追回的风险,以及被欺诈或受到违规操作的处罚的风险。电脑处理风险是在操作过程中电脑系统造成的风险。电脑处理系统是营业部的核心枢纽,它不仅要向客户提供及时的数据传输,还要和总公司保持联系,有的还直接同深沪证券交易所保持联系,进行指令传送、交易回报等实时数据处理。电脑系统一旦出现故障,可能引起交易瘫痪,造成的损失是难以估量的。

针对经纪风险,有如下防范措施:从事证券经纪业务的营业部应严格执行"三不"规定,不从事自营、不向客户透支、不做融资业务;建立公司、经纪业务部和营业部的三级风险控制机构,并对营业部的风险程度(基本无风险、有风险但较小、风险较大需要密切关注)进行分类监控;利用现代化通信手段,加大信息系统投入,对营业部进行实时监控;加强稽核审计的力度,确保营业部财务明晰,及时与总公司结算,完善各类突发事件的应变措施;对要害岗位实行不定期检查,也可借鉴主要负责人员轮调方式,防止工作人员利用职务之便作案,给公司造成损失。

(3) 证券自营风险

在证券的自营买卖或投资过程中,由于种种原因会使证券公司蒙受损失,这种发生损失的可能性就是证券公司的证券自营风险。

自营业务风险分为系统风险、个别风险和特殊风险。系统风险如国际风险、市场风险、通货膨胀风险、利率风险、汇率风险、法律风险、经济不景气风险等。个别风险是由个别企业和行业引起的风险,如财务风险、价格风险、经营风险、流动性风险等。特殊风险如自然灾害风险、政治风险、投机风险、舆论风险等。

(4) 兼并收购风险

在公司并购业务中投资银行面临的主要风险有融资和债务风险、营运风险、信息风险、操作风险和法律风险。融资和债务风险表现在企业并购活动中,投资银行除了为企业提供咨询和策划操作外,还为并购活动提供所需的资金,因此,融资和债务风险是投资银行并购业务中经常面临的风险。营运风险产生于并购后企业营运不理想的情况下。信息风险主要指投资银行在策划并购过程中,由于调研不充分、信息不对称而导致决策失误。操作风险是并购活动遭到目标企业的抵制和反击而失败,或因此而付出高额成本,二者均形成并购的操作风险。法律风险包括两个方面:一是投资银行制订出来的并购方案违反目标公司所在地的某些法律而使并购方案付诸东流;二是投资银行在帮助企业并购过程中出现操作失当或疏忽或违背某些法律规定而出现被诉、败诉或增加并购成本。

为了防范可能的风险,投资银行在辅助企业进行兼并收购目标公司的过程中应做到:应注意签订契约书的完整性,明确投资银行与企业双方的责、权、利,尤其在"免责"事项中应明确与企业订立投资银行在并购作业中得以免除的责任,从而减少投诉和被诉后败诉的可能。融资贷款应有抵押或担保,手续程序要健全;要认真地捕捉信息并仔细地分析、筛选,不仅要抓住公开的信息,而且要抓住目标公司潜在的信息,从而避免决策错误;实施一定的并购策略,包括并购价格、支付工具、与目标公司的接洽、并购战术(善意并购、恶意并购)、防范反并购手段与措施等,以使企业并购操作能够顺利达到预期目的;进行法律风险控制,要了解和熟悉不同国家、不同地区的法律规定,充分依照法律、利用法律来完成企业的并购工作。

## 10.1.2 投资银行风险管理的概念和原则

**1. 风险管理概念**

COSO 是美国反虚假财务报告委员会下属的发起人委员会（The Committee of Sponsoring Organizations of the Treadway Commission）的英文缩写，2004 年，COSO 发布《企业风险管理－整合框架》，2017 年，COSO 发布最新修订版《企业风险管理框架》。新版框架中对风险的定义为：事项发生并影响战略和业务目标实现的可能性，企业风险管理是组织在创造、保存、实现价值的过程中赖以进行风险管理的，与战略制定和实施相结合的文化、能力和实践。2006 年，国务院国资委发布《中央企业全面风险管理指引》，开启了中国企业尤其是中央和地方国有企业建设全面风险管理体系的浪潮，在国务院国资委的推动下，绝大多数中央企业几年内建立起了全面风险管理体系。2008 年，财政部发布《企业内部控制基本规范》，要求大中型企业尤其是上市公司建立健全企业内部风险控制体系。2013 年，这些要求又在中央企业推广和落实。

COSO 强调的是一个全面风险管理的概念，也就是说，企业风险管理不是某个阶段的特定工作，它贯穿于企业成长的始终；企业风险管理不是某个层级的专属任务，它需要上下携手，通力合作；企业风险管理也不仅仅是某个部门的独立职责，如果将风险管理完全视为风险控制部门的事情，必然难以全盘考虑，综合分析，从而难以产生协同效应。全面风险管理理念已经为国际金融机构及其监管部门所接受。但作为常年经营风险并管理风险的一类企业，投资银行除了需要遵循上述普适定义之外，还应有特殊的风险管理原则。

**2. 投资银行风险管理原则**

投资银行风险管理原则有四个，即全面性原则、独立性原则、防火墙原则和时效性原则。

(1) 全面性原则

全面性原则源自全面风险管理理念。应该把风险管理理解为一个动态的过程，它涵盖投资银行各个业务单位、各种业务产品、各名员工等风险因素，通过全面、有效地识别、计量、监控风险，在单一风险的有效管理基础上，对风险进行全面汇总和整合，实现对组合风险的管理，形成统一的风险管理体系。

(2) 独立性原则

要保证风险管理的有效进行，就必须维护风险管理部门的独立性，包括独立的风险管理委员会、审计委员会及其下属各专业委员会（或相应其他部门）的设立，这些部门的人员也要具备高度独立性。尤其要避免风险管理部门与业务部门相互渗透、职能不清导致无法客观执行风险监控和防范的情况出现。

(3) 防火墙原则

现在使用比较多的"防火墙"概念最早是由美联储主席格林斯潘于 1987 年在美国众议院银行委员会的证词中提出的。格林斯潘对于防火墙的设想主要考虑的是如何防范银行和证券部门间的利益冲突问题。演变至今，防火墙大体被分为三类：外在防火墙、内在防火墙和中国墙（Chinese Wall）。外在防火墙旨在区隔不同金融市场的相互渗透，比如银行介入证券业务后可能引发的混业经营风险。内在防火墙则是为了防止同一金融控股公司内部,母公司和子公司或者子公司之间的关联交易。中国墙主要是将投资银行内各项业务,如投资管理业务、研究工作、投资决策和交易清算等在空间上和制度上严格隔离,对因业务需要获取内幕信息和穿越防火墙的人员制定严格的审批程序。比如,规定交易员不得在清算部门兼职,投资经理和集中交易室要在空间上分隔,客户资金和投行自有资金要严格区分,等等。

(4)时效性原则

投资银行所处的环境风云变幻,所面临的风险也是瞬息万变的。投资银行内部的经营战略和方针也处于不断调整之中。外部环境和内部理念的改变使得风险管理系统也要相应完善,因为滞后的系统是无法匹配新形势下的管理要求的。

## 10.1.3 投资银行风险管理的基本流程

一般来说,投资银行风险管理包括风险识别、风险评估、风险控制、风险监察和效果评价五个步骤。

**1. 风险识别**

风险识别是任何风险管理的基础。它要求采用一种有计划的、经过深思熟虑的方法,来识别业务的每个方面存在的潜在风险,并识别可能在合理的时间段内影响每项业务的较为重大的风险。风险识别又包括以下几个步骤。

(1)将公司按照业务或者部门分为不同的风险单位。

(2)详细列出各风险单位的业务流程,这是对步骤(1)的进一步细化。

(3)将风险单位各业务流程中面临的风险点一一列出,如前面所述的市场风险、信用风险、操作风险等。

**2. 风险评估**

风险评估是在风险识别的基础上,针对已识别的风险点进行定性分析和定量测度,对该风险发生的可能性大小及其潜在影响的相对重大程度进行评估。

**3. 风险控制**

风险控制是整个风险管理流程最实质和核心的部分。它指的是根据风险评估的结果,针对不同种类的风险采取相应的风险应对策略(主要包括风险降低、风险消除、风险转移和风险保留),以期将总体风险控制在一个可以接受的程度。对于前述风险,投资银行有政策风险应对、法律风险应对、体系风险应对、市场风险应对、信用风险应对、流动性风险应对、操作风险应对。这七类风险应对的应对方式和特点如下。

(1)政策风险应对

普通投资银行难以通过自身的影响去左右国家经济政策的变化。因此对于政策风险,投资银行从业人员只能努力把握国家政治经济形势,预测国家经济政策的可能走向并有所准备。当然,其核心思想并不在于超前政策预先行动,而在于使自身的运作不致滞后于政策太多而引发风险。

(2)法律风险应对

投资银行业的发展日新月异,这要求投资银行在维持基本业务优势地位的同时,更多地进入新的领域和开发更多的创新产品,这便加大了触动第一类法律风险(法律变动对投资银行经营范围和经营品种的限制)的可能性。因此,现代投资银行应该加强对业务所在国家法律法规的理解,不仅是当前状况,还包括发展趋势,争取在业务创新和稳定经营之间找到最合适的平衡。

对于第二类法律风险(合约潜在的非法性或者交易对手无权签订合同的可能性),投资银行应该建立专门的管理机构,仔细签订和实施对外合同以及与雇员的合同。在明知对方从事超越权限的业务或者无权代理的情况下,不与之签订合同。在不知情的情况下,很多国家的法律都有保护善意第三人的条款。

(3)体系风险应对

要避免市场的体系风险,单纯依靠少数投资银行的力量也不可靠。监管部门应该承担起责任,形成一套要求充足资本金、对大型投资银行有制衡效力的风险管理及控制框架。

(4)市场风险应对

市场风险控制是投资银行风险控制部门的核心职责之一。其风控程序如下:

首先,确定计量、评估市场风险的模型和方法。目前比较流行的方法主要是 VaR 分析法及其补充方法(返回检验、压力测试法等)。

其次,风险管理部门下属市场风险管理部门要定期对各业务单位进行风险评估。在明确了测量市场风险的模型之后,接下来要做的是确定各项业务的具体市场风险因素,如利率、汇率等。再通过已确定的模型度量出各市场风险的风险因素的风险暴露。

最后,根据确定的风险暴露制定风险限额。制定风险限额时要采取定性和定量相结合的方法。可以采用敏感性分析的方法确定出一个风险限额的浮动区间,并使之与风险管理的总体目标相一致。

(5)信用风险应对

投资银行控制信用风险的传统方法有:尽量进行场内交易;场外交易中,谨慎选择交易对手;邀请其他方共同参与期限长、规模大的金融交易,分散信用风险。

随着信用风险应对技术的提高,投资银行可以参考现代商业银行信用风险管理的一些方法,如建立交易对手资信状况信息库;强调事前主动型信用风险管理;采用信用风险量化模型;使用信用衍生产品分散信用风险等。

(6)流动性风险应对

要控制流动性风险,就要求投资银行资产结构尽量向高流动性、易变现的资产倾斜,而不宜过多参与长期投资。另外,保持一定的储备金或者危机应对基金(需由流动性高的现金或金融工具组成)也是较有效的办法。

(7)操作风险应对

投资银行控制操作风险的方法主要有:健全内部控制机制和防火墙制度;完善信息系统,并建立畅通的信息反馈机制;优化人力资源管理机制,制定相应的奖惩制度。

委托—代理问题也是操作风险的一种表现形式。应该在公司内部建立以绩效考核为核心的激励机制,促使各层级员工的个人目标与公司整体目标相一致或者呈正相关关系,从而为企业的持续良性发展提供保障。

**4. 风险监察**

采取了一定的风险控制措施并不意味着这种措施必然有效,还应该由诸如风险监视委员会、审计稽核部这样的部门对已识别的风险和风险控制系统的运转进行持续监控。监控内容主要包括风险管理措施的执行情况、风险管理目标的实现过程、新产生的风险以及损失,尤其是要对风险控制有缺陷的部门进行重点稽核。

**5. 效果评价**

以上四个步骤的实施还不能构成一个完整的风险管理程序,一个有效的系统还会拥有反馈机制,即对风险控制工具的使用状况和管理效果进行整体性的检验,并将检验结果反馈给风险管理委员会、审计委员会等风险管理高层组织,为风险管理系统的发展和经营战略的调整提供有效信息。

## 10.1.4 投资银行风险管理评价

投资银行风险管理流程中效果评价的实质是内部反馈,但它并不等同于完备的风险管理评价体系。完备的评价体系应由投资银行自评、外部机构审查并复核构成。更为重要的是该评价体系应该拥有一套权威机构指定的评价指标和标准作为基准。以我国的情况为例,中国证监会于2009年5月发布《证券公司分类监管规定》,2017年、2020年进行了两次修订。该规定的目的是有效实施证券公司审慎监管,合理配置监管资源,提高监管效率,促进证券公司的业务活动与其治理结构、内部控制、合规管理、风险管理以及风险控制指标等情况相适应,实现持续规范发展。

《证券公司分类监管规定》规定,证券公司的风险管理能力主要指资本充足、公司治理与合规管理、动态风险监控、信息技术管理、客户权益保护、信息披露等6类评价指标,体现证券公司对流动性风险、合规风险、市场风险、信用风险、技术风险及操作风险等方面的管理能力。6类评价指标的具体含义是:

(1) 资本充足。

主要反映证券公司净资本以及以净资本为核心的风险控制指标情况,体现其资本实力及流动性状况。

(2) 公司治理与合规管理。

主要反映证券公司治理和规范运作情况,体现其合规风险管理能力。

(3) 动态风险监控。

主要反映证券公司风险控制指标及各项业务风险的动态识别、度量、监测、预警、报告及处理机制情况,体现其市场风险、信用风险的管理能力。

(4) 信息技术管理。

主要反映证券公司信息技术治理、信息技术安全、数据治理情况,体现其技术风险管理能力。

(5) 客户权益保护。

主要反映证券公司客户资产安全性、客户服务及客户管理水平,体现其操作风险管理能力。

(6) 信息披露。

主要反映证券公司报送信息的真实性、准确性、完整性和及时性,体现其会计风险及诚信风险管理能力。

具体评价方法是,设定正常经营的证券公司基准分为100分。在基准分的基础上,根据证券公司风险管理能力评价指标与标准、持续合规状况、业务发展状况等方面情况,进行相应加分或扣分,以确定证券公司的评价计分。中国证监会根据证券公司评价计分的高低,将证券公司分为 A(AAA、AA、A)、B(BBB、BB、B)、C(CCC、CC、C)、D、E 等 5 大类 11 个级别。中国证监会每年根据行业发展情况,结合以前年度分类结果,事先确定 A、B、C 三大类别公司的相对比例,并根据评价计分的分布情况,具体确定各类别、各级别公司的数量。

(1) A 类公司风险管理能力在行业内最高,能较好地控制新业务、新产品方面的风险;

(2) B 类公司风险管理能力在行业内较高,在市场变化中能较好地控制业务扩张的风险;

(3) C 类公司风险管理能力与其现有业务相匹配;

(4) D 类公司风险管理能力低,潜在风险可能超过公司可承受范围;

(5) E 类公司潜在风险已经变为现实风险,已被采取风险处置措施。

## 10.2 投资银行的风险管理结构

### 10.2.1 风险管理的组织架构

20 世纪 90 年代以来,计算机技术的突破、金融衍生工具引发的一系列灾难性事件、投资银行自身激励机制带来的道德风险以及对有效分散风险的迫切需求,使得美国投资银行业对风险管理高度重视,风险管理理论与实践取得突飞猛进的发展。而为了控制风险,必然会出现相关的风险管理。有效的风险管理控制主要有四个主要功能:(1)保护投资银行自身,使其能抵御市场、信用、流动性、操作及法律风险;(2)保护金融业,避免体系性风险;(3)保护投资银行的客户,使其免遭严重的财务亏损;(4)保护投资银行及其特许权,免受名誉损失。目前风险管理在美国投资银行经营管理中得到综合运用,风险管理人员分布于公司各个部门,风险管理技术运用于日常经营中,风险管理职业成为具有高素质要求的职业之一。

全面风险管理(Enterprise-Wide Risk Management, ERM)这一概念由 COSO 于 2003 年提出。根据 COSO 的定义,全面风险管理是一个过程。这个过程受董事会、管理层和其他人员的影响,从企业战略制定开始一直贯穿于企业的各项活动中,用于识别那些可能影响企业的潜在事件并管理风险,使之在企业的风险偏好之内,从而合理确保企业达到既定的目标。作为一项贯穿企业各项活动的流程,全面风险管理需要有效的架构支持。一个完善的风险管理架构包括:企业风险管理战略和策略;健全的现代企业风险管理的组织体系和规范的风险管理流程;完整的风险管理手册;有效的风险预警系统;有效的防范机制;高效的风险管理信息系统。美国投资银行通过不断的实践,已经建立起较为完善的全面风险管理架构。风险管理作为一个过程,风险管理架构的各个方面并非独立存在,而是互相联系的,并体现出以风险管理组织架构为载体的表现形式。

美国投资银行风险管理架构的发展由于市场环境、组织规模、内部管理等因素不断趋于复杂,美国投资银行的风险管理经历了从原始管理到全面管理四个阶段,见表10-1。目前,美国典型的大型投资银行,如摩根士丹利、高盛、美林等,均采用了全面风险管理的架构。

表 10-1　　　　　　　　　　投资银行风险管理类型

| 分类 | 原始管理式 | 分散管理式 | 集中管理式 | 全面管理式 |
| --- | --- | --- | --- | --- |
| 市场环境 | 市场形态比较简单 | 市场环境比较复杂 | 市场多样化,通常要面对多个国家与地区 | 面对全球市场,情况复杂多变 |
| 发展历程和组织 | 业务规模小 | 业务规模扩展并呈现一定复杂度 | 业务组织较为庞大、业务复杂程度提高 | 业务组织规模庞大、业务复杂程度提高 |
| 风险管理方式 | 缺少风险管理专职部门与人员 | 风险管理职能由各部门分别负责,无专设部门 | 成立专设风险管理部门集中管理风险 | 设风控部门并由各部门参与监控自身风险 |
| 风险度量 | 无风险度量 | 以业务为单位进行简单主管估测 | 结合系统风险进行风险因素的整体估测 | 强化风险的综合、精确度量 |
| 决策与操作的关系 | 不分离 | 分离,但不彻底 | 分离 | 分离 |
| 风险管理独立性 | 不独立 | 不独立 | 独立 | 独立 |
| 业务效率 | 无质量保证的高效率 | 相对较高 | 对业务运作效率有一定影响 | 以质量为基础的高效率 |

## 10.2.2　投资银行的风险管理结构

投资银行的董事会下设审计和财务委员会以及公司最高决策执行委员会,这两个委员会之下是风险监视委员会、风险管理委员会和各种管制委员会,分别负责监督公司的各种风险状况,如图10-1所示。

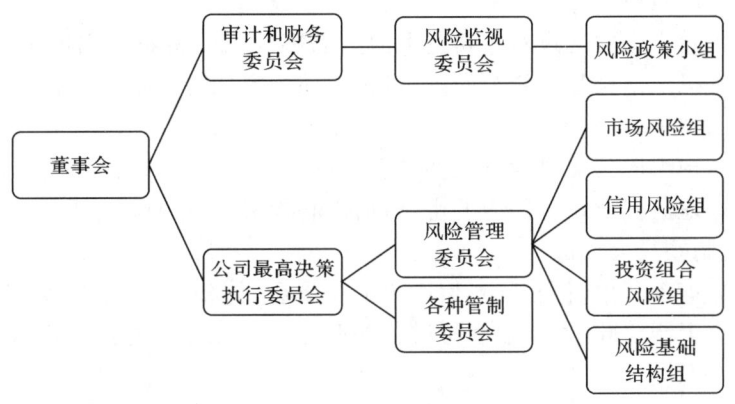

图 10-1　投资银行的风险管理结构

**1. 审计和财务委员会**

审计和财务委员会一般全部由外部董事组成,由其授权风险监视委员会制定公司风险管理政策。

审计和财务委员会下设风险监视委员会。风险监视委员会由高级业务人员及风险控制经理组成，一般由公司风险管理委员会的负责人兼任该委员会的负责人。风险监视委员会负责监视公司的风险并确保各业务部门严格执行识别、度量和监控与其业务相关的风险。它协助公司最高决策执行委员会决定公司对各项业务风险的容忍度，并不定期及时向公司最高决策执行委员会和审计和财务委员会报告重要的风险管理事项。

风险监视委员会下设风险政策小组。风险政策小组是风险监视委员会的一个工作小组，一般由风险控制经理组成并由公司风险管理委员会的负责人兼任负责人。风险政策小组负责审查和检讨各种与风险相关的事项并向风险管理委员会汇报。

**2. 公司最高决策执行委员会**

公司最高决策执行委员会为公司各项业务制定风险容忍度并批准公司重大风险管理决定。公司最高决策执行委员会特别关注风险集中度和流动性问题。

(1) 风险管理委员会

公司风险管理委员会专门负责公司的风险管理流程。该委员会的负责人一般直接向财务总监报告，并兼任风险监视委员会和风险政策小组的负责人，同时一般也是公司最高决策执行委员会的成员。风险管理委员会一般由市场风险组、信用风险组、投资组合风险组和风险基础结构组等四个小组组成。

① 市场风险组

市场风险组确定和识别公司各种业务需要承受的市场风险，下设相对独立的定量小组专门负责建立、验证和运行各种用来度量、模拟各种业务的数学模型，监视和控制公司的各种风险模型的风险集中度和承受度。

② 信用风险组

信用风险组评估公司现有和潜在的个人和机构客户的信用度，并在公司风险监视和度量模型可承受风险的范围内决定公司信用风险的承受度。信用风险组需要审查和监视公司特定交易、投资组合以及其他信用风险的集中程度，负责审查信用风险的控制流程，并与公司业务部门一起管理和设法减轻公司的信用风险。

③ 投资组合风险组

投资组合风险组主要通过对公司范围内重点事件的分析将公司的市场风险、信用风险和运作风险有机地结合起来统筹考虑，进行不同国家风险和定级的评估等。

④ 风险基础结构组

风险基础结构组向公司风险管理委员会提供分析、技术和政策上的支持，以确保风险管理委员会更好地监视公司范围内的市场、信用和投资组合风险。

(2) 各种管制委员会

包括新产品审查和检讨委员会、信用政策委员会、储备委员会、特别交易审查检讨委员会等。主要负责制定政策、审查和检讨各项业务以确保新业务和现有业务的创新不超出公司的风险容忍度。

## 10.2.3 投资银行风险监控信息系统的功能

除了在公司内部通过组织架构等一系列安排来完成全面风险管理的各项要求外，采用有效的风险监控信息系统也是必不可少的。美国各大投资银行所采用的风险监控信息系统虽然有所差别,但均包括以下四种功能,即合规性监控功能、风险值监控功能、常规性过程监控功能以及统计分析功能,四大功能在监管风险上发挥重要作用。

合规性监控功能主要监控投资业务、资产管理业务、零售业务等业务操作是否符合外部法律法规与公司内部规定的要求;风险值监控功能主要监控风险暴露水平、风险价值以及各类风险限额,同时辅助压力测试与敏感性分析等;常规性过程监控功能主要对日常交易情况进行监控以及进行数据核对等;强大的统计分析功能能根据各类风险管理需要进行多维度风险量化信息的加工处理。

## 美林的风险管理

美林公司认为风险承担是美林业务中不可缺少的一部分,在希望获取利润的同时,也就可能产生损失,公司要确保将损失风险控制在可理解和可接受范围之内。所以风险管理的主要目的是避免意外情况发生,为了达此目的,相关风险必须做到可以被理解,可以加以说明,可得到管理。公司主要从交易层面、投资组合层面与潜在风险因素或驱动要素等多个角度衡量与审视风险。

美林的风险管理程序确保其风险承受能力非常明确,并可以被公司全体所理解,这些程序包括:

1. 一个正式的风险监管组织,负责明确监管程序及其组成;
2. 审计委员会定期审核风险管理程序;
3. 明确的风险管理政策及程序,辅以严格的分析框架;
4. 业务、执行管理团队和风险职能部门之间的沟通和协调,保持职责的严格划分、控制和监测;
5. 风险监督委员会规定明确的风险承受水平,这些风险承受水平将定期审核。

确保美林的风险承担与其业务策略、资本结构和预期的市场形势保持一致。

美林公司风险管理部门由董事会下辖的风险控制委员会组成,这个委员会由风险管理部、公司信贷部和控制部门高级管理人员组成,协调全球风险管理部、公司信贷部和包括财务、审计、经营以及法律和协调部门在内的其他控制部门的工作,在风险管理的过程中发挥着重要的监督作用。

美林公司采取的是集中型风险管理模式。其风险监管架构主要由以下七个部分组成。

1. 董事会审计委员会。它是董事会下设的专业委员会之一,其人员构成主要来自公司独立董事。职能包括向风险监视委员会进行授权;审批风险监视委员会章程;审阅风险监视委员会定期提交的风险报告;定期对公司的风险状况和风险管理流程进行评估。

2. 执行委员会。确定公司各项业务的风险限额和容忍度;批准公司重大风险管理决策;确保公司承受的风险水平在既定风险限额之内;解释、阐述公司风险政策的重大调整事宜;审批包括风险监视委员会在内的风险管理部门提交的重要风险政策。执行委员会重点关注公司的风险集中度和流动性问题。

3. 风险监督委员会。由首席财务官任主席,成员由高级业务人员和控制管理人员组成。负责监控公司的总体风险;协助执行委员会为公司各业务部门制定风险限额;监督公司其他职能委员会的执业活动;确保各业务部门按既定的风险管理流程和技术,对相关风险进行识别、度量和监控;当公司发生重大交易或其他异常情况时,直接向审计委员会和执行委员会报告。

4. 业务部门。主要负责管理其业务活动的风险。

5. 全球流动性风险管理部。提供独立的控制职能,设定风险政策和程序,在风险框架内设定并实施交易部门的市场风险限度和交易对手信用风险的承受限度,监测、分析并报告市场、信用、流动性和营运风险,并向高级管理层和风险监督委员会报告风险。其风险管理的范围包括市场风险管理、信用风险管理、流动性风险管理和营运风险管理。

6. 其他控制部门。如,公司财务部负责业务辅助分类账与分类账,并与业务和风险监督部门紧密合作,每天进行损益估算;公司会计部负责法人实体的会计和报告、合并财务数据、监管报告,并提供会计政策指引、支持企业职能和财务系统等;公司内部审计部负责评估美林内部控制环境的恰当性和有效性,它是独立的职能部门。法律总顾问室向公司提供法律、监管和合规方面的指引,确保公司的活动按美林的规定得以进行,并遵循适用的法律和规定。

7. 公司治理委员会。制定政策、审核工作、批准交易并确保新的和现有的业务保持在设定的风险承受水平以内。

(资料来源:高盛、美林的风险管理模式与启示,肖鹏,《经济师》,2007年第10期)

案例2

## 高盛集团的风险管理

高盛集团的风险管理主要是由一些执行委员会通过一系列相互独立但互补的财务、信用、运作、道德等风险报告程序,监控公司的风险暴露水平,其风险管理结构如图10-2所示。

在管理风险的理念上,高盛在治理层面非常强调业务部门与风险控制部门之间的独立性。高盛认为,业务部门的基本动机是赚取更多的经济利润,控制部门的基本职能则是评价、管理和控制风险,两类部门之间存在监督与被监督、评价与被评价的关系,因此,必须保持控制部门的独立性,特别是人员、薪酬与汇报条线上都要独立于业务部门,这样方能达到独立控制的目的。

业务拓展中,业务部门在利润动机驱动下可能甘冒损害公司利益的风险,因此,一项业务是否接受不是由业务部门说了算,而是要交由风险控制部门进行事前风险评价,其评价意见对业务的接受与否起决定性作用。业务部门更多地追求部门收益,而控制部门要控制风险,两类部门对风险评级的态度经常相左。当业务部门与控制部门就某项业务的风险评价有较大差异而会影响其可接受性时,必须将此项业务的相关风险交由专门的委员会来讨论,业务部门与控制部门中高职位的职员是这些委员会的成员,委员会全面客观

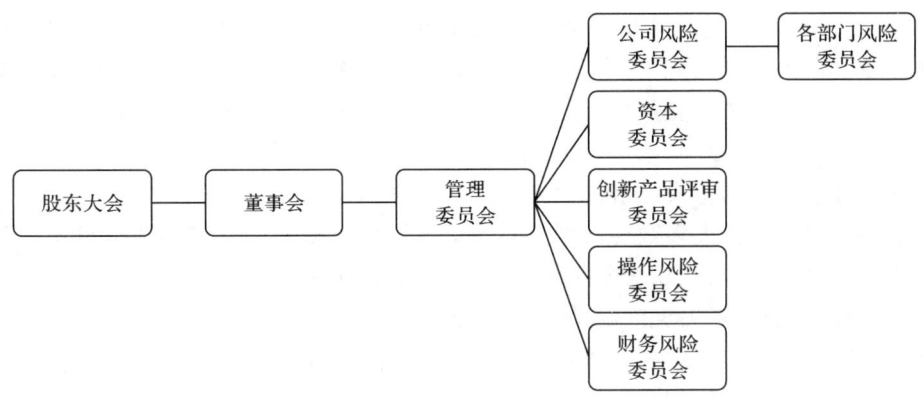

图 10-2　高盛集团的风险管理结构

地评价业务风险之后决定是否接受此项业务。因此,各类风险控制与业务委员会在高盛公司风险管理中处于核心地位。

与风险相关的委员会包括管理委员会、公司风险委员会、部门风险委员会、资本委员会、创新产品评审委员会、操作风险委员会、财务风险委员会等。

管理委员会是高盛风险管理框架中的最高执行机构,所有关于风险控制的信息最终均报告至管理委员会,它通过直接授权或委托授权,审批公司所有经营活动、风险政策等。管理委员会下设公司风险委员会、资本委员会、创新产品评审委员会、操作风险委员会和财务风险委员会。公司风险委员会负责评估公司现存的所有商业活动,审批创新业务和创新产品,评估和审批公司整体及各业务部门的风险限额。它下设的各部门风险委员会在公司总风险限额下,运用 VaR、情景分析、库存证券杠杆等方法制定本部门的市场风险限额。资本委员会负责评估和审批一切涉及公司资本义务的商业交易。这些资本义务包括信用、替代流动性、债券承销、股票大宗交易等。它的职责是确保公司业务及信誉始终保持在全球一流水平。创新产品评审委员会负责审批公司各项创新产品,评估创新业务、产品蕴含的风险及其控制程序。操作风险委员会负责研究、开发、提供与操作风险相关的管理政策、管理框架和分析模型,监督操作风险管理流程的有效性。财务风险委员会负责制定公司资产流动性政策和科学合理的库存头寸限额,评估公司资金头寸和资本化率,评估公司现金流量和风险敞口。

(资料来源:高盛、美林的风险管理模式与启示,肖鹏,《经济师》,2007 年第 10 期)

## 10.3　投资银行业的监管

### 10.3.1　投资银行业监管概述

投资银行业监管指监管机构依法对投资银行及其金融活动进行直接限制和约束的一系列行为的总和。要注意到依法利用经济手段对投资银行业务活动进行调整的行为不属于投资银行业监管的范围,而应属于宏观调控的范畴。

投资银行业监管历经多次演变发展，18世纪初英国的《泡沫法案》是最早的监管法规。20世纪30年代以前的金融监管主要集中在实施货币管理和防止银行挤提层面，对金融机构经营行为的规制、监管和干预都很少。1929年到20世纪90年代，开始对金融体系进行行政监管和法律监督。20世纪90年代的金融危机浪潮推动了金融监管理论逐步转向如何协调安全稳定与效率的方面。

投资银行业监管的主要经济原因是金融市场失灵，古典经济学认为，市场经济不用政府进行干预。但是现在大多数经济学家认为，存在外部效应、公共产品、信息不对称以及自然垄断等不完全竞争领域，竞争市场无法保证资源的最优配置。为此，就需要政府的介入，以行政手段弥补市场失灵的缺陷。

金融市场失灵的表现包括严重的外部效应和信息不对称。就外部效应而言，金融市场监管涉及金融稳定和保护投资者利益两个方面。金融领域外部效应尤为严重的一个重要原因是它可能具有传染性。这种更为严重的负外部效应为政府介入实行严格监管提供了理论支持。并且，金融市场上存在严重的信息不对称。信息不对称是当事人一方并不了解内部的与交易有关的信息。在资本市场中，信息不对称使得证券价格对市场信息的反应不及时、不准确，因而无法正确引导资金的流向，导致证券市场效率的丧失。此时政府监管的核心是信息披露。

通过以上分析可知，因为金融机构的高杠杆性、金融产品的虚拟性和预期性、金融市场的高度信用化等原因，金融体系具有内在的脆弱性。金融市场失灵导致资源配置的无效率和可能引发的金融危机所造成的直接和间接损失更是十分巨大，因此，经济学家主张介入金融市场的监管以降低社会成本。资本市场是金融市场的一部分，而投资银行又是资本市场上的主力机构之一，因而投资银行是监管的主要对象。

## 10.3.2 投资银行业监管的目标和原则

建立一个高效率的资本市场，充分发挥市场机制对资金配置的作用，促进资本形成和经济增长，是各国对投资银行实施监管的根本目标。现代投资银行业监管共同的具体目标包括保护投资者的合法权益、保障投资银行业的公平竞争和降低系统风险。

**1. 保护投资者的合法权益**

投资者是投资银行业的服务对象，充分披露对投资决策具有重要意义的信息是保护投资者利益的最重要的方法。此外，资本市场的投资者特别容易被中介机构或其他人的违法行为侵害，但个人投资者采取行动的能力是有限的。

对投资银行依法进行监管，限制其承担过高的风险和从事不良经营活动，禁止其弄虚作假等欺骗投资者的行为，同时禁止内幕交易、操纵股市、扰乱证券市场等行为，这样才能保护投资者的合法权益，避免公众利益受到损害而引起社会动荡。投资者的信任和信心是金融市场与投资银行业生存与发展的前提。

**2. 保障投资银行业的公平竞争**

对投资银行的监管能为其提供一个公平的竞争环境。合理竞争、防止垄断是促使投资银行不断提高服务质量和服务效率的前提条件。通过对投资银行业的监管，能够创造一个公平、公开、公正及高效统一的市场环境，防止垄断，维护正常的金融秩序，使投资银行在公平竞争的基础上提供高效率、多样化的金融服务，最终促进资本形成和经济增长。

**3. 降低系统风险**

一家投资银行因经营不善而倒闭或违法违规经营时,基于"多米诺骨牌效应",将会影响到公众的信心,造成恐慌,危及证券市场的健康发展和投资银行业的安全与稳定,甚至波及整个金融体系的安全稳定。这就需要通过市场准入的监管、业务活动内容监管以及投资者保护基金等措施,促使投资银行依法稳健经营,防范和降低风险,保障投资银行乃至整个金融体系的安全稳定。

虽然监管本身不能阻止投资银行的破产,但监管活动应致力于减少破产风险(包括设置资本金和内部控制方面的要求)。一旦破产真的发生,监管活动就应力求减小它的影响,特别是应努力隔离这种风险。

投资银行监管应遵循以下六项原则,即依法管理原则,公开、公平、公正原则,协调性原则,透明度原则,效率性原则和监督与自律相结合原则。

**1. 依法管理原则**

依法管理原则是投资银行业监管的前提。首先,投资银行的监管主体必须由法律确定,其对投资银行的监管权力和范围必须由法律规定和授予;其次,在行使投资银行监管权力时,必须遵守相关的法律、法规。

**2. 公开、公平、公正原则**

我国《证券法》第一章第三条规定,证券的发行、交易活动,必须遵循公开、公平、公正的原则。从监管的角度来说,其意义分别如下:

(1)公开原则(公平、公正原则的前提)

公开原则指的是市场信息要公开,透明度要高。一方面,要求在内容上凡是影响投资者决策的信息,投资银行都应当公开,例如:公司章程,有关财务会计资料,本次证券的发行对象、发行品种、发行条件、发行价格、招股说明书等;另一方面,形式也要公开,采取社会公告的形式,在指定的媒体上公开发表或置于公开场所,以便查阅。公开原则要求信息披露及时、完整、真实、准确。

(2)公平原则

公平原则要求证券活动中的所有参与者在交易中都享有平等的法律地位,享有相同的待遇,各自的合法权益都能够得到公平的保护。

(3)公正原则

公正原则要求投资银行的监管机构在对待投资银行时,要在坚持客观事实的基础上,对所有的投资银行一视同仁,对证券市场的所有参与者都要给予公正的待遇。

**3. 协调性原则**

协调性原则要求:首先,同一监管主体的不同职能部门之间以及上下级机构之间的职责要明确合理,相互协调;其次,不同监管主体之间的职责范围要合理划分,执法时要加强协调等。

多重监管体制不应该导致监管对象过重的负担。

**4. 透明度原则**

资本市场监管的核心是信息披露原则,它也是保证资本市场的"三公"原则得以实施的具体体现。

首先,监管主体在重大的监管政策和监管规则出台或变动前应征求市场主体的意见;其次,监管主体要监管投资银行,使之在经营过程中充分披露信息。

**5. 效率性原则**

效率性原则有两方面:一方面是监管效率,要注重建立有效的监管机制,使得监管成本最小化和效益最大化。另一方面是通过监管,规范竞争,防止垄断,提高投资银行业的整体效率。

**6. 监督与自律相结合原则**

监督与自律相结合原则是指在加强政府、证券主管机构对证券市场的监管的同时,也要加强自律性监管,充分发挥投资银行在投资者与政府部门之间的纽带作用,促进投资银行业的规范、健康发展。

## 10.3.3 投资银行业的监管体制类型

世界各国由于历史文化传统、经济体制选择和市场发展水平的差异,所选择的证券市场监管模式也不尽相同。主要有国家集中统一监管体制、自律型监管体制和中间型监管体制三种监管体制。它们的特点和优缺点各有不同,它们之间也存在区别和联系。

**1. 国家集中统一监管体制**

国家集中统一监管体制(简称集中型监管体制)是指国家通过制定专门的法律,设立隶属于政府或直接隶属于立法机关的全国性证券监管机构,对投资银行业进行集中统一监管,而各种自律性组织,如证券业协会、证券交易所等只起协助性作用。这种监管体制以美国、日本、韩国为代表。中国目前投资银行业的监管体制也属于这种类型。

国家集中统一监管体制的特点包括:集中立法,有一套投资银行业监管的专门性法律;有权力高度集中统一的全国性的专门监管机构,其中以独立监管机构为主体。

国家集中统一监管体制的优点在于,具有统一的证券法律和专门的法规,使证券行为和投资银行业务活动有法可依,提高监管的权威性。有一个统一的监管机构,能公平、公正、严格地发挥监管作用,防范市场失灵情况出现。监管者的地位超脱,有足够的权威来维护证券市场的正常运行,有利于保护投资者的利益。

国家集中统一监管体制的缺陷是,监管者超脱于市场,对证券市场发生的意外行为反应较慢,可能处理不及时。

**2. 自律型监管体制**

自律型监管体制是指国家除了某些必要的立法之外,较少干预投资银行业,主要是通过投资银行业自律组织和投资银行自身进行自我监管。实行这种监管体制的国家和地区有英国、荷兰、爱尔兰、中国香港等。

自律型监管体制的特点包括:通常不制定专门规范投资银行业和管理证券市场的法律、法规,而是通过一些间接的法律、法规来调整和制约证券市场的活动。不设立专门的全国性的证券监管机构,而是依靠证券市场的参与者,如证券商协会、证券交易所等自律性组织进行监管。

自律型监管体制的优点是在保护投资者利益的同时,能发挥市场的创新和竞争意识,有利于活跃市场。由于投资银行更贴近市场,在信息资源方面具有更大的优势,因此允许投资银行参与制定证券市场监管规则,能使监管更符合实际,也使制定的监管规则(条例)具有更大的灵活性和更高的效率。自律组织直接置身于市场之中,能对市场发生的违规行为做出迅速而有效的反应,对突发事件可以更妥善地解决。

自律型监管体制的缺点是监管的重点通常放在保证市场的有效运转和保护自律性组织成员的利益上,对投资者的利益往往难以提供充分的保障。由于缺乏专门的监管立法,对违法行为的约束缺乏强有力的法律效力,影响了监管的权威性,使得监管手段较弱,监管力度不够。没有统一的监管机构,难以实现全国证券市场的协调发展,而监管者的非超脱性难以保证监管的公正。

**3. 中间型监管体制**

中间型监管体制是集中型监管体制与自律型监管体制两者相互渗透、相互结合的产物。它既设有专门性的立法和政府监管机构来进行集中监管,也强调自律组织的自律监管。这种监管体制又称为分级监管体制,包括二级管理和三级管理两种模式。二级管理指的是政府监管机构与自律性组织互相结合的管理;三级管理指的是中央政府、地方政府和自律性组织三者相结合的管理。

中间型监管体制的优点是综合了集中型监管体制与自律型监管体制的长处,实践中可视具体情况侧重于集中型监管体制或自律型监管体制。实行该体制的代表国家有德国、法国、意大利等。近年来,随着金融业的混业发展,集中型监管体制和自律型监管体制日益靠拢,相互融合。政府机构监管和自律监管存在区别,体现在监管性质、处罚手段、监管依据、监管范围这四个方面。

(1) 两者的监管性质不同。一个是行政管理,具有强制性;一个是自我监管组织,具有自律性。

(2) 两者的处罚手段不同。政府监管机构处罚较重,自律监管处罚较轻。

(3) 两者监管的依据不同。前者依据国家有关法律、法规、规章和政策进行监管,后者除了这些,还依据自律组织制定的章程、业务规则、细则对投资银行进行管理。

(4) 监管的范围不同。前者监管全国范围内的证券业务活动,后者监管其会员。

政府机构监管与自律监管之间联系紧密。自律组织是政府监管机构和投资银行的桥梁和纽带。自律组织既能行使监管权,也能代表行业向监管机构反映问题,提出意见,政府监管机构还可以通过自律组织对投资银行进行检查和监督。自律监管是对政府监管的有益补充。自律组织通过提供会员服务,可对投资银行进行法律、法规、政策宣传,督促其自觉遵纪守法。自律组织本身也必须接受政府监管机构的监管。自律组织的设立要得到政府监管机构的批准,其日常业务活动也要接受政府监管机构的检查、监督和指导。

## 10.3.4 投资银行监管制度

外部监管机构或组织应该在投资银行的设立—日常经营—破产的整个周期都发挥规范投资银行运营活动、保护投资者利益的作用。也就是说,监管部门应该规定从市场准入到投资银行破产保险等不同制度以确保投资银行的稳健经营和投资者的资产安全。

**1. 有关市场准入的制度**

世界上任何一个存在资本市场的国家都会对投资银行设定一个市场准入的最低资格

条件。这个最低标准是防范资本市场系统风险的第一道防线。通过准入条件筛选掉一批不具备设立条件的意向机构,对于保证整个投资银行业的稳定是有帮助的。

世界上的投资银行市场准入制度可以分为两种:一是注册制,即投资银行只要符合相关规定,所提供的资料全面、真实、可靠并在相应监管部门注册,便可以经营投资银行业务。美国是采用这种制度的代表国家。二是特许制。在特许制下,投资银行在设立之前必须向监管机构提交申请,监管机构会综合考虑该投资银行实力、证券市场竞争状况等多方面因素,以确定是否批准其进入市场以及批准其经营何种业务。日本是采用这种制度的代表国家。我国对券商的设立采取的也是特许制。

**2. 有关经营管理的制度**

(1)经营报告制度

经营报告制度要求投资银行必须将其经营活动按照统一的格式和内容报告给监管部门。如我国《证券法》规定,证券公司应当按照规定向国务院证券监督管理机构报送业务、财务等经营管理信息和资料。并且当国务院证券监督管理机构认为有必要时,可以委托会计师事务所、资产评估机构对证券公司的财务状况、内部控制状况、资产价值进行审计或者评估。

这种报告制度有利于监管部门随时了解投资银行的经营状况,并及时发现那些经营活动出现问题的投资银行,以便于采取措施防止危机的发生。

(2)纯资本比例制度

为了防止投资银行过度风险投资,监管机构往往会设定一个纯资本与负债的最低比例限制。纯资本包括现金和可迅速变现的自有资本。比如美国证券交易委员会将该比例设为 11∶15。

纯资本比例制度的目的在于保证投资银行维持比较充足的现金资产,以避免过度杠杆化给其带来不可承受的财务风险。

(3)经营收费标准

投资银行在证券承销、经纪和咨询等业务中都要收取佣金。监管部门会对佣金比例设定一个上限,防止投资银行收取过高费用,从而提升筹资成本,造成证券市场的低效率。

(4)证券评级制度

证券评级制度是在投资银行承销业务中对资产质量进行评价的一种制度。对证券发行公司来说,只有经过第三方评级的证券才更容易被公众接受;而对投资者来说,证券的信用等级是其权衡投资风险和收益的重要依据。因此,证券评级制度帮助优质证券拓宽了销路,也将质量差的证券驱逐出市场。换句话说,它在一定程度上解决了信息不对称带来的困ংஞ。不过,作为第三方的证券评级机构是否能保持客观、公正是决定该制度有效性的重要因素。

(5)投机经营管理制度

投机经营管理制度主要是针对投资银行自营业务中的投机行为而制定的。投资银行的证券投机行为是不可避免的,但是需要建立在非垄断、非欺诈的基础之上。监管机构会为此制定反垄断、反欺诈假冒、反内部沟通条款。

反垄断条款是为了防止投资银行凭借其雄厚的资本和特殊的渠道,人为操纵证券价格。一般会规定某一投资银行购买证券数量的上限不得超过该证券发行公司所发行证券总量的一定百分比,或者不得超过该发行公司证券总额的一定百分比。

反欺诈假冒条款是为了禁止投资银行采取蓄意损害交易对手利益的欺诈假冒行为,比如制造并散布虚假信息以误导交易对手。反内部沟通条款的目的是禁止公司内部人员或其亲属利用内幕信息上的优势在证券交易中牟利。

**(6)缴纳管理费制度**

投资银行除缴纳注册费之外,还需要按营业收入的一定百分比向证券监管机构和证券交易所缴纳管理费用。这部分费用主要用于支付对投资银行经营活动进行监督、检查等方面的行政开支。

### 3. 有关违规惩罚和破产保险的制度

**(1)对投资银行违规行为的惩罚制度**

在相关法律健全的证券市场中,投资银行的一切违法违规行为都将依法受到惩处。对于投资银行信息披露中出现虚假陈述、纯资本比例等风险控制指标不符合要求、经管收费超过最高限额,或者有内幕交易、操纵市场、欺诈客户等违法违规行为,证券监管部门可以对其采取限制业务活动、责令暂停部分业务或停业整顿、取消营业执照等行政处罚措施。严重的还要向法院提起诉讼,对相关违法犯罪人员追究民事或刑事责任。

**(2)投资银行破产保险制度**

如果把市场准入制度看作是保护投资者利益的第一道防线,投资银行破产保险制度则可以被称作终极防线。

美国是实施这一制度的代表国家。1970年《证券投资者保护法》颁布之后,在该法基础上又建立了证券投资者保护协会。证券交易委员会和联邦证券交易所一旦发现某一投资银行陷入财务困境,便会立即通知证券投资者保护协会。该协会便对此进行具体调查。如果调查之后发现危机投行尚有可能扭转局面,协会就会为其提供资金援助或帮助其重整经营。如果发现危机投行已无力翻盘,协会便会通知法院对其进行破产清算。如果清算财产在支付必要费用之后不足以清偿债务,协会有义务承担有限偿债责任。

## 10.3.5 投资银行具体业务的监管

随着投资银行业务的不断发展,投资银行业务监管也在与时俱进。从承销、经纪等传统业务到公司并购、基金管理、金融创新、咨询服务等业务创新,外部监管机构也面临越来越高的要求。

### 1. 投资银行承销业务监管

投资银行通过证券的发行与承销为企业筹资,同时也努力将承销的证券出售给投资者。

承销业务监管的重点如下:禁止投资银行承销未经核准(如超过其承销能力)的证券,避免过度投机。严禁投资银行在承销过程中,进行虚假或误导投资者的宣传推介活动或以不正当手段诱使投资者申购股票。禁止投资银行在承销过程中的信息披露含有虚假记载、误导性陈述或重大遗漏。禁止任何形式的内幕交易。

### 2. 投资银行经纪业务监管

投资银行在经纪业务中不承担任何投资风险,其收入来自交易金额一定百分比的手续费。经纪业务监管包括如下几个方面:投资银行从事经纪业务时要坚持诚信原则,禁止欺诈和牟取私利的行为。投资银行向客户提供的贷款不得超过证券市场价格的一定百分比,而且需要满足保证金要求。投资银行不得违规劝诱或者限制客户的交易行为,不得从事有损投资者利益的活动,投资银行不得私自决定收取佣金标准。除特殊情况之外,投资银行需对客户资料保密。

**3. 投资银行自营业务监管**

相比承销与经济业务,投资银行自营业务风险较大,而且存在操纵市场的可能性。因此,更需要外部监管机构的严格监管,具体如下:限制投资银行的负债规模以及大量购买问题证券的行为,并要求投资银行提取足额准备金,将其承担的风险限制在一定范围内。限定投资银行所能购买的证券数量,防止其操纵市场的行为。投资银行自营业务与经纪业务必须严格区分,防止相互混淆损害投资者利益。投资银行应努力维护证券市场秩序,禁止过度投机行为。

**4. 投资银行并购业务监管**

投资银行在企业并购中扮演中间人兼财务顾问的角色。投资银行并购业务的重点在于信息披露。上市公司重大购买或出售资产的行为、董事会决议、中介机构报告、监事会意见、关联交易、同业竞争等问题,均需及时披露。持续时间较长的并购需要定期连续公告。股东获得某公司有投票权股份达到一定比例时,需要披露权益变动等信息。禁止投资银行中参与某公司并购方案实施的职员利用内部消息,从事内幕交易。

**5. 投资银行基金管理业务监管**

投资银行可以作为基金的发起人、承销人和管理人,但由于其在证券市场的特殊地位,更多的是接受基金发起人委托管理基金,进行组合投资。对于投资银行该项业务的监管主要包括以下内容:投资银行不得将其固有资产和他人资产混同进行证券投资。投资银行不得不公平地对待其管理的不同基金财产。投资银行不得向基金份额持有人承诺收益或者承担损失。强化基金信息披露以及基金操作规范化的监管。

**6. 投资银行金融创新监管**

投资银行的金融创新在很大程度上促进了金融繁荣,但复杂衍生品的涌现也加大了金融风险。这对于外部监管提出了更高的要求,对于投资银行金融创新的监管主要包括以下内容:扩大投资银行监管范围,将各种衍生品纳入其中。加强监管灵活度,在加强立法和放松管制中寻找最合适的平衡点。完善监管硬件设施,使其适应不断变化的交易规模和成交速度。会计核算制度要强调市场价值,对投资银行财务报告进行更准确的评估。加强外部监管,跨国合作,确保全球金融稳定。

案 例

## 五洋债违约事件

2015年中,五洋建设发行"15五洋债"和"15五洋02"两期公募债,发行总额分别为8亿元、5.6亿元。彼时,五洋债的主体和债项评级均为AA级。2016年底,五洋建设风险开始暴露。德邦证券就五洋债提示风险称,五洋建设已被列入全国法院失信被执行人名单。此后,两只债券历经长期停牌。2017年8月14日,因未能按期完成回售和利息兑付,"15 五洋债"发生实质性违约;"15 五洋 02"触发交叉违约。证监会对五洋建设展开立案调查。

证监会认为五洋建设存在以虚假申报文件骗取公开发行公司债券核准、非公开发行公司债券披露的文件存在虚假记载、未按规定及时披露相关信息等违法事实。2018 年 7 月,证监会对五洋建设及 21 名相关责任人做出行政处罚决定。五洋建设被责令改正,给予警告,并处以罚款 4 140 万元;对相关责任人员给予警告,并合计罚款 254 万元,对直接负责的主管人员做出市场禁入决定。

2019 年,证监会下发《行政处罚决定书》(〔2019〕121 号),认定德邦证券在五洋债一案中存在三大问题:一是德邦证券未充分核查五洋建设应收账款。本案应收账款数额巨大,当事人未查阅有关明细资料,未咨询注册会计师,没有对应收账款等事项做充分核查,违反了执业规范。德邦证券亦没有遵守其相关内部规定,对应收账款等事项做充分核查,说明德邦证券未勤勉尽责。二是对于投资性房地产未充分履行核查程序。资产评估报告与价值咨询报告的出具要求存在显著差异。德邦证券项目组成员在内核部门询问房地产入账依据时,未履行必要的核查程序。三是未将沈阳五洲投资性房地产出售问题写入核查意见。本案中沈阳五洲投资性房地产出售事项可能对五洋建设产生重要影响,属于发行人存在的风险,项目组知悉后没有在核查意见中披露该事项。

对此,德邦证券被责令改正,给予警告,没收违法所得 1 857.44 万元(即承销费),并处 55 万元罚款。项目负责人和部门负责人被处以 25 万元罚款,并撤销从业资格。另有三名其他责任人员,被给予警告并分别处以 15 万元罚款。

(资料来源:证券时报,云中隼,2019 年 11 月 21 日)

 思考题

1. 投资银行面临哪些风险?
2. 投资银行业监管的意义有哪些?
3. 请简述投资银行承销业务监管的主要内容。

# 第 11 章　投资银行内部组织管理

## 11.1　投资银行的组织结构

### 11.1.1　投资银行的组织形态

广义的组织结构既包括一个制度层面的资本组织形式,也包括组织内部各部门的构成及其关系,我们称其为狭义的组织结构,或内部组织结构。纵观投资银行的发展历程,投资银行的资本组织形式主要有合伙制、公司制和银行/金融控股公司制。

**1. 合伙制**

所谓合伙制是指两个或两个以上的合伙人共同拥有公司的财产,分享公司的利润,合伙人即为公司主人或股东,同时承担公司的经营风险的制度。一般形式的合伙制,合伙人之间是完全平等的,其平等地位体现在财产的拥有权、利润的分配比例和风险的承担份额上。但也有些合伙制是建立在主合伙人基础上,即某个人是投资银行的主要合伙人,因此,也主要承担投资银行的经营管理和责任,其他人只是有限合伙人,他们只承担责任,并不参与投资银行的日常管理工作。早期的投资银行都采用了合伙制(家庭合伙制或家族企业)这种组织形态。

合伙制投资银行的特点如下:第一,合伙制是建立在合伙人能力的基础上的,因此,一般合伙人都在投资银行业务或管理方面具有特别的才能,这是合伙制投资银行的一个重要特点;第二,合伙人共享企业经营所得并对亏损承担连带的无限责任;第三,企业可以由所有合伙人共同经营,也可以由主合伙人主要经营;第四,合伙人数量不定,企业规模可大可小;第五,由于合伙人承担的无限责任,使得企业的经营更加注意风险。

**合伙制的保守文化让高盛"独善其身"**

在 1999 年上市之前,人们只知道高盛是一个神秘的、不停地制造千万富翁的合伙制公司。高盛一直是合伙制——这是人们发明的最好的风险机制之一。其相对保守的团队文化和合伙制的风险控制机制,恰好成了防范次级债危机的"灵药"。在高盛的等级体制中,能成为合伙人是升迁的重要步骤。

高盛的非凡业绩应归功于其员工做出的贡献,因为绝大多数员工相信,未来某一天,他们有可能成为合伙人。高盛曾经的高级合伙人弗里德曼这样形容:没有人会去清洗一辆租来的车。成为合伙人的梦想是一种无与伦比的激励力量,也是吸引最优秀人才的巨大诱惑。

**2. 公司制**

20 世纪七八十年代以来,投资银行业的最大的变化之一就是由合伙制转换为公司制,并先后上市,许多大的投资银行都已经实现了这一转变。

现代公司制度赋予公司独立的人格,其确立是以企业法人财产权为核心和重要标志的。法人财产权是企业法人对包括投资和投资增值在内的全部企业财产所享有的权利。法人财产权的存在显示了法人团体的权利不再表现为个人的权利。现代公司制度使投资银行在资金筹集、财务风险控制、经营管理的现代化等方面都获得了传统合伙制所不具备的优势。

1970 年,美国证券市场上出现了第一家公开上市的投资银行——唐纳德·卢夫金和杰·略特公司。但这个公司影响有限,直到 1971 年 7 月,美林证券公开发行上市,才真正揭开了大型投资银行由合伙制向股份制转变的序幕。1981 年 10 月,所罗门公司脱离了合伙制的轨道成为公众公司。高盛公司于 1999 年完成了公开发行,美国最后一家合伙制投资银行消失了。高盛在 1999 年之前的组织形式一直是合伙制,由各合伙人共同拥有公司并分享公司的利润。对到底要不要上市的问题,合伙人辩论了几十年。最后,高盛决定仅仅将公司的一小部分股权公开发售。48% 的股权仍由原来的合伙人持有,22% 的股权由非合伙人的员工持有,18% 的股权由已退休的高盛合伙人和两个长期投资人住友银行和夏威夷活动联合会持有,余下的仅 12% 的股权由公众持有。

如今,美国所有的投资银行都变成了股份制上市公司。有限合伙制投资银行之所以向股份制上市公司转化,主要是基于扩充资本金的压力、承担无限责任的风险和压力以及人才竞争的压力等。从实践来看,美国投资银行由合伙制改为股份制并上市,确实带来了很大的好处:募集到大量资本,充实了资本金;雄厚的资金实力使其可以吸引赖以发展的人才;可以实施股票期权并提供变现的渠道,激励机制得以创新并作用明显;增加了投资银行的透明度,改善了公司治理机制等。

**3. 银行/金融控股公司制**

进入 20 世纪 80 年代后,投资银行被兼并收购而成为大型企业集团(既有投资银行、金融机构,也有非银行金融机构)中的一个组织部分的现象相当普遍。如美国大通银行设立大通资本市场公司。

1999 年美国推出《金融服务现代化法案》,取消分业经营禁令,实施混业经营策略。金融控股公司是适应混业经营的控股集团,它是由商业银行、证券公司等金融机构的股东群组而成的。成立金融控股公司是混业经营的一种实现形式,金融控股公司不直接经营银行、保险、证券或信托等业务,而是通过旗下的子公司经营这些业务,比如光大集团、花旗公司等。

中国光大集团股份公司(China Everbright Group,中文简称光大集团)由财政部和中央汇金公司发起设立,是中央管理的国有企业,于 1983 年 5 月在香港创办,同年 8 月 18 日正式开业。光大集团成立之初以经营外贸和实业投资为主,1984 年 7 月更名为"中国光大集团有限公司"。2014 年 12 月 8 日,经国务院批准,光大集团由国有独资企业改制为股份制公司,并正式更名为"中国光大集团股份公司"。

中国光大集团股份公司是横跨金融与实业、海内与海外,涵盖银行、证券、保险、基金、信托、期货、租赁、投资和环保、文旅、医药等实业的大型金融控股集团。今天的光大集团,资产规模稳中有进,经营发展总体稳定,管理水平逐步提高,社会贡献不断加大,在境内外拥有光大银行、光大证券、光大控股、光大环境、中青旅、嘉事堂等上市公司。旗下金融、实业两大业务板块经营业绩稳中向好。金融企业回归本源发展,大力服务实体经济,经营质量不断提升。实业企业聚焦主责主业,服务民生能力大幅增强。

1998年4月花旗公司与旅行者集团宣布合并之后,确立了三大业务板块的集团组织机构:即全球散户业务、全球资产管理业务与全球公司业务。人们可以通过一个账户在花旗集团得到从信用卡、保险、外汇、基金、证券到汽车和房屋贷款等在内的所有金融服务。

**4. 投资银行组织形态现状**

目前,世界上只有比利时、丹麦等少数国家的投资银行仍限于合伙制;德国、荷兰虽然法律允许有不同的组织形态,但事实上只有合伙制;马来西亚、新西兰、南非、中国香港等大多数国家和地区允许投资银行采取合伙制或公司制;新加坡、巴西等国只允许采取股份公司制。从投资银行比较发达的美、日、欧等国家和地区来看,公司制是具有典型意义的投资银行组织结构。从世界金融业的发展趋势来看,金融混业是必然的趋势。金融体系之间的竞争不仅以市场为基础,更以巨型金融集团为体现。

就目前而言,股份公司制的投资银行还是最为常见的,因此,围绕股份制投资银行的职能结构和治理运作,形成了当前投资银行组织结构理论和实践的核心内容。

## 11.1.2 投资银行的机构设置

**1. 投资银行的外组织结构**

投资银行的外组织结构指投资银行与其他金融机构、企业组织之间相互协作、相互依赖所形成的组织态势,是投资银行组织结构的一个重要组成部分。投资银行的外组织结构范围可大可小,其范围的大小要取决于资本实力、发展战略和市场定位。在现代金融业竞争日益激烈的今天,投资银行的外组织结构状态可以是紧密的,也可以是松散的。投资银行外组织结构的划分明确了投资银行与其他机构之间的合作与竞争,也确立了投资银行的市场定位。

**2. 投资银行的内组织结构**

投资银行的内组织结构,是其组织结构的重要组成部分,主要是指一家独立的投资银行自身或者金融控股集团中主体投资银行的组织结构状态,主要包括决策层、职能部门、业务部门等三个方面,如图11-1所示。

(1)投资银行决策层(管理层)

一般包括股东大会、董事会、监事会、执行委员会和总裁等几个层级。许多大型投资银行会附设一些专门委员会,如薪酬委员会、审计委员会、战略委员会等。

(2)职能部门(职能层)

职能层是投资银行必须具备的内部控制和核算中心,兼有服务和监督的职能。包括财务、人事、法律、技术、行政等部门。

(3)业务部门(业务层)

一般包括资本市场部门、消费市场部门和研究开发部门等主要部门。

公司内部组织结构有很多种形式,最基本也是最早的是直线职能制,后来又发展为事业部制,再后来又从事业部制中衍生出超事业部制结构、矩阵制结构、多维制结构等多种

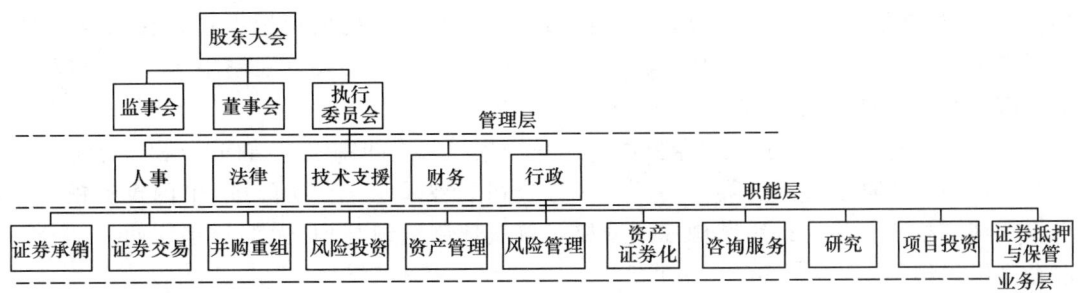

图 11-1　投资银行的内组织结构

公司内部组织结构。

(1) 直线职能制(U 型结构)

直线职能制又称为 U 型结构。其基本特征在于,将公司按照职能的不同划分成若干个部门,而每一部门均由公司最高层领导直接进行管理。直线职能制是高度集权的组织结构。

(2) 事业部制(M 型结构)

事业部制即 M 型组织结构。它是一种分权式结构,即在总公司之下的各事业部或分公司都是具有相对独立性的利润中心。由多样性经营所引致的管理上的需求可以说是 M 型组织机构发展的基本动因。事业部的划分往往按产品、地区或国家来进行,各事业部一般都采用 U 型结构。

M 型组织结构是一种集权与分权相结合的组织创新形式,它将日常经营决策下放到掌握相关信息的下属部门,总部只负责制定和执行战略决策、计划、协调、监督等职能,从而可以解决大规模企业内部诸如产品多样化、产品设计、信息传递和各部门决策协调的问题,使企业的高层管理者既能摆脱日常经营的烦琐事务,又能和下属企业保持广泛的接触,同时也降低了企业内部的交易成本,因而成为现代企业广泛采取的一种企业组织形式。然而,这种组织结构在一定程度上也存在着总部与分部之间的信息不对称,容易导致分部产生本位主义,只顾眼前的局部利益、忽视长远的整体利益等问题。

目前,国际大型投资银行普遍采用事业部制组织结构,我国证券公司也大多采用事业部制,以业务划分的事业部是独立的利润中心。由于不同的事业部的对象存在着利益冲突,通过事业部之间的"防火墙",保证了证券公司经营上的公正性,同时也有效地避免了风险在不同事业部之间的扩散。

(3) 矩阵制结构

矩阵制结构即在原有的直线职能制结构基础上,再建立一套横向的组织系统,两者结合形成一个矩阵,它是 U 型结构与 M 型结构的进一步演变。这一结构中的执行人员(或小组)既受纵向的各行政部门领导,同时又接受横向的、为执行某一专项功能而设立的工作小组领导,这种工作小组一般按某种产品或某种专业项目进行设置。

目前,中国的投资银行既有规模相对庞大的综合类证券公司,也有众多规模较小的专业化证券公司。从总体上来看,中国证券公司的组织结构大同小异。各个证券公司在部门设置上基本分为三大块,即业务部门、职能部门、地区管理总部。但由于受体制、技术、规模、发展战略等诸多因素的影响,各个证券公司在组织结构的设置上还存在一定差别。概括起来,中国投资银行的组织结构主要有三种类型,即集权式直线制组织结构、分权式事业部制和混合型组织结构。

在中国,一些规模较小的证券公司普遍采用集权式直线制组织结构,分权式事业部制组织结构在中国许多大的证券公司的地区分公司中被采用。在实际中,中国投资银行中很少有纯集权式直线制组织结构或纯分权式事业部制组织结构,大部分是这两者结合的混合型组织结构。

### "客户驱动式"组织架构——美林

美林组织架构形式的基本特点是以客户为核心,即在部门的设置上,突出客户服务的特征,按照客户的不同性质划分相应的业务部门。

美林证券的组织架构可以分成四块:最高决策管理、内部管理、业务管理、区域管理。

决策管理方式如下:美林的最高决策管理层主要包括董事会和执行管理委员会。董事会主要负责公司的发展规划、战略管理和重大投资决策。执行管理委员会负责公司具体政策、管理程序的指定。内部管理方式如下:美林的内部管理是按职能划分部门进行的,其重点是实现有效的监管和激励。业务管理方式如下:美林的业务管理是按服务对象划分部门来进行的,按照各类客户及其需求,美林将其全部业务划归四个业务部门:私人客户部、国家私人客户部、资产管理部、公司与机构客户部。区域管理方式如下:美林的各项业务主要是依托其分布在全球各地的附属公司或联营公司来具体开展。美林实施地区营运总监负责制,任命了五个地区的营运总监分别掌管以下地区的业务:欧洲、中东及非洲区;亚太区;澳、新区;拉丁、加拿大区;日本区。

美林的组织架构属于一种多维立体网络架构,充分反映了现代投资银行以客户为核心的现代管理思想。

(资料来源:中外投资银行组织结构比较,徐长香,《黑龙江对外经贸》,2007年第2期)

### "业务驱动式"组织架构——日兴

日兴证券的组织架构形式的基本特点是以业务为核心,在部门设置上,突出业务品种的重要性,按照业务种类的不同来划分相应的职能部门。

日兴公司的"业务驱动式"组织架构的主要特征在其主要子公司和分支机构的设立上表现得更为明显,每家子公司的业务都有专业的针对性,这样对于总公司来说也就更容易对其进行管理。

(资料来源:中外投资银行组织结构比较,徐长香,《黑龙江对外经贸》,2007年第2期)

 案例 3

## "客户与业务交叉式"组织架构——摩根士丹利

摩根士丹利组织架构形式的基本特点是将业务和客户结合起来,按照客户的需求或公司业务运作的需要设置不同的部门,以达到预期的目标。

摩根士丹利的组织架构由四部分组成:决策管理、内部管理、业务管理、区域管理,其决策管理、内部管理、区域管理的运作及部门设置和美林大同小异,区别体现在业务管理上。摩根士丹利的业务管理结构下,所有业务按产品划分为三大块:证券、资产管理、信用服务,然后在每一类业务中按照客户种类划分(或归并)业务部门。摩根士丹利倾向于把各种紧密相关的业务放在一个部门中进行,这样可以拓宽管理跨度,有利于彼此间的协作和协调。

(资料来源:中外投资银行组织结构比较,徐长香,《黑龙江对外经贸》,2007年第 2 期)

 案例 4

## 高盛的组织结构

高盛的组织结构是按客户及产品范围双重标准设置的,部门划分为财务部、全球合规部、全球投资研究部、人力资本管理部、投资银行部、投资管理部、法律与管理控制部、商人银行/私募股权投资部、运营部、证券部、服务部和技术部,各个部门由管理委员会统一管理,这种投资银行的组织结构属于事业部型组织结构,每一事业部有其本身的管理阶层,自行经营事业部的业务,每一事业部对于总公司必须贡献一份实质的利润,总公司的利润为各事业部的利润之和。

1. 财务部

财务部是高盛内部的一大关键部门,负责公司的资本管理与风险监控,通过完善的资本管理和风险防范支持全球业务部门的持续盈利。在一些最为关键的领域内,如控制公司全球风险敞口和各项业务的营利性与结构等,财务部门充当着高级管理层的顾问。

财务部的主要工作是:追踪与分析公司的资本流动;管理公司与外部监管机构的关系;根据各个区域所适用的会计准则,准备公司的法定财务信息与报表;密切配合公司其他所有的业务活动;衡量、分析和控制公司的风险敞口。

2. 全球合规部

全球合规部为公司各项业务提供建议与支持,确保公司业务符合相关法律法规。通过与每个业务部门密切配合,全球合规部负责为业务开展、测试、监督、监管报告、培训与监视提供建议;管理监管部门的审查与质询;制定并实施公司政策与程序等。全球合规部的专业人员遍布全球金融中心以及重要的发展中市场,向公司解释各地监管要求并确保公司符合这些要求,同时决定公司如何合理利用全球市场机会。

3. 全球投资研究部

全球投资研究部长期进行以全球客户为本的经济、投资组合策略、衍生产品、股票和债券方面的研究,负责向股票、固定收益、外汇及大宗商品市场的客户提供增值研究,并向客户提供投资与交易的建议及策略。其外部客户包括养老金管理公司、对冲基金和共同基金的机构投资者;内部服务对象包括销售部与贸易部。除了开展研究、撰写报告之外,全球投资研究部的专业人员还与客户打交道,并安排投资者与企业发行人的会议。

4. 人力资本管理部

人力资本管理部负责延揽、发展、挽留和管理公司最重要的资产——员工。分布在美洲、欧洲、印度和亚洲其他区域的人力资本管理团队负责公司全球内容广泛的人事工作,包括招聘、挽留、继任规划、风险管理、员工队伍多元化、递增薪酬福利体系的设计与实施、员工关系、培训需求分析、课程设计与实施、绩效评估、平衡工作与生活的办法等。

5. 投资银行部

投资银行部通过高水平的战略建议和创造性的融资解决方案实现价值,为政府、企业与机构经手最重要的交易。其工作职能包括:为杠杆收购确定合理的资本结构,为企业客户提供跨国兼并的顾问建议,设计客户公司的首次公开发行结构,帮助客户对未偿还的债券进行再融资,重新平衡养老基金的外汇敞口等。

其融资团队根据服务领域的不同细分为:(1)股票资本市场部,主要负责在一级市场募集和二级市场销售股票;(2)债务部,根据客户独特的债务水平、当前的资金状况、风险承受能力与回报目标,选择最理想的债务型投资战略;(3)结构性融资团队,专注于基础设施资产类别与其他结构性融资机会,包括资产证券化、债务抵押债券与可提前赎回债券;(4)养老金部,为客户及其养老基金提供关于固定收益计划的顾问意见;(5)固定收益、外汇与商品和股票衍生产品团队,侧重于运用衍生产品构建风险管理解决方案,帮助公司与主权国家降低利率与外汇风险;(6)股票衍生产品团队,专门从事以股票衍生工具为主的战略型交易,通过衍生工具的定价,与交易员互动,与投资银行部和公司各交易团队合作支持其日常运作;(7)杠杆融资团队,专门运用债务融资对公司及其业务部门的收购或再融资进行结构设计;(8)银团贷款团队,负责创建、设计与执行债券或债券相关融资产品,并同时制定基于债务的风险管理战略。

6. 投资管理部

投资管理部负责联络包括个人投资者与大型金融机构在内的客户,为其设计先进的投资组合管理策略,帮助其实现个人或机构的特定金融目标。投资管理部主要由两部分国际性业务部门组成:私人财富管理部与高盛资产管理部。此外,投资管理部还有一个业务规划团队,负责为部门高管提供金融分析支持与战略建议。

7. 法律与管理控制部

法律与管理控制部为公司在财务、运营与监管领域优化机会、控制风险,负责履行高盛对监管机构的承诺,管理公司所有法律事宜,评估公司的控制环境。

8. 商人银行/私募股权投资部

作为全球最大的私人投资者之一,设计、执行和管理在全球的企业、房地产和基础设施投资。

**9. 运营部**

运营部是高盛业务运作的核心所在,负责开发流程与控制,确保业务的开展具有准确性、完整性和及时性,与公司的各个部门通力合作,为全球客户提供投资银行、销售、交易和资产管理服务。对于每一项达成的交易、新推出的产品、新进入的市场或完成的项目,运营部始终是业务开展的推动者。除了上述重要职能外,运营部还提供关键的风险管理和控制,以保护并提升公司的资产与声誉。

(资料来源:中外投资银行组织结构比较,徐长香,《黑龙江对外经贸》,2007年第2期)

## 11.2 投资银行人力资源管理

### 11.2.1 投资银行人力资源政策的类别

投资银行作为一个高智力的服务性行业,没有高精尖的技术和机器,要区别于其他公司并在竞争中取胜,最大的砝码就是人才。优秀的人才是投资银行的灵魂,所以投资银行都对其从业人员的素质有基本的要求。合理的人力资源配置能使投资银行形成高效率和高士气的良性循环,确保投资银行总体经营战略目标的实现。投资银行的人力资源政策有不同的分类。

**1. 按涉及时间的长短划分**

投资银行的人力资源政策按涉及时间的长短分为长期、中期和短期规划。

长期规划的时间是8年或者超过8年。目的主要是保持投资银行经营的稳定性和投资银行发展的长期竞争能力。中期规划的时间是4年左右。主要是适应投资银行在较短时间内业务发展和业务调整的需要,对人力资源的招聘和培训做出规划,选拔和培养投资银行的中层和下层管理者。短期规划的时间是1年或1年以下。目的是要解决当前投资银行各项业务发展对人员的需要。

**2. 按所需人员的功能划分**

投资银行的人力资源政策按所需人员的功能分为高层、中层和普通员工规划。高层人员包括投资银行的决策层、高级管理层和处于利润中心的核心投资银行家。中层管理人员起着承上启下的作用。投资银行的中层管理者既是本部门的管理者,又是投资银行经营方针政策的直接执行者。普通员工指投资银行中各项具体业务的操作者,他们处于投资银行工作的第一线,他们的工作效率和态度直接影响着投资银行的整体效率和在公众心目中的形象。

### 11.2.2 投资银行人才的分类

投资银行业是金融领域的高科技产业,是一种资金高密集和智力高密集的统一体,综观投资银行业的发展,其最大的优势是人才而不是资金,其人才主要可以分为以下若干类型:

**1. 研究型**

投资银行业务涉及面广,其影响因素错综复杂,善于研究,是投资银行人才的基本素质之一。如在投资银行的自营业务中,要求其专业人员不但会搜集信息,而且要会分析研究。投资银行人才应具备一定的学历,扎实的理论功底,丰富的实践经验,且其人才的专业研究范围应包括产业研究、宏观经济研究、金融研究、证券研究、投资研究等。

**2. 创新型**

投资银行的生命力在于不断创新,包括金融工具和融资技术的创新、支付体系和信息系统的创新、组织形式的创新以及机构管理方法的创新等。综观国际投资银行业务的发展,从传统的证券承销、经纪到自营业务,发展到兼并收购、基金管理、项目融资、资产证券化、金融工程等,均是不断创新的结果。投资银行的创新活动活跃于资本市场,也为自身开拓了广阔的前景。投资银行的业务创新来源于其具备大批创新型人才,这些人才必须有科学创新思维,需要对思维对象有突破性、超前性和预见性。

**3. 开拓型**

投资银行中的并购业务是一种开拓活动,国际一流投资银行都设立并购业务部门,并在该部门集中了投资银行的最优秀人才。在并购业务中,投资银行的工作涉及资产剥离与处置,涉及市场搜寻与机会分析、公司研究与企业评价、并购结构设计、定价技术等。投资银行必须通过艰苦的开拓性工作,发现企业准确的价值所在,确立企业并购交易的价格。随着高科技的迅速发展,投资银行作为顾问,帮助高科技产业寻求并购途径及谈判、签约事宜。高科技是最典型的风险行业,投资银行必须培养一批既具有开拓精神、又精通高科技投资和市场营销管理的风险投资家。

**4. 综合型**

投资银行是知识密集型产业,投资银行人才必须是具备高瞻远瞩的战略眼光,掌握现代管理知识,精通金融证券与高科技,能够处理好各方面关系的综合型人才。如在投资银行所从事的项目融资业务中,要求具备足够的技能和经验积累,具备较高水平的金融学、工程学、财务人才和法律专家的组合,需要具备完善的知识结构并对国内经济及国际惯例均有相当研究的高智商人才。

**5. 工程型**

随着国际投资银行的迅猛发展和金融风险的凸显,金融工程(Financial Engineering)受到日益广泛的关注。从狭义看,金融工程指适应财务管理和风险管理的需要,设计、开发各种新型金融产品和金融工具。从广义看,金融工程是运用现代金融理论和现代工程技术方法,全面设计、开发各种类型的金融服务。大批新金融工程产品的问世和新兴的金融市场、金融操作方式、金融业务领域、专门从事新产品开发和交易的金融机构的诞生,绝大部分都可以归结为投资银行运用金融工程进行金融创新所做出的贡献。因此投资银行必须培养和拥有一批出色的金融工程师,能正确运用金融理论、金融工具和金融工艺方法,创造性地研究和解决相关问题。

## 11.2.3 投资银行的职业路径

投资银行的内部结构比较复杂,按照产品大致分为股权和固定收益两大类。按照业务大致分为投资银行部(Investment Bank Department,IBD)、资产管理部(Asset Management)、销售交易部(Sales & Trading)等部门。

**1. 投资银行部的职位**

投资银行业务部门的职能是为公司、金融机构和政府部门的公开市场和非公开市场交易提供相关服务。这些交易包括股票或债务资本的发行、兼并、收购、分立,或者这些交易的组合。作为投资银行业务部门的一员,其主要职责是帮助公司发展和维护客户关系,参与顾问团,为一系列金融交易的构建和执行提供帮助。投资银行部的职位包括金融分析师(Analyst)和经理(Associate)等。

在欧美发达国家与地区,许多大学毕业生在刚进入投资银行时都是从分析师做起的,投资银行会招聘那些工作积极主动、热爱学习并且学习成绩优异的人,被录用者的背景和学术兴趣也形形色色。虽然很多投资银行家拥有商学学位,但一些非常成功的投资银行家在开始从事投资银行业务的时候甚至没有任何与商业有关的经历。要想做好这个工作,必须具有特别的技能,并且能思路清晰地分析问题,这样才有可能成为高级经理。在事业的中期,成功取决于能否与客户交流并能顺利进行交易。同时,还要了解市场、政治和宏观经济情况以及运作机制。

(1)金融分析师

金融分析师在参与交易的团队里的作用至关重要。其主要职责是进行价值分析,协助执行遍及各个业务领域的复杂交易。高水平的分析能力会使分析师从职业经历中收获颇多,包括对投资银行的所有基本技能有一个全面掌握。投资银行一般会从应届大学毕业生中招聘金融分析师,金融分析师阶段一般要持续两到三年。在完成这一阶段之后,公司会邀请其继续留在公司并提升为经理;一些人会去寻求各种其他的机会,离开投资银行业的人一般都回到商学院或法学院深造,或者跳槽到私人股权投资公司、对冲基金或遍布世界的其他公司。

(2)经理

经理是交易团队的一员。经理参与各种类型的交易,涉及不同行业、产品和地区,而这些经历也使其积累了投资银行和管理方面的经验。在这个位置上大约会待上三年半左右的时间,这将为其成为副总裁或执行董事参与高层交易管理奠定基础。从经理升为副总裁(Vice President,VP)这个晋升程序具有普遍性。

投资银行从世界各地主要的商学院中招募经理,具有研究生学位的或者商业经历突出的人则直接成为经理,好多经理也是从分析师的职位升上来的。

美国专业投资银行家的职业生涯通常是这样的,美国名校本科毕业到投资银行做分析师2~3年,然后到名牌商学院去读两年MBA,然后回投资银行做经理大约3年半,升为副总裁,2~4年后升为董事(Director),在这个位置上2~4年后,成为董事总经理(Managing Director,MD)。成为董事总经理的提升并不是普遍的,有些副总裁会一直在这个位置上待到职业生涯结束。美国投资银行业为各个不同的职位提供与其相配的薪金水平。不同的公司,不同的地区,薪金标准各不相同。

**2. 资产管理部的职位**

投资银行已经将其业务领域延伸到了资产管理领域,资产管理既包括为富人提供定制的资产管理,也包括为一般投资者提供基金管理。如高盛的资产管理部门由遍及全球的两大业务组成:私人财富管理团队为富人提供金融资产管理服务;高盛资产管理团队为养老基金、捐赠基金、基金会、金融机构、公司和政府管理资产。资产管理部同样提供金融分析师和经理的职位。

资产管理部的职责有:为机构、公司、政府和个人客户开发并管理定制的投资组合和独立支配基金;设计并管理共同基金;建立与维护与投资者及其投资顾问的良好关系;管理投资者关系,为其提供全面的报告和核算服务;与其他部门协作开发新的客户网络,并设计出新的产品等。

资产管理部为客户提供专门的资产组合管理服务、投资顾问服务、营销服务、个人与机构客户服务和私人银行服务。

资产管理部需要那些对不同投资品感兴趣,有很强的分析、组织和沟通能力,并且喜欢与各式各样的客户打交道,乐于与他人合作的人。

**3. 销售交易部的职位**

销售交易部的工作内容就是在股票交易中充当客户的代理人,负责销售的员工通常称为销售(Sales)。销售交易部的机构客户包括组合管理者、共同基金和保险公司等。

作为一个销售交易商,要想办法通过提供与市场、证券和企业交易活动等有关的信息,引起客户的兴趣,从而使得交易更加顺利。销售人员要及时了解客户的投资组合策略和证券持有状况,对客户的需求进行预测并满足客户的需求。这些销售人员需要极强的沟通与人际交往能力。这个职位并不一定需要有经济学或金融学的学位,很多这个领域的成功人士都只拥有艺术或自然科学的学位,但活力、热情、好学、创造性和忠诚却是必需的。

交易商是以团队形式进行工作的,负责下指令交易的人员称为交易员(Trader),这些交易员从事某些特定行业的交易,监控这些行业证券价格和交易量的趋势,并执行交易。负责交易的员工必须适应与数字打交道,并且保持精力旺盛、市场感觉敏锐,具有良好的适应性和高度抗压性的人格特质。

**4. 研究部的职位**

研究部的工作内容是对宏观经济、行业和公司做基础研究和分析,其目标是帮助客户获得高额回报。投资研究部的客户群包括两类:一类是外部客户,如共同基金、养老基金和对冲基金等机构投资者;另一类则是内部客户,如股票销售和交易部。研究部的工作职位包括分析师、高级分析师、经理等。

研究部通常包括宏观经济研究、投资组合策略研究和股票研究三个研究团队。大学毕业后进入研究部一般会从分析师做起,进入行业研究团队,其日常工作包括分析企业状况、处理数据、运用金融模型、与销售人员和客户进行沟通。

研究分析师一般要具备定性、定量分析能力,娴熟的书面和口头沟通能力,强烈的求知欲、创造性思维以及对企业信息的全面掌握。具有多个学科背景的学生比较受欢迎。

除了上述业务部门外,不同的投资银行还可能设置资本市场部、直接投资部、固定收益部等业务部门。除了业务部门外,公司的业务还需要很多其他职能部门的支持,如法律事务部、管理控制部、运营部、技术部等。这些职能部门除了从其他部门调入员工之外,也对外招聘员工。

## 11.2.4 投资银行的招聘

**1. 面试的过程**

对应届毕业生来说,招聘是从招聘者到学校来做演讲开始的,时间一般是秋季的那个学期。学生在校园招聘会上递交简历或网上申请。如果你符合条件,招聘者就会与你联系,安排面试,讨论你可以获得的工作机会。第一轮的面试有可能安排在公司。第一轮面试结束后,通常会在公司进行一整天的第二轮面试,这轮面试要与来自公司不同部门的专家们进行面谈。

如果你所在的学校没有安排校园招聘,就要尽可能提前了解公司的招聘情况,然后网上申请。一般实习生的面试是两轮,而对正式员工的面试要经过三到四轮。

(1)第一轮面试

对分析师的候选者来说,第一轮面试常常是整个公司参与的面试。即使你对某一部门很感兴趣,但很可能在面试的时候根本碰不到该部门的人,你可能要应对来自其他部门的人的面试。第一轮面试可能不太具有技术含量,还不涉及某一部门所需要的能力。面试者只是想发现一些各部门共同需要的能力,比如基本的分析能力、良好的沟通技巧、领导潜力等。

(2)第二轮面试

在第二轮面试中,你可能要接受最多两个部门的面试,你要表现出对某个部门的兴趣。因此,如果你面试的是股票服务部门或固定收益部门,你就得表现出对金融市场的兴趣,并做过较好的研究。你并不需要是这个领域的专家,但如果你想成为交易员或销售员的话,你至少得表现出对市场动态有基本的了解,并对它有兴趣。在第二轮面试中可能会碰到与特定部门有关的面试问题。如在给投行业务部门招人时,面试官就会想知道你对投行业务中金融分析师工作内容的看法,希望你至少对这个领域有大致的了解,在这个业务上的竞争者是谁,还希望你对这个领域有所研究,至少知道这个领域的一些经典案例。面试官会重视你表现出来的对公司案例的兴趣。如果你面试的是固定收益部门,那么面试官可能会问:"你认为未来半年里利率将会如何变动?"面试官知道这个问题没有一个标准的答案,他只是想了解面试者对证券市场的看法。假如你面试的是股票服务部门,面试官可能会问你一直关注的某个公司的股票的情况。这样面试官会知道你对股票市场感兴趣,并且你已经开始形成了一种市场导向的思维。

**2. 面试要注意的事项**

(1)做好面试的准备

首先,要对面试官的提问做准备,要带着问题来面试。面试官会对你的背景、资格、实习经历或工作经历、教育经历、你简历中所列举的成就等提问。带着需要的材料去面试总是有帮助的,因为你可以随时参考。面试的时候,一般要准备一份成绩单,因为不同国家不同学校的成绩评定机制是不一样的。与此同时,你还应当准备问面试官一些问题,因为面试就是一个了解你应聘岗位的角色和责任、所在工作组及公司一般情况的机会。

其次,要做好着装方面的准备。面试时要注意商务着装,打扮得体。参加面试之前,要早点休息,尽量留出些额外的时间,以免时间太紧。

最后,要花时间去研究,并利用一切渠道获取信息,以对公司的基本情况、公司文化以及所应聘部门的业务职责有所了解,应清楚地认识并说明你想做什么以及为什么你适合这个岗位。

(2)面试中的注意事项

要充满激情。在面试的时候,一开始就要显得充满激情、精力充沛和热情洋溢,一个良好的开端非常重要。一般来说,面试只有30~45分钟,在面试者自我介绍完之后,已经没剩下多少时间了。因此,面试者应从进门开始就微笑、显出活力,并迅速进入状态。

要真诚。投资银行喜欢真诚的人,不要试图去伪装成与你情况不符的人,对不了解的问题,不要假装知道答案。面试者可以展示能够体现团队合作精神的业余活动,或者是做出超越常规的事情并取得很好的成绩,这也会给面试官留下较深的印象。

要自信而不自大。面试者需要一定程度的自信,但还要有点自谦,不自谦的人很难被聘用。投资银行乐于聘用有幽默感的人。

要学会分享信息。成功的面试就是面试者和面试官之间的坦诚交流。面试不是只有一方在侃侃而谈,成功的面试者不会局限于有一答一,要让面试官看到你是如何做决定或得出答案的。一般来说,面试官提出的问题都是开放式的。在面试过程中,面试者应当列举一些在业余或学术活动中遇到的真实的场景。面试时,可以根据公司的情况做一些笔记,因为这表示你想听到和了解公司所做的事情。

**3. 面试的问题**

要想面试成功,需要充分的准备。回答面试官提出的问题时要清晰、简洁。

(1)一般性问题

介绍一下你自己。

你的优势和劣势是什么?

你的朋友怎么描述你?

你有事业心吗?

工作中什么对你来说是最重要的?

举个展现你领导力的例子。

举个例子说明你在一个团队中是如何工作的。

你觉得自己有创造力吗?举个例子说明。

你为什么会对投资银行业有兴趣?

描述一下我们公司里你认为理想的岗位。

你觉得个人在商界成功需要具备怎样的品质?

你为什么会觉得自己胜任这个岗位?

你为什么会选择你所在的学校或商学院学习?

你最喜欢哪门课?最不喜欢哪门课?为什么?

你所学的哪些东西有助于你与我们一道工作?

你业余时间都做些什么?

除了你简历上写的,还有哪些是你最想让我们知道的?

(2)投行业务部门的面试问题

投行业务部门的面试问题比一般面试的问题更具体一些,会涉及对投资银行业务的理解以及相关技能。

为什么投资银行要将销售和交易区分开来?这两者有什么不同?

举个例子来说明你的定量分析能力。

你想从事投资银行哪个领域的工作?

举个你不得不与他人发展关系的例子。

(3) 投资管理部门的面试问题

你是市场追随者吗？追随的时间有多长？你投资了没有？

举一个你很难获得需要信息的例子，并说明你最终是如何成功地获得这些信息的。

你关注过股票吗？关注过哪些股票？为什么关注这些股票？

你正在面试的这家公司昨天的股价是多少？

## 11.2.5　员工管理中的激励机制

**1. 激励机制的基本要求**

(1) 激励的方向应与投资银行组织目标相一致

激励是为了鼓励员工向实现组织目标的方向做出努力，是实现组织目标的一种手段。因此，判断激励是否有效，必须分析激励所产生的积极性是否有利于完成组织任务，实现组织目标。激励措施不当，会引起员工的逆反行为，反而会与组织目标背道而驰，危害公司利益。

(2) 激励必须公正

每个员工都会把个人报酬与贡献的比率与他人的比率做比较，判断自己是否受到了公平对待，从而影响自己的情绪，控制自己的工作行为。为了做到公平激励，必须反对平均主义，差别性是激励的重要原则。实行公平激励，还必须对全体员工一视同仁。

(3) 全面调动员工积极性

激励应当针对投资银行的全体员工。企业的组织目标需要全体员工一致努力方能实现，因此，应当把各层次、各方面的积极性都调动起来。现代企业的分工结构决定了企业各部门的相互依赖性，一个部门运转失误，会立即影响到全局。激励行为如果只强调企业的某一部分而忽略另一部分，被忽略的部门就会有一种失落感，工作积极性就会下降，从而使企业的整体效率不能提高。

(4) 激励要考虑员工的应激程度

投资银行员工的情况千差万别，每个员工对各种激励的适应程度是不一致的。所以，采取激励措施，应考虑员工各自的情况，分别对待。

**2. 投资银行常用的激励方法**

投资银行常用的激励方法包括物质激励与精神激励、正激励与负激励、福利以及股票期权等。

(1) 物质激励与精神激励

物质激励是指对员工的物质需要予以满足，如奖金、加薪等。精神激励是指对员工的精神需要予以满足，如表扬等。它们相辅相成，缺一不可。随着人们生活水平的提高，低层次的需求逐渐得到满足，高层次需求日趋激烈，因而注重精神激励将成为投资银行员工激励的主要特点。

(2) 正激励与负激励

这是两种性质相反的激励手段。正激励，就是管理部门采取措施，满足员工上进求取的需要，让员工觉得自己由于付出了某种努力而一直在进步，从而激励员工的士气，引起员工对未来的向往，由此焕发出工作热情，努力为企业工作。

投资银行常用的正激励主要围绕着利润分成、股权激励来展开,具体的措施有:投资银行家可以分享公司或各自负责部门的利润;推行"员工持股计划",根据一段时间内员工的工作业绩相应地奖励一些公司的股份;将公司的每股收益和员工的现金收入、养老金等联系起来;规定员工收入和业务量挂钩;规定员工可以随时向高级管理人员提出合理化建议,公司向该员工发放一定数量的奖金;根据公司经营成果发放年度红利等。

负激励是指当组织成员的行为不符合组织目标或社会需要时,组织将给予惩罚或批评,使之减弱和消退,从而来抑制这种行为。负激励的具体表现主要为记录错误、警告、纪律处分、经济处罚、降级、降薪、调岗和淘汰等。

(3)福利

投资银行常向优秀人才提供丰厚的福利。例如,在健康保险、人寿保险、养老基金中由投资银行替员工承担部分款项;为解决住房问题或处理紧急事件向员工发放贷款;为有业务需要的员工配备通信和交通工具;对取得杰出成绩的员工,公司代缴会费为其取得俱乐部成员资格等。

(4)股票期权

股票期权是指交易双方有权按约定的价格在约定的时间交易一定数量的特定股票。采用股票期权来对企业经营者支付薪酬的做法始于美国菲泽尔制药公司,当时是出于规避个人所得税的目的,1952年,菲泽尔制药公司决定以股票期权的方式来支付公司所有雇员的薪酬,使雇员可以自主选择在未来某个有利的时期内兑现其应得的收益,以降低收入中应纳税额。1970年以后,美国等西方发达国家的企业开始对股票期权加以改造,把这种本来面向任一投资者的、可转让的期权合约变成公司内部制定的、面向特定人群、不可转让的期权。企业高级管理人员和核心技术人员可以在一定期限内按照某一既定价格购买一定数量的股票,如果这一既定价格(即行权价)与购买时股票市场价有一定的价差,就可以给股票期权的受益人带来一定的货币收入。因而,股票期权就成为企业所有者向经理人员和核心技术人员提供的一种长期性激励报酬制度。以股票期权作为激励经营者和高层管理者努力工作的一种手段,将公司价值变成了管理人员和核心技术人员的经营行为选择,与企业的长期发展目标相一致,实现企业价值最大化,进而使企业持续发展和价值最大化成为股东和经理人员的共同目标。这种激励机制具有长期性和持久性激励效应,弥补了传统薪酬制度的缺陷,有利于降低企业的直接激励成本,引入市场化的企业评价机制,并有利于强化对经理人员、技术骨干的"跳槽"行为的约束,因此人们将股票期权形象地称为戴在经理人员手上的一副"金手铐"。股票期权在20世纪80年代就引起了广泛重视,进入20世纪90年代以后,为美国公司所普遍采用,进而成为一种世界性的潮流。

股票期权是发达国家投资银行最主要的激励手段,并成为投资银行激励机制的主流。我国投资银行虽然尝试采用股票期权激励方式,但从严格意义上说,我国投资银行尚没有真正的股票期权,这是我国投资银行激励机制存在问题的主要原因,也是我国投资银行与发达国家投资银行激励机制的差距所在。当前,在我国推行投资银行股票期权激励制度具有十分重要的意义和紧迫性:首先,我国投资银行告别了暴利时代,传统的大规模的薪酬激励方式将严重削弱其自身的盈利能力,投资银行迫切需要引入低成本的股票期权激励方式;其次,股票期权所带来的经营管理人员与企业利益的高度一致性,将有利于提高投资银行的经营管理水平。由于证券市场变幻莫测,投资银行的业务风险较大,许多经营决策和经营活动都对投资银行的发展产生极大的影响,投资银行经营管理人员高度的责任心和正确的经营决策就显得更为重要了;第三,股票期权激励机制有利于投资银行吸引人才和留住人才,一方面,股票期权为人才提供了巨大的想象空间,使高素质人才发挥自身能力为证券公司营利的同时也为自身带来高额回报,可以吸引更多的优秀人才;另一方面,由于股票期权的行权期一般时间较长,而在行权期前,股票期权受益人的利益无法兑现,因此,股票期权可以大量减少目前投资银行人员流动频繁的问题,可以保证投资银行人员和经营的稳定性,保证投资银行长期、持续地稳定发展。总之,股票期权激励机制可以实现低成本的、长期的有效激励,极大地促进投资银行的长期发展,从根本上防范和减少投资银行的经营风险。

案例 1

## 芝加哥研究与交易公司的招聘面试

世界资本市场上一个较新的效率较高的公司是芝加哥研究与交易公司,即 CRT 公司。1977 年,该公司以 20 万美元的资本创立,到 1988 年,其资本凭借留存利润已增至 2.25 亿美元,雇员超过 600 人。该公司是从事期权和金融期货的高手,常用期权及金融期货与基本证券即"现金"证券做套利交易。CRT 公司设在世界衍生金融商品的中心芝加哥,它竭力抓住每一次获利机会,每天要做 10 多万笔交易,交易额达到 25 亿美元,只需借助一系列公式,就可以抓住期权和期货价格的货币差额。正如 CRT 公司的一位交易员所说:这就像在推土机前捡小钱。你可以捡到许多钱,但一定要留神推土机,别被压着。CRT 公司特别强调整体配合,而不像典型的交易公司那样建立明星制。进行面试是为了看一看某一个人在激烈的交易环境中能否保持冷静,能否仍然与他人合作。据 1988 年 2 月《市场之间》杂志报道,一些接受面试的人回忆,为弄清他们在压力下保持冷静的能力,提的问题包括:

"你吸过毒品没有?"

"你饮不饮酒?""为什么不饮酒?"

"你为什么穿细条子衣服?"

"你以前偷过东西没有?""为什么不偷东西?"

"你最近为何辞职?"

人事经理爱尔·戴伯特说,进行这种面试是要看看新雇员能否融合进 CRT 公司:"CRT 公司的记分员都乐于承担责任,把压力视为冒险,把努力工作视为精神上的满足。CRT 公司的员工大都体会到工作是一种乐趣。"

(资料来源:沈春晖,《投行十讲》,2020 年 7 月,机械工业出版社)

案例 2

## 巴林银行的倒闭

巴林银行是英国历史最悠久的银行之一,创建于 1763 年,创始人是弗朗西斯·巴林爵士。由于经营灵活变通、富于创新,巴林银行很快就在国际金融领域获得了巨大的成功。其业务范围也相当广泛,无论是到刚果提炼铜矿,从澳大利亚贩运羊毛,还是开掘巴拿马运河,巴林银行都可以为之提供贷款。

但巴林银行有别于普通的商业银行,它不开发普通客户存款业务,故其资金来源比较有限,只能靠自身的力量来谋求生存和发展。1803年,刚刚诞生的美国从法国手中购买南部的路易斯安那州时,所用资金就出自巴林银行。1886年,巴林银行发行"吉尼士"证券,购买者手持申请表如潮水一样涌进银行,后来不得不动用警力来维持秩序,很多人排上几个小时后,买下少量股票,然后伺机抛出。等到第二天抛出时,股票价格已涨了一倍。20世纪初,巴林银行荣幸地获得了一个特殊客户:英国王室。由于巴林银行的卓越贡献,巴林家族先后获得了五个世袭的爵位,这可以算得上一个世界纪录,从而奠定了巴林银行显赫地位的基础。

巴林集团主要包括四个部分:

(1)巴林兄弟公司,主要从事企业融资、银行业务及资本市场活动。
(2)巴林证券公司,以从事证券经纪为经营目标。
(3)巴林资产管理有限公司,主要以资产管理及代管个人资产为目标。
(4)该集团在美国一家投资银行拥有40%的股份。

巴林银行集团的业务专长是企业融资和投资管理。尽管是一家老牌银行,但巴林一直积极进取,在20世纪初进一步拓展公司财务业务,获利甚丰。90年代开始向海外发展,在新兴市场开展广泛的投资活动,仅1994年就先后在中国、印度、巴基斯坦、南非等地开设办事处,业务网点主要分布在亚洲及拉美新兴国家和地区。

然而,这一具有233年历史的银行,竟毁于一个年龄只有28岁的毛头小子尼克·利森(Nick Leeson)之手。利森未经授权在新加坡国际货币交易所(SIMEX)从事东京证券交易所日经225股票指数期货合约交易失败,致使巴林银行亏损6亿英镑,这远远超出了该行的资本总额(3.5亿英镑)。

利森是巴林银行新加坡分行的经理。从1994年底开始,利森认为日本股市将上扬,未经批准就做风险很大的被称作"套汇"的金融衍生商品交易,期望利用不同地区交易市场上的差价获利。在已购进价值70亿美元的日本日经股票指数期货后,利森又在日本债券和短期利率合同期货市场上做价值约200亿美元的空头交易。不幸的是,日经指数并未按照利森的想法走,在1995年1月就降到了18 500点以下,在此点位下,每下降一点,他就损失200万美元。利森又试图通过大量买进的方法促使日经指数上升,但都失败了。随着日经指数的进一步下跌,利森越亏越多,眼睁睁地看着10亿美元化为乌有,而整个巴林银行的资本和储备金只有8.6亿美元。尽管英格兰银行采取了一系列的拯救措施,但都失败了。

1995年2月26日,英国中央银行英格兰银行宣布:巴林银行不得继续从事交易活动并将申请资产清理。10天后,这家拥有233年历史的银行以1英镑的象征性价格被荷兰国际集团收购,这意味着巴林银行的彻底倒闭,但荷兰国际集团以"巴林银行"的名字继续经营。

巴林银行之所以倒闭,是因为它有一个致命的弱点,就是让利森既直接从事交易又担任交易负责人,两种职能未能完全分开。而监督巴林银行的英格兰银行却没有发现这个致命的弱点,这是巴林银行倒闭的一个主要原因。

巴林银行的倒闭,还在于利森下注的不是一般的金融产品,而是金融衍生产品,金融衍生产品的特点在于可以用少量的保证金做大笔交易,若运用得当,可以获取高收益。运用不当,将损失惨重。金融衍生产品本身没有错,但参与其中必须有严格的授权和制度约束。利森参与金融衍生产品炒作,就是在未经授权和缺乏监督的情况下进行的。据说,利森曾被英国银行界誉为金融界的"骄子",是年轻有为的代表,但正是这些头脑灵活、锐气十足的年轻人为了取得超额的利润和奖金,变得贪婪无比,投身到金融衍生产品中去。事实证明,在银行经营中,人是重要的,但制度更重要。

(资料来源:巴林银行破产案,李晓慧,《中国储运》,2008年第4期)

### 案例3

**券商财富管理"春播忙":组织架构调整潮起 头部领跑后来者发力**

伴随金融机构争相进入财富管理市场"跑马圈地",大中型券商也在持续升级转型战略。

据统计,自2021年下半年以来,包括中金公司、海通证券、国信证券等头部券商在内,至少已有10家券商宣告了调整财富管理组织架构事宜。

在业内人士看来,券商调整组织架构的目的在于加大财富管理转型力度,顺应行业发展趋势,由提供单一金融产品加速向综合金融服务转变。

在探索传统经纪业务向财富管理业务转型的过程中,重新归整相关业务线以实现内部资源的高效协同,几乎是大中型券商的必经之路。

近日,广发证券向外界披露了调整零售业务组织架构的最新情况。根据相关公告,广发证券董事会同意:1.零售业务管理总部更名为"财富管理与经纪业务总部";2.合并原机构与同业部、综合化业务部为"机构客户部";3.电子商务部更名为"数字平台部"。调整后的财富管理与经纪业务总部下设四个一级部门:财富管理部、数字平台部、机构客户部、运营管理部。对照原组织架构,广发证券零售业务管理总部的5个一级部门中,原本就有财富管理部。因此,本次调整最大看点之一是:在业务归类上,该公司用"财富管理与经纪业务"替代了"零售业务"的描述。这或许再次凸显了广发证券意欲加强财富管理业务的决心。

无独有偶,国元证券于2月24日公告的董事会决议也包含公司部分机构设置调整相关事项。国元证券此次调整涉及5个部门,其中一项为:设立财富业务管理总部;撤销一级部门私人财富部、分支机构服务部,将其作为二级部门并入财富业务管理总部。据了解,未来国元证券将从产品力、服务力、渠道力三个维度构建财富管理竞争优势。国元证券提出,将从5个方面推进财富管理业务:一是加快投顾业务发展和分层团队建设,促进财富管理转型。二是不断丰富产品线,提升产品质量;完善产品筛选、研究与销售服务体系,强化产品代销能力,大力发展券结模式,做大产品销量和保有量。三是加强与公司多业务板块协同优势,如将公司投行业务优势转化为优质客户资源。四是加快机构客户服务能力建设。五是加强市场化团队建设。

自 2021 年以来,中金公司、东方财富、天风证券、东吴证券、兴业证券、安信证券、海通证券、国信证券等多家大中型券商先后推出了财富管理组织架构调整。

在国泰君安非银金融团队看来,券商调整财富管理组织架构旨在加大转型力度,顺应客户需求由金融产品向解决方案变迁的发展趋势。

近几年,国内大中型券商主要是通过合并或新设业务部门来推进财富管理组织架构的调整。

具体有三种形式,第一种形式最为常见:即直接设立财富管理总部或财富管理中心。但这种形式也分两种情况,一种是传统经纪业务归属于财富管理部门;另一种是分设财富管理部门、经纪业务部门,两者为平行部门。

第二种形式是,券商单独设立子公司全盘统筹财富管理业务。例如,2021 年,中金公司将境内财富管理业务全部转移给全资子公司中金财富证券。中金财富组建了"三大部落+两大中心"全敏捷组织,三大部落包括客群发展、产品与解决方案、全渠道平台,两大中心则为运营与客服、数字化能力发展中心。

第三种形式是,部分券商通过设置财富管理委员会来统筹综合化转型。以中信证券为例,该公司在 2018 年底将"经纪业务发展与管理委员会"更名为"财富管理委员会",并逐步理顺从总部到分支的财富管理推动体系,自主打造了集"产品销售、投资顾问和资产配置"为一体的财富管理平台。其财富管理委员会下设了客群部门、产品部门、科技部门、中后台部门。2020 年以来,国泰君安、东吴证券也先后设立了财富管理委员会。

广发证券非银金融研究员认为,中信证券的组织架构调整更加聚焦于财富管理业务,更好地体现了分客群经营、以客户为中心的经营理念,全面地从业务导向转移至客户导向。

(资料来源:21 世纪经济报道,易妍君,2023 年 3 月 1 日)

## 11.3 投资银行家

### 11.3.1 投资银行家及其作用

优秀的人才是投资银行最重要、最宝贵的资产,投资银行家是那些在投资银行里面担任高层职位的管理者,是投资银行最重要的资本,投资银行在杰出的投资银行家的领导下,逐渐形成自己的企业文化、价值观和一套行之有效的运行规则。建立一支高素质的投资银行家队伍是投资银行具有竞争力的重要保证,投资银行家的作用表现在以下几个方面:

(1) 运用知识、能力和经验,追求最大经济利益。投资银行家通过选择和设计适合各种不同融资环境的金融工具,使投资银行实现最佳运作。

(2) 独立判断与尽职调查。投资银行家既要为筹资者负责,也要为投资者负责。这就要求他们必须具有独立判断力。以承销业务来说,投资银行家要使投资者相信,投资银行推荐给他们的证券经过投资银行家的独立判断,确保披露内容的真实、完整和准确。而尽职调查则是独立判断的表现形式,投资银行家必须对客户实施有关内容的认真调查,不管这一过程多么繁杂。

(3)金融创新与新产品开发。金融创新与新产品开发是投资银行获得竞争优势的重要途径,投资银行家的作用就是将金融创新和新产品开发工作贯彻到各业务环节中去。

(4)促成资金的有效供给和利用。无论是对投资银行所服务的客户而言,还是对投资银行自身而言,都需要满足资金的有效供给与需求。对客户公司而言,资金的有效供给对于顺利地实施其经营战略有着重要的意义,资金的有效利用意味着资金应分配到能产生最高收益而又风险最低的地方。

(5)维护客户利益。投资银行家应协调所承担的各个方面的业务,坚持各项业务与目标的内在一致性,当面临是对客户眼前利益负责还是对其长远利益负责的矛盾时,投资银行家要有能力严格按照事实做出判断,以消除后患和隐患。

## 11.3.2 投资银行家的道德操守

投资银行和投资银行家的道德操守是投资银行业的重要无形资产,它是提高公司声誉、扩大公司业务和增加投资银行家个人价值的稳妥方式。

投资银行业整体的道德操守水平受到周围环境的制约和影响。无论投资银行业外部的道德环境和内部整体的道德操守处于何种水平,作为一名投资银行家,他应该具有以下各方面基本的道德操守:

(1)能力:承诺过多、兑现过少是投资银行家典型的道德风险问题。

(2)守密:保密是投资银行业的一个重要特性。

(3)隔离:投资银行家应当遵循内部"防火墙"的原则,建立有关隔离制度,包括:建立严格的项目风险评估体系和项目责任管理制度;建立科学的发行人质量评价体系;强化风险责任制;建立严密的内核工作规则与程序。

(4)守法:不仅要服从法律,而且要尊重法律。

(5)诚信:投资银行业是以信任为基础的行业。

(6)公开:公开指的是合乎规范的信息披露。

## 11.3.3 优秀投资银行家的素质

投资银行的工作是充满挑战的,面对高压的工作,投资银行家需要具备优秀的素质去应对工作上的困难。

**1. 诚信的品质**

诚信是一切商业活动的基础,在投资银行业尤其如此。投资银行只愿意雇用那些他们认为值得信任的人。无论对个人而言,还是对职业生涯来说,信任是业务的核心,诚实的声誉是发展未来业务的最好资本。优秀的投资银行家应保持最高的道德水准,并保证所做的一切都符合公平原则。

**2. 渴望挑战,充满激情**

投资银行业是竞争激烈且压力非常大的行业,投资银行业充满了挑战。投资银行家一个重要的品质就是渴望挑战,追求事业的成就感,向往那种能够让智力与热情发挥到极致的工作。在激烈而漫长的竞争过程中,始终对所从事的工作充满激情,保持昂扬的斗志、充足的信心以及不畏艰难的勇气,全身心投入工作。

### 3. 学习能力

投资银行是一个新产品、新方法及新工具层出不穷的行业,这就要求投资银行家具备出色的学习能力。投资银行会招聘学业优秀的学生,这从一定程度上说明了学生的学习能力。投资银行一般并不对人才的专业背景进行限制,但是具备相当的金融知识,能够熟练运用金融分析工具,具备很强的分析能力也很重要。

### 4. 创新能力

投资银行家的工作创新程度高,很多时候需要随着客户的需要而适时地提供服务,这个时候需要主动性和创新精神来促进工作的顺利开展。

#### 免收管理费、暂停超额计提,私募基金出手了!

近期,华东一家中型规模的量化私募宣布,对旗下某系列的私募产品免收半年管理费,在业内引发关注。

这家量化私募免除管理费的产品是在去年8月上线的,主要是日频选股策略,其中包含中性对冲策略的产品,曾经一度给投资人赚到了10多个点的收益,但今年由于市场环境发生了一些变化,策略适应性出现问题,同时加上基差贴水每个月要付出对冲成本,产品从最高点下来回撤了5个点左右。

相关人士透露,有些客户是在今年一二季度买进来的,但产品从高位下来亏了5个点,体验不太好,这种情况下公司决定免除该系列产品的管理费。"影响肯定是有的,毕竟这个策略的产品有十几个亿,但就算接下来半年市场对策略表现有利,超额收益恢复了,也不会改变公司免收管理费的决定。另外公司还会在原有的策略上不断深挖,从偏高频到中低频,两者结合。"

除了免掉管理费,最近也有不少量化私募基金暂缓了超额回报的计提。

"有些量化私募产品有业绩比较基准,比如战胜中证500的那部分可以提取,但是今年中证500整体是亏钱的,我们虽然战胜了指数,但客户还是亏钱的,我们也觉得不合适,就暂停了超额回报的计提,主要原因是面对客户压力很大,必须采取一些措施。"深圳某量化私募市场人士称。

他坦言,从去年9、10月到今年4月末,量化策略的超额收益都不好做,今年5—7月相对还不错,但8月、9月又比较困难。比如今年对冲策略就比较分化,大部分阿尔法不太好获取,还有些短期交易的策略,需要股票波动率和流动性,才有赚钱的空间。

沪上某中型私募市场总监也称,今年量化多头压力大,一是波动大,超出投资者预期,二是有量化开了面值下不收管理费的先例,三是量化亏损也很严重,有些已经修改合同以绝对收益进行业绩报酬提成,之前是相对收益提成。

那么,该如何看待私募减免管理费的举动?

一位私募市场总监认为,调降管理费有利有弊,利的方面在于行业会好好做业绩,做好绝对收益,不然无法取得长期收益。代销机构也会认真筛选投研强业绩好的合作伙伴,不然尾端不能分成,管理费也没办法分成,销售人员激励会打折。弊的方面在于公司或产品会分化,部分会赌赛道或少量个股,把净值做到1以上,然后谨慎操作,扰乱了产品的风险偏好。"总体来说,我们认为取消或降低管理费对公司投研和基金经理能力提出更高的要求,有利于行业的发展。"

(资料来源:中国基金报,吴君,2022年10月2日)

### 思考题

1. 投资银行主要的组织结构有哪些?
2. 投资银行家的道德操守为什么很重要?
3. 优秀投资银行家应具备哪些基本素质?

# 参考文献

[1] 何小锋,黄嵩.投资银行学(第二版)[M].北京:北京大学出版社,2008.
[2] 唐礼智,罗婧.投资银行学[M].北京:清华大学出版社,2014.
[3] 乔舒亚·罗森鲍姆,乔舒亚·珀尔.投资银行精华讲义[M].北京:机械工业出版社,2014.
[4] 火颖.投行与企业:资本服务的本质[M].北京:中国言实出版社,2019.
[5] 叶金福.IPO财务透视:注册制下的方法、重点和案例[M].北京.中国机械工业出版社.2022.
[6] 中国证券投资基金业协会.证券投资基金(第二版)[M].北京:高等教育出版社,2017.
[7] 吴晓求.证券投资学(第五版)[M].北京:中国人民大学出版社,2020.
[8] 查尔斯·埃利斯.高盛帝国[M].卢青,张玲,王宇,译.北京:中信出版社,2015.
[9] 沈春晖.一本书看透IPO:A股IPO全流程深度剖析[M].北京:机械工业出版社,2018.
[10] 邹健,等.中国债券市场操作手册[M].北京:中国金融出版社,2020.
[11] 中国证券投资基金业协会.基金[M].北京:中信出版社,2019.